진정한 모럴은 모럴을 비웃는다

책임진다는 것의 의미

알랭 에슈고엔

김웅권 옮김

東文選

진정한 모럴은 모럴을 비웃는다

Alain Etchegoyen

LA VRAIE MORALE SE MOQUE DE LA MORALE
Être responsable

"무거움 없는 상승은 없다."

앙투안 드 생 텍쥐페리

"나의 정신은 불안으로 가득 차 있다.
나는 불안으로 가득 차 있는 편이 낫다."

블레즈 파스칼

일러두기

이 책이 보여 주고자 하는 것은 새로운 도덕적 원리, 즉 우리 시대를 특징짓는 책임 원리의 출현이다. 이러한 출현은 책임이란 말이 비약적으로 대두됨으로써 고무되고 있다. 그러나 동시에 그러한 출현에 기생물처럼 따라다니는 현상은, 이 말이 극도로 법률적으로 사용되고 있다는 점과 이러한 사용으로부터 비롯되는 다른 사용들이 나타나고 있다는 점이다.

차 례

프롤로그

그는 인생을 변화시켰다네

장 자크 골드만

특별한 게 아무것도 없는 구두공이 있었다.
어떤 마을인지 이름은 알 수 없지만 그는 그곳에서
너무도 멋있고 너무도 가벼운 구두를 만들었다.
그래서 우리가 짊어져야 할 인생의 짐이 좀 가벼워진 것 같았다.

그는 구두 만드는 데 시간과 재주와 마음을 쏟았다.
그렇게 그의 인생은 우리의 시간 한가운데를 지나갔다,
아름다운 담화나 큰 이론들로부터 멀리 떨어져.
그가 하는 일을 보면서 사람들은 매일같이
그에 대해 이야기했다.
그는 인생을 변화시켰다고.

지식이 큰 보물이라고 생각했던 단순한 선생님이 있었다.
그는 생각했다.
아무것도 아닌 자들이 궁지에서 벗어나기 위해
지니고 있는 것이라곤 각자가 배울 수 있는
권리와 학교뿐이라고.

그는 그런 생각에 시간과 재주와 마음을 쏟았다.
그렇게 그의 인생은 우리의 시간 한가운데를 지나갔다.
아름다운 담화나 큰 이론들로부터 멀리 떨어져.
그가 하는 일을 보면서 사람들은 매일같이
그에 대해 이야기했다.
그는 인생을 변화시켰다고.

조그만, 다만 조그만할 뿐인 순박한 사람이 있었다.
그는 서투르고 몽상적인, 요컨대 약간은 실패한 자였다.
그는 자신을 불필요하고 다른 사람들로부터
추방당했다고 생각했다.
그는 자신의 색소폰에 대해 슬퍼했다.

그는 그런 일에 그 많은 시간과 눈물과 고통을 쏟았다.
아름다운 담화나 큰 이론들로부터 멀리 떨어져,
나날이 자신의 영감과 외침에 고취되어
자신의 삶에 대한 몽상, 마음의 감옥들을 생각했다.
그는 인생을 변화시켰다.

막 간

　우선 내가 나의 분석을 식도락 및 음식과 관련된 몇몇 텍스트로 치장하게 된 점에 대해 독자의 용서를 구하고자 한다. 그것들은 메타포라기보다는 개인적인 성향이다. 나는 음식을 만들고 먹는 그런 행위들 속에서 인간 행동의 본질을 체험하고 보는 것이다. 우리는 음식을 만들 듯이 도덕적 훈계를 할 수 있다. 하지만 나는 도덕적 훈계보다는 음식을 더 많이 만든다. 일상적으로 말이다.

　"내가 나의 주제를 정연하게 다룬다면, 나는 그것을 지나치게 명예롭게 하는 것이 될 것이다. 왜냐하면 나는 그러한 일이 불가능하다는 사실을 보여 주고 싶기 때문이다."(파스칼)

　나는 아이들을 키우는 아버지의 정신을 가지고 있다. 나는 언제나 나의 아이들을 젖먹이로부터 성인이 될 때까지 손수 양육시키고자 해왔기 때문에, 젖병을 물려 주는 일부터 아티초크·시금치 혹은 파슬리가 가득한 어린이용 퓌레는 물론이고 송아지 고기 스튜까지 만들어 주었다. 뿐만 아니라 그 모든 겨울 수프들도 만들어 주었던 것이다. 한 아이는 노란 수프를 좋아했고, 다른 한 아이는 붉은 수프, 그리고 마지막 아이는 녹색 수프를 좋아했나. 달리 말하면 각기 부추, 육두구, 그리고 그레송 수프를 좋아했다. 아마 나는 지나치리만큼 나의 교육적 과제를 언제나 재시작하는 요리 행위처럼 체험하고 있는 것 같다. 그래서 나는 도덕을 생각할 때면 음식을 생각한다. 도덕을 우롱하는 진정한 도덕을 생각할 때면, 나는 음식을 우롱하는 진정한 음식을 생각한다.

　마시고 먹는다는 것은 육체와 정신에 대해 서로 이야기하는 것이다. 우리는 그 속에서 즐거움과 고통을 느낄 수 있다. 아니면 다만 무관심하게 있을 수 있다. 그러나 이루어지지 않는 것들이 있다. 결별이나 이혼과 같은 느낌을 주는 맛의 결합들이 그런 것들이다. 또한 위대한 사랑도 마찬가지이다.

나는 또한 내가 좋아하는 여자를 위해 요리를 한다. 특별히 그녀를 위해서. 나는 이와는 달리 어떻게 할 수가 없을 듯하다. 사랑은 음식을 대접하고 대접받는 것을 좋아한다. 그러나 나 같으면 식탁에 가만히 앉아서 음식을 대접받을 수가 없을 것이다. 즐거움들은 모두 함께 나타난다. 나는 무언가 구속을 통하지 않는 즐거움을 알지 못한다. 요리는 그런 구속의 아름다운 징후이다. 모든 미덕들이 요리 속에서 뒤섞여 만난다. 책임은 그것들로 이루어진 유제(乳劑)이다.

우리가 아무것이나 만들 수 있는 것은 아니다. 목적도 즐거움이고, 솜씨도 즐거움이다. 그러나 독단은 즐거움이 아니다. 그렇다고 법칙들이 글로 쓰여져 있지는 않다.

훌륭한 요리사가 자기 자신만을 위해 일하겠는가? 홀로 고립되어 있을 때 나는 샌드위치 하나면 그만이다. 요리는 언제나 다른 사람을 위해서 하는 것이다. 요리를 하는 사람은 상대방의 반응·의견·입맛·느낌·즐거움을 기대한다. 요리사의 실망은 존재하지 않는다. 실망이란, 회의적이든 까다롭든 타자의 불만스러운 표정이 나타나는 것이다.

내가 사랑하는 여인이 달면서도 짭짤한 것을 특별히 즐긴다는 사실을 언제가 알게 된다고 하자. 나는 그녀를 위해 프라이팬에서 보기 좋게 변모되어 가는 요리 하나를 준비한다. 리모주 지방에서 자라는 새끼양의 가운데 갈비에서 질 좋고 갸름한 부분 한 토막을 정확하게 떼어내 기름을 제거한다. 로스코프산 양파에다 버터와 설탕을 듬뿍 넣고 향내가 좋은 후춧가루를 뿌려 오랫동안 익힌다.

그러면 양파는 캐러멜처럼 된다. 이어서 양고기 덩어리를 넣으면 고기 속에 수프가 스며든다. 나는 그것들을 뜨거운 양파 절임으로 뒤덮는다. 그러면 접시들은 신비스럽게 되어 버린다. 대체 절임 아래에 어떤 고기가 담겨 있을까? 그녀는 알아맞힌다. 그리하여 나는 전보다 그녀를 더 사랑할 테고, 그것도 곧바로 훨씬 더 질적으로 사랑할 것이다.

대체 이런 것이 도덕과 어떤 관계가 있단 말인가? 책임과 무슨 관계가 있단 말인가?

내가 요리에서 그렇듯이 이것저것 뒤섞고 있음을 용서해 주기 바란다. 나는 달콤한 것과 짠 것을 뒤섞고, 육체적 쾌락, 의무, 그리고 기쁨을 뒤섞고 있다. 나는 언제나 라이프니츠의 **성분**(재료)이란 말을 높이 평가한다. 게다가 나는 이 말을 나의 텍스트들 속에 지나치게 차용하고 있다. 철학 교수의 주요 역할은 하나의 개념을 구성하는 성분들을 분석하는 일이다. 내가 요리를 하지 않을 때 나는 성분들을 분석한다. 샤펠 호텔이나 사보이 호텔은 어떤 재료들로 요리하는지를 보여 줌으로써 작은 경이로움을 제공한다. 나는 이어서 아버지로서, 연인으로서, 혹은 주인으로서 요리를 하기 위해 성분들을 재발견하려고 애쓴다. 나는 미뢰(味蕾)로부터, 그리고 이런 질문들로부터 시작한다——어떻게 혀가 사물들 가운데 가장 나쁜 것일 수 있단 말인가? 그것은 말을 위해, 사랑을 위해, 그리고 요리를 위해…… 언제나 가장 훌륭한 것이지 않은가.

나와 나의 동료들이 학생들을 데리고 농촌으로 수련을 가게 되면, 나는 학생들이 24명분의 모든 요리를 준비하는 일에 특별한 관심을 기울인다. 오로지 슬픔에 잠긴 노동조합원만이 우리가 기차역이나 우체국 옆에 있는 여관 레스토랑에서 서비스를 받으며 식사하기를 원할 것이다. 사실 이런 수련은 진정한 시험이다. 즐거운 시험 말이다. 물론 나는 통조림, 냉동 식품, 그리고 다른 사회적

검인정 물품들……을 좋아하지 않기 때문에 식량을 확실하게 챙긴다. 6명이 한 팀이 되어 번갈아 가면서 학생들이 한끼 식사를 준비하는 작업을 도맡아 할 때, 나의 동료들과 나는 그들의 재주를 평가할 수 있다. 특히 그들의 책임 감각을 말이다. 일의 조직화 속에서, 작업의 질서 속에서, 요리의 질 속에서, 서비스의 리듬 속에서, 장작불의 유지 속에서, 식탁을 차리고 치우는 작업 속에서, 우리는 학생들을 새로운 각도로 보게 되고 그들에게 이런 질문들을 한다. 짭짤한 버터는 재 속에 있는 이 감자 안에서 녹을까? 이처럼 익힌 갈비살은 각자의 입맛에 맞을까? 먹다 남은 것을 어떻게 처리했는가? 요리팀은 한 사람의 리더가 확실히 드러날 때에만 움직인다. 이런 현상은 평범한 것이다. 리더는 지정되지 않는다. 우리는 그가 드러나기를 기다린다. 평가는 간단하다. 그것은 식사에 초대된 사람들이 누리는 즐거움 속에 있는 것이다. 그러나 학업적 훈련은 이러한 미덕에 대해선 보다 침묵을 지키고 있다.

요리는 거의 하나의 이상(理想)이다. 우리는 언제나 다른 사람에게 즐거움을 얻게 해줄 수 있다면 하고 바란다…… 하지만 접시에 담긴 음식들은 실패작이고, 제품들은 불완전하고, 어떤 것들은 너무 식어서 나오고, 또 어떤 것들은 너무 짜다. 요리법은 아무짝에도 소용 없다. 요리는 인간의 활동이다. 그것은 언제나 한 사람으로부터 다른 사람으로, 또 그 반대로 향하고 있기 때문이다. 한 사람은 음식을 차려내고, 다른 사람은 논평을 한다. 한 사람은 이의를 달거나 수긍을 한다. 다른 사람은 응대를 하거나 수정한다. 이러한 즐거움들은 조용한 것이 아니다.

한쪽에서 다른 한쪽으로 가는 말·응대·행위가 이루어지는 것이다. 이제 나는 나의 이야기를 시작할 수 있게 되었다.

1
서 론

아무곳이나 가는 것은 아니지만, 내가 어딘가 다른 데로 가기 위해서는 분명 어떤 곳으로부터 출발해야 한다. 나는 어딘가로 가기 위해 아무데서나 떠날 수는 없다. 나는 두 개의 시작 사이에서 선택할 수밖에 없다. 하나는 이론적이고, 다른 하나는 경험적이다. 하나는 철학으로부터 오고, 다른 하나는 언제나 다시 시작되는 논쟁들로부터 온다. 하나는 권위로부터, 다른 하나는 이타성으로부터 나온다. 하나는 자료체로부터, 다른 하나는 육체들로부터 온다. 하나는 사유로부터, 다른 하나는 관찰로부터 나타난다. 나는 후자를 선택하겠다.

나는 《책임자들의 시대》(1993)를 출간한 이래, 책임에 관한 약 2백 회의 토론에 참여했다. 여기에 참여한 사람들은 기업가·고등학생·여간호사·의사·교육자·기관사·변호사·농업인·기자·프리메이슨 단원·가톨릭교도·개신교도·선거에 당선된 자들이 있다. 요컨대 그들은 직업, 사회 참여, 그리고 가성을 끌어들이며 이 토론에 참여했다. 나는 내 이야기의 불완전성에 대해 2,3천 번의 질문도 받았다. 동시에 나는 책임 원리가 도처에 편재한다는 확인을 하기 위한 2,3천 개의 질문을 받았다. 또한 나의 주장을 전개하고, 심화시키고, 글로 쓰는 2,3천 번의 기회를 가졌다.

질의들이나 분개들이 지닌 흥미는 아무리 언급해도 지나치지 않을 것이다. 그러나 내가 모든 사람들의 지성과 질문들을 개발해 볼——광산이나 유전을 개발하는 것과 같은 의미에서——필요가 있다고 생각한 것은, 매번 토론에서 질문들이 너무도 빤히 내다보이게 된 순간이었다.

나의 이야기에 귀를 기울이고 질문을 해준 모든 사람들이 보여준 관심과 염려에 대해 우선 감사를 드린다. 본서가 나오는 데 있어서 개인적이거나 유아(唯我)주의적인 깊은 사색은 거의 기여하지 않았다. 이 책은 대부분 모두가 대화로부터 나온 것이다. 깊은 사색은 나중에 온다. 즉 하나의 문제가 해답이 없다거나, 적절한 사색이 나로 하여금 텍스트를 수정하지 않을 수 없게 만들 때, 혹은 비판적이거나 분노에 찬 우편물이 사유를 유발시킬 때 오는 것이다. 간혹 사람들이——부르디외나 르쿠르——대중 매체에 철학자들이 나타나는 경우를 강도 높게 비난하는 일이 있는데, 이때 그들이 망각하는 것은 이러한 출연의 효과들 가운데 하나가 대개 매우 유용한 반응들과 논평들을 유도한다는 점이다. 내가 확신하고 있는 바는 세론과의 대화가 사유를 방해하는 것이 아니라, 서투르거나 명확하지 않은 이야기들을 수정하게 함으로써, 그리고 보완적인 탐구를 유발함으로써 사유를 풍요롭게 하는 데 기여한다는 점이다. 이것이 소크라테스의 가르침이었다. 이 가르침은 어떤 것도 원칙상 경멸할 만한 것이 없는 매체 형태들이 다양화되는 요즈음에도 지혜로우리만큼 시사적이다. 수사법은 언제나 위협적이지만, 우리는 그것을 피할 수 있다. 시간이 이러한 매체에 출연함으로써 탕진되지 않는다면, 개입의 장소들이 선별적으로 이루어진다면, 그리고 우리가 원칙적으로 이같은 새로운 권력에 대한 어떠한 예속도 거부하기만 한다면, 매체에의 출연은 새롭고도 무시할 수 없는 경험을 이룬다. 그것은 매우 다양한 장소들을 돌아다니게 하고, 대학에서 사용되지 않는 말이 오가는 시간에 대한 종종 유익한 시험을 겪게 하고, 전혀 새로운 문제 제기에 직면하게 해준다. 이 문제 제기들이 드러내는 몹시 가변적인 질 때문에 경험이 손상되는 것은 전혀 아니다. 그러한 가변적인 질은 세론의 속성이다. 그래서 내가 루이르그랑고등학교의 대학입시 예비반에서 잔빌리에에 있는 갈릴레오고등학교의 최상급 기술반으로 이동할 때면, 다시 말해 공화국의 엘리트 산실로부터 우선 교육 지역과 폭력 저지 지역으로 분류된 학교로 넘어가면, 나는 문제들이 다르고 새롭게 되리라는 것을 안다. 한쪽은 고상하지 않고, 또 한쪽은 상스럽게 되는 것이다. 철학을 하는 것은 철학을 가르치기 위함이다. 철학의 언어가 하는 일이 지하 수맥을 찾는 것일 수만은 없다. 그것은 또한 목표 지향적이어야 한다. 언어학자들이 두 개의 전통을 구분하기 위해 그렇게 말하듯이 말이다. 하나의 전통은 문명적 근원 속에서 단어의 문맥을 우선시하는 것이고, 다른 하나는 먼저 뜻이 이해되도록 애쓰다 보니 오늘의 언어를 선택하는 것이다.

많은 예들 가운데 하나만 들겠다. 잔빌리에의 제자들 앞에서 나는 몽테스키외에 대한 수다를 떨곤 했다. 나는 그렇게 하기 위해 '정치'라는 말의 어원을 말하곤 했다. 나는 이렇게 받아쓰게 했다. 정치라는 말은 '도시 국가(Cité)'를 의미하는 그리스어의 πολις 로부터 비롯되었다. 효과는 즉각적으로 나타났다. 교실 여기저기서 웃음 섞인 소리들이 터져 나왔다. "오! 도시 국가들, 플라톤, 그는 벌써 우리들에 대해 이야기하고 있었잖아! 웃기는 사람이군! 그런데 선생님, 우리 도시의 정치인들은 그런 것에 별로 관심이 없잖아요!" 그러나 나는 다른 테누리들 속에서 보잉 블랭이나 아미앵 쉬드 같은 도시들을 알고 있었다. 나는 마르틴 오브리와 함께 이 도시들에 대해 작업을 한 바 있었다. 하지만 루이르그랑에서 18년 전부터 철학을 가르친 이래로, 나는 정치철학 강좌의 틀에서 '도시 국가'라는 말의 개념을 생각해 본 적이 없었다. 목표 지향적인 해석을 한다면, 나는 이제 도시 국가가 아니라 국가에 대해 이야기해야 할 것이다.

여전히 플라톤이 문제이다. 《공화국》의 알레고리가 이 철학자로 하여금 동굴로 다시 내려가지 않을 수 없게 만들 때, 그는 이러한 의무가 동시에 하나의 빚이라고 설명한다. 철학자는 무언가를 해야 하는 "의무가 있는 것이다." 따라서 그는 위험스러운 하강의 위험을 감수할 "의무가 있다." 플라톤이 보기에 소크라테스를 사형당하게 한 위험까지도 감수해야 하는 것이다. 그런데 위험은 이동하여 사유의 시험이 되었다. 철학은 철학이 아닌 것에 직면하여 스스로를 시험해야 한다. 철학은 또한 철학이 아닌 것을 체험해 보아야 한다. 그것은 아카데믹하거나 교육적인 유일한 범주들에서는 이런 경험을 할 수가 없다. 철학자는 언제나 빚이 있고, 채무가 있으며, 의무가 있다. 플라톤의 이상적 도시 국가——미안합니다, 이상 국가이지요!——에서, 집단은 그것을 형성하는 데 기여해야 하기 때문에 철학자가 참여하지 않는 것은 금지되어 있다. 그가 자유롭게 되는 것이 초탈을 의미하지는 않는다. 그가 이데아 세계로 상승함으로써 열려지는 유일한 지평은 장차 감각 세계 속에 잠기는 일뿐이다. 익사할 위험을 무릅쓰고 말이다. 다시 말해 그는 확인시키기보다는 설득시키려고 애쓰는 빈틈없는 수사학 전문가들과 대결할 위험을 무릅써야 한다.

나는 이러한 고찰들을 플라톤의 권위를 빌려 제안한다. 하지만 또한 경험을 통해서 제안하는 것이다. 물론 나는 피상적인 신속한 방송이나 자질 없는 기자 때문에 자주 실망을 했다. 우리 학생들 스스로가 선생님들 앞에서 이와 유사한 인상들을 느낄 수 있다. 그러나 종국에는——각각의 책이 새로운 논의들의 기회인데 종국이라는 말이 가당한가?——나는 포 사람들, 릴 사람들이나 낭트 사람들에 대해 생각하면서 글을 쓴다고 확신하고 있다. 내가 확신하고 있는 바이지만, 이 책에 대한 나의 구상은 루이르그랑이나 잔빌리에의 나의 제자들 사이를, 그리고 다음과 같은 양자 사이를 끊임없이 왕래하는 가운데 이루어진 것이다. 즉 전투적인 노동조합원들과 대기업가들, 공화국의 장관들과 피통치자들, 바트빌라뤼라는 노르망디 지방의 내 시골과 나의 파리 시가지들, 나의 북쪽 고향과 나의 문화적인 바스크 고장, 유지노르와 카스토라마, 실리스와 렝프(북쪽의 두 중소기업 총연합회), 프랑스 제3방송국과 제5방송국, **RTL**(뤽상부르 라디오 방송국)과 프랑스 앵테르(공영) 방송국, 돼지 사육자와 회계감사역, 농업협동조합과 상호신용금고, 내가 사랑하는 여자와 나의 아이들, 국가와 항상 성장하고 있는 나의 가정 사이를 말이다. 이들 모두는 내가 좋아했고 나에게 가르침을 주었던 장소들이고 사람들이다.

미셸 세르는 **제3의 교육**, 다시 말해 모든 이종 결합의 필요성을 나에게 가르쳐 주었다. 릴 출신의 아이로서 내가 고등사범학교에 도착했을 때, 그는 나에게 결코 손을 잡혀서는 안 된다는 것을 가르치기 위해 나의 손을 잡았다. 그는 가장 아름다운 의미에서, 다시 말해 나의 자유를 보장하기 위해 죽음의 위협까지 감수하는 나의 스승이었다. 현재 데리다 추종자들도 있고, 알튀세 추종자들도 있다. 아니면 적어도 그런 사람들이 있었다. 반면에 세르의 후계자들을 규정하기 위해서는 어떠한 용어도 존재하지 않는다. 그는 나에게 여기저기 돌아다니는 것을 가르쳐 주었다. "여기는 볼 게 아무것도 없으니 돌아다니게!" 하고 말이다. 그는 나를 모든 아카데미로부터 벗어나게 하려고 이 말을 하고 싶어했던 것이다.

본서는 관찰들과 경청들로 이루어진 경험적 결과물이다. 나는 기술공학에 대한 미래학자들이나 이데올로기 생산자들보다는 감염된 호르몬 과다로 인해 죽은 아이들의 부모들과 토론하면서 항상 더 많은 것을 배웠다. 비록 내 생각으로 철학적 주요 목표들과 훈련들 가운데 한 가지가 하나의 개념을 전개시키는 일이라 할지라도, 이러한 실천 자체가 양식(良識)과 갖가지 출처의 문제들로 풍요로워진다. 그리하여 나는 이 책을 쓰는 데 결정적인 역할을 한 다음과 같은 확인을 했던 것이다. 즉 책임은 우리 모두와 관련된 원리이고, 그것은 철학자의 원리가 아닌 철학적 원리이다.

따라서 나는 하나의 '개론'을 쓰는 것이 아니라, 하나의 텍스트를 쓰는 것이다. 이 텍스트는 나 말고도 많은 다른 사람들에 의해 질문들·지적들 혹은 분노들 안에서 반복해서 다루어졌다. 나는 우리가 실제로 **책임자들의 시대**를 살고 있다는 생각을 간직하고 있다. 책임은 조그만 개론으로 만들어지는 큰 미덕들과 구분되는 새로운 개념이다. 나는 콩트 스퐁빌, 페리, 또는 나아가 《소피의 세계》덕분에 철학으로 '되돌아온' 남자들과 여자들을 만나는 기쁨을 누렸다. 다행이 아닐 수 없다. 이들 작가들의 책이 읽히고 있는 것에 대해 어떻게 그들을 나무랄 수가 있는가? 오히려 그 반대로 성공을 거두고 있는 그들의 글은 탐구를 하는 사람들의 사색에 자양을 주며, 이것의 흔적들은 문제 제기들 속에서 나타나고 있다. 누구나 자신이 할 수 있는 지점에서 철학을 시작한다. 저마다 가족의 선물, 페르네이나 피보가 진행하는 방송 프로그램, 혹은 철학 카페와 같이 제시되는 기회를 포착한다. 이 또한 다행스런 일이다. 왜냐하면 사유의 상태가 이런 기회를 갖기 전보다 더 좋기 때문이다.

콩트 스퐁빌의 《큰 미덕들에 대한 소(小)개론》의 예를 들어 보자. 그는 18개의 미덕을 중심으로 철학사를 편력해 보라고 제안한다. 이런 편력을 통해 그는 예절·사랑 혹은 용기가 무엇인지를 보다 잘 이해하고 싶어하는 많은 사람들에게 유용한 작업을 하고 있다. 이런 미덕들에 대한 가르침을 받고자 하는 모든 이들에게는 다행한 일이다. 공적인 토론이 있을 때면, 나는 여러 번에 걸쳐 이런 질문을 받았다. 즉 콩트 스퐁빌이 분석한 18개의 미덕에 책임은 속하지도 않는데, 왜 당신은 책임 원리가 떠오르는 도덕적 원리라고 주장하는가? 이 질문은 어리석지 않다. 그것은 나로 하여금 전통적인 미덕들과 책임 원리 사이의 관계를 분석하지 않을 수 없게 만들었다. 큰 미덕들(용기·겸손)과 책임 사이에는 본질적인 차이가 존재한다. 이러한 차이는 역사와 현재에 기인하는 것이다. 큰 미덕들은 세월을 따라 개발되었다. 사상가들과 작가들은 그것들을 아름다운 사상이나 익살로 풍요롭게 하는 데 기여했다. 그것들은 모두 고대 세계나 구약 성서에서 태어났다. 분명 그것들은 우리가 그것들을 '논하는 것'과, 누구나 그것들과 관련될 수 있다는 사실을 정당화시키는 의미를 간직하고 있다. 그러나 책임은 다른 범주에 속한다. 그것은 역설적이다. 사실 그것은 한편으로 원리, 다시 말해 시작에 자리잡고 있지만, 다른 한편으로 그것은 역사가 없기 때문이다. 우리가 무언가 그것의 역사 이전의 측면을 찾아내느라 탈진할 수 있을지라도 말이다. 그것은 원리에 자리하고 있으며, 동시에 우리 시대의 원리이다. 이 원리는 아직은 양수의 김이 뒤덮인 갓태어난 신생아, 제대로 씻겨지지 않은 상태에서 우물거리는 그런 신생아와 같다. 아직 그것은 법률적인 세습의 흔적을 간직하고 있다.

 책임 원리는 어떤 성격들이나 기질들을 통해 알아보는 미덕들과 상반되지 않는다. 그것은 미덕들 가운데 어떤 것들을 그것의 내용 속에 감싸고 있거나, 그것의 자취 속에 끌어들인다. 가장 분명한 것은 용기이다. 왜냐하면 책임이 선제하는 바는 우리가 타사 앞에서 우리 자신의 행위에 대해 책임지길 바라는 것이고, 어려운 경우에 과감하게 맞설 준비가 되어 있는 것이며, 고통스러운 결정의 공표 앞에서 물러서지 않는 일이기 때문이다. 그러나 이 미덕들은 공통의 의식에 속하기 때문에 다른 관계들도 드러나야 할 것이다. 그것들의 역사는 그것들의 힘을 만들고, 우리의 교육——우리가 받았던 교육과 우리가 베푸는 교육——은 그것들을 영속화 시킨다. 도덕 의식은 발작적으로 작용하지 않는다. 그것은 헛된 것을 잡기 위해 먹이를 사냥하지는 않는다. 미덕들은 선과 악을 구체적으로 구분하게 해주는 준거들, 다시 말해 각자 자신의 행위 들을 평가하게 해주고 친구들을 선택하게 해주는 준거들이다. 18 개의 미덕들을 다시 다루자면, 도덕 의식이 직관적으로 알고 있는 바는 비겁보다는 용기가, 허영보다는 겸손이, 무례함보다는 예의 가, 불충보다는 충실이, 광신보다는 신중함이, 불의보다는 정의 가, 인색보다 후함이, 복수보다 관용이, 배은망덕보다 감사가, 화 려함보다 단순함이, 인종 차별보다는 너그러움이, 타락보다는 순 수함이, 과격보다는 부드러움이, 증오보다는 사랑이, 거짓보다는 성실이 보다 낫다는 것이고, 음울한 무거움보다는 유머를 좋아하 고, 무관심보다는 연민을 나타내는 일이 더 좋다는 것이다. 이러 한 직관적 인식은 전통이 우리에게 계승시켜 준 개인적 의식과 집 단적 언어에 기인한다. 이 언어가 철학자에 의해 탐색되고, 분석되 고, 면밀하게 검토되는 것은 좋은 일이다. 물론 철학자의 관점은 그의 특수한 자질을 만들어 준다. 이 자질은 개념적 분석의 훈련 과 사상사 속에서 개발된 것이다.

책임에 대한 즉각적인 직관을 구성하는 일로 되돌아가 보자. 이 직관은 오래 된 것이지만, 오늘날은 새로운 원리로 그리고 과거에 는 없었던 말로 표현되고 있다. 따라서 나는 현재 사용되고 언급 되는, 있는 그대로의 이 말로부터 출발하겠다. 내가 가장 경험적 인 길을 선택한 이유는 바로 이러한 의미에서이다. 교실에서, 대 형 강의실에서, 혹은 강당에서 말들과 대면하는 때는 매우 중요한 순간이다. 각자에게 있어서 철학적 수련은 사랑, 죽음, 혹은 신에 대해 논하는 일보다 그가 말하는 말들을 생각하는 데 있다. 이러 한 필요성은 학생들이나 혹은 보다 잡다한 일반인들과 더불어 모든 관계 속에서 드러나고 이해된다. 하나의 낱말이 지닌 여러 가지 어의(語義)들 사이에 나타나는 관계를 이해해야 하거나, 또 어떤 낱말의 모순적인 사용들을 밝혀야 할 필요성이 매우 강하게 존재한다. 후자에 해당되는 경우가 '책임' '책임 있는' 그리고 나아가 '책임을 지우다'와 같은 낱말들이다. "책임 있는 인간이 되어라!"는 명령과, "나는 책임이 없다"라는 방어 사이의 대립이 시작되자마자 누구나 혼돈과 모호함을 느낀다. 이 혼돈과 모호함은 매체에 의한 왜곡 축소, 법률적인 편집증, 그리고 철학적인 주장에 의해 증가된다.

　따라서 우리는 담화들을 가득 채우는 책임이라는 이 새로운 '지배적인 말'을 분석하는 일로 시작해야 한다.(제2장) 그것도 경험적으로 말이다. 이러한 조건하에서만 우리는 책임이란 말의 정당한 사용과 부당한 사용을 구분할 수 있을 것이다. 책임이란 말이 법률적 전통에 의해 강조되고 있는 이상, 그것은 그것의 용법들에 대해서(제3장) 특히 우리의 관례·이야기, 그리고 풍습에서 매우 하찮은 책임이 만들어 내는 퇴폐들에 관해서 고유한 분석 대상이 될 것이다.(제4장) 우리가 책임의 도덕적 내용을 전개할 수 있게 되는 것은 책임에서 법률적 외피를 걷어낸 후에 가서야 가능할 터이다.(제5장) 마지막으로 우리는 현대 세계에서 떠오르는 도덕적 원리로서의 책임 원리가——저마다 행동을 하든 결정을 하든——각자의 의식에 강요되는 하나의 시험이라는 단순성에 의해 특징지어진다는 사실을 확인할 것이다.(제6장)

막　간

지배적인 요리들

어느 날 저녁 식사 때, 취향과 옷차림이 각양각색인 사람들이 식탁에 모여 앉아 있다. 손님을 맞이하는 예법에 따르면, 그들을 맞이하는 주인은 회식자를 불쾌하게 할 수 있거나 문제가 있는 요리들은 내놓지 않아야 한다. 요리들에 대한 비평은 쉽다. 예를 들어 내가 바다의 만(灣)에서 생산되는 아주 납작한 홍합들을 엄청나게 좋아하지만, 나는 그것들의 맛을 보여 줌으로써 손님들을 불쾌하게 만드는 위험을 무릅쓸 수는 없다. 어떤 이들은 이 동물을 깨물어 먹는다는 생각 자체만으로도 혐오의 경련을 일으키기 때문이다. 마찬가지로 달팽이, 뤼마나 카구이유〔둘 다 달팽이의 일종〕는 모두 피하는 게 좋다.

남은 것은 그것들의 정체성을 감추는 총칭적인 이름으로 도처에서 만나게 되는 지배적인 요리들이다. 인정받은, 알아볼 수 있는 그것들은 환대를 받는다는 사실을 의미한다.

안주인은 자신이 늦게 들어온 일과 직업적으로 정신을 못 차리고 있음에 대해 먼저 사과를 하면서 이렇게 알린다. "저는 여러분을 위해 훈제 연어 요리를 준비했습니다!" 게다가 그녀는 두 문 사이에서, 다시 말해 두 해고 사유 사이에서 아이들을 잠깐 포옹할 시간도 겨우 가졌던 것이다.

"저는 여러분을 위해 훈제 연어 요리를 준비했습니다!"

하지만 마음속으로 나는 언제나 이것을 재앙이라고 생각한다.

흔한 일이지만, 남서 지방의 한 친구가 가져온 거위간 요리도 마찬가지이다. 그리고 소규모로 포도를 재배해 포도주를 만드는 제조업자로부터 직접 가져오게 하는 보르도 포도주는 더 나쁜 일이다. 물론 이 업자의 근황에 대해 이야기를 해야 한다. 일반적으로 다음에는 양고기 요리가 이어진다. 회식자들은 새끼양인지 아닌지에 대해서는 더 이상 알지 못한다. 그러나 크기로 보건대 새끼양임에 틀림없다. 해변에서 기른 양일까? 아니다. 내가 직접 고기에 소금을 뿌려야 하는 걸로 보니 말이다. 사람에 따라서 원한다면 소금을 더 뿌려도 된다. 젖먹이인가? 불쌍한 짐승들 같으니, 어미로부터 얼마나 가혹하게 떨어져 나왔을까. 포이약에서 온 것인가? 그렇다면 그것은 하찮은 보르도 포도주와는 어울리지 않을 것이다. 모인 사람들은 이 포도주로부터 아직 벗어나지 못하고 있지만 말이다. 나는 차라리 그들에게 이 포도주의 근황을 말하지 않는 것을 더 좋아한다.

마침내 훈제 연어 요리가 나타난다. 나는 아연실색한다. 그것이 유리그릇의 광택 속에서 빛나고 있는 것이다. 주인 마담의 손이 그것을 겉치레로 번지르르하게 장식했음이 틀림없다. 그것의 정체를 파악하지 못하게 되어 있다. 그것은 도찰(塗擦)하여 나온 것 같은 모습이다. 맛은 어떨까? 사실, 나는 늙어가면서 더욱 청어를 좋아하고 있다……. 이런 식의 초대에서는 금지된 요리이지만 말이다.

훈제 연어는 지배적인 요리이다. 거위간·양고기, 그리고 구운 고기처럼 우리는 그것들을 축제나 도시의 저녁 식사 때 도처에서 보게 된다. 그것들은 어디에서나 찬양된다. 불행하게도 우리는 어디에서나 그것들을 먹어야 한다.

지배적인 말들이란 이와 같은 것들이다. 우리는 그것들을 어디에서나 듣고, 모든 사람들이 그것들에 찬성한다. 따라서 사람들은 당신에게 지배적인 요리를 대접하듯이 그것들을 반복해 사용한다. 왜냐하면 당신은 분명 그것들에 반대하지 않기 때문이다. 게다가 나도 훈제 연어를 싫어하는 것은 아니다. 그러나 나는 그것의 산지가 분명하기를 원하고, 그것이 기름기·색깔·훈제의 정도에 따라 선택되었으면 하고 바라는 것이다! 마지막으로 그것이 제대로 된 것일수록 접대자가 미리 맛보기를 원한다!

지배적인 말들이란 당신이 구역질이 날 정도까지 도처에서 접대받는 요리들과 같은 것이다. 물론 훈제 연어는 훌륭하고, 미묘하고, 절묘할 수 있다. 이때 그것의 은은한 향기는 그것의 성스러움을 모독하는 손가락이 닿을 때에만 그 은은함을 잃지만, 숨결을 탁하게 하지 않으면서 미각에 침투한다.

지배적인 말들은 재배자들처럼 작용하고, 몇몇 사람들만이 아니라 우리들 모두에게 무언가를 불러일으킬 수 있는 그런 말들이다. 하지만 그것들은 그것들을 파괴할 수 있는 진부함의 위험이 있고, 밋밋하게 만드는 상투성의 위험이 있다.

도덕의 모든 것은 식도락 속에 있다.

2

하나의 지배적인 말

비록 '책임'이라는 말이 사용된 지 기껏해야 2세기가 조금 넘었지만, 그것은 여러 변모들을 겪었으며 이 가운데 몇몇은 최근에 일어났다. 이 변모들 가운데 어떤 것들은 이 말의 사용과 남용에 기인한 것이다. 또 어떤 것들은 사회 변화와 이 변화의 표상들에 따른 것이다. 하나의 말이 지배적인 말이 될 때, 사람들은 그것을 사용하고 남용한다. 그러나 하나의 용어가 구성하는 사회적 재화의 남용은 사람들이 이 용어를 서투르게 어림잡아 사용하는 현상이거나, 시의적절하게 자기 것으로 만들어 쓰는 현상일 수 있다. 어떤 사람들은 잘못 생각할 수 있고, 또 어떤 사람들은 속이고 싶어할 수 있다. 책임에 대한 찬양이 책임자들을 공시대(公示臺)에 올려 놓는 것과 공존할 때, 각자는 그렇게 함으로써 그것의 개념을 망가뜨린다. 이러한 시각차——이 말이 관점으로 사용되는 의미에서——를 밝히기 위해서 우선 나는 책임이 최근에 지배적인 말의 반열에 올라섰다는 사실을 확인해야 한다. 왜냐하면 이러한 위상은 글로 쓰여진 것은 아니지만 매우 많이 '이야기된' 것으로서, 여러 혼란의 주요 원인이 되고 있기 때문이다.

일반적으로 정치적 영역은 좋은 징후를 나타낸다. 어떤 사람이 지배하기를 원할 때, 그는 자신을 다수가 받아들이도록 하기 위해 모두가 받아들일 수 있는 것을 말한다. 그런데 70년대까지 책임이라는 개념은 정치판에서 일반적으로 받아들여진 것이 아니다.

그것은 자유주의적인 가치들——솔선·위험·책임——의 체계와 개인에 암묵적으로 준거함으로써 우경으로 기울게 되었고, 그것의 주요 열광자들은 우파 인물들로 간주되었다. 하지만 사실 우파는 아직 그것을 자신의 소유라고 주장조차 하지 않았었다. 지금의 정치판은 그렇지 않다. 마르틴 오브리·프랑수아 베이루·리오넬 조스팽·질 드 로비앵 또는 기타 사람들이 책임에 대해 수다를 떨며 그것을 파렴치하게 찬양하고 있다. 모든 정치 영역이 이처럼 그것을 받아들이고 있다는 사실은 하나의 증거가 아니라 징후이다. 분명 책임은 논쟁과 실제적 담론에서 사용될 수 있는 지배적인 말이 되었다는 뜻이다. 그것이 이처럼 확산되어 사용되고 있다고 해서 효율성을 상실하지는 않는다. 실제로 책임은 생활의 모든 영역으로 퍼져 나가고 있다. 각각의 남녀는 직업 생활에서, 소비자의 역할에서, 그리고 자유로운 참여에서 책임과 관련되어 있다. 각자의 생존을 구성하는 다양한 시간과 공간에서 책임 원리는 공통의 북극성이 될 수 있다. 다시 말해 그것은 우리가 타자들 앞에서 체험하는 다양한 경험들을 동일한 문제 제기 속에 통합시켜 주는 준거가 될 수 있다. 이 타자들은 시간과 공간에 따라서 결코 동일할 수 없는 사람들이지만 말이다. 따라서 책임에 대한 정치적 담론은 동시에 효율적이고 적절하다.

이와 같은 어휘적 유행의 기원을 조르지나 뒤푸아(보건복지부 장관)의 유명한 문장("책임은 있지만 죄는 없다")과 연결시킨다면, 이는 잘못일 것이다. 왜냐하면 감염된 피(혈우병에 걸린 피를 수혈한 의료 사건)의 전후 상황은 '책임 있는'이라는 말에 도덕적인 내용보다 훨씬 더 법률적인 내용을 부여하기 때문이다. 사실을 말하자면, 정치인들은 그들의 이해 한계를 폭넓게 넘어서는 하나의 전체적 운동에 가담해 왔다. 이 운동은 책임 원리를 우리 시대의 도덕적 원리로 떠오르게 하는 것이다. 그들은 다른 사람들과 마찬가지로

20년 동안 공적 공간에서 도덕적 담론의 전적인 부재를 체험하였고, 우리 시대의 특징들에 들어맞는 어떤 원칙의 필요성과 윤리가 혼합되어 변모하는 가운데 도덕적 담론이 조심스럽게 다시 나타나는 것을 경험했다.

조롱해야 할 도덕

도덕을 적절히 조정해야 한다는 관념은, 마치 유용성이 의무를 설정하듯이 충격적이고 나아가 편의주의적으로 나타날 수도 있다. 그러한 과정을 이야기하자는 말이 아니다. 내가 다른 길을 통해서 이미 보여 준 바와 같이, 도덕은 세 개의 본질적인 이유로 신용을 잃었다. 우선 그것은 여인의 노출된 넓적다리가 텔레비전 화면에 나타날 때 조그만 백색 4각형〔어린이 시청 금지 표시〕이 표시되어야 했던 시절에 섹스에 대한 강박관념에 의해 특징지어졌다. 반면에 수많은 살인은 대수롭지 않은 것처럼 비쳐졌는데도 말이다. 다음으로 도덕은 도덕적 질서 · 보수주의 · 전통의 순수한 반복이라는 관념과 동일시되어 있다. 마지막으로 그것은 다양한 증오를 받아 극도로 신경이 곤두섰다. 니체가 원한의 도덕을 고발하면서 이미 잘 간파했던 바와 같이 말이다. 원한의 도덕은 특히 자신의 미덕을 확신하기 위해 타자를 비난하는 것이다.

책임 원리와 더불어 나타나는 차이를 강조하기 위해 이 세 가지 점을 간략하게 재검토해 보자. 먼저 성적인 혼미는 두 종류의 흔적을 남겼다. 한편으로 콘돔에 대한 교황의 발표나 논쟁을 이용하여, 혹은 클린턴의 사정(射精)을 이용하여 사람들이 '도덕의 회귀'를 환기시키는 일이 규칙적으로 일어나고 있다. 그런 회귀라면 슬픈 회귀일 것이다. 다른 한편으로 '퓨리터니즘'이나 '억압' 혹은 '정치적 정도(正道)'의 냄새가 나는 그런 비난들을 피하기 위해, 성생활에 대한 모든 도덕적 접근을 추방하는 경향이 자주 나타났다. 이는 터무니없는 것이다. 왜냐하면 섹스는 우리의 활동과 존재에 있어서 주요한 역할을 하기 때문이다. 내가 보기에 이러한 소홀은 퓨리터니즘의 새로운 변신이다. 나중에 이에 대해 다시 언급하겠다. 내가 단순하게 분명히 하고자 하는 바는 다른 활동들처럼 성생활도 그것의 결정과 작용에 있어서 책임 원리가 적용되는 장소를 구성한다는 점이다. 자위 행위를 제외하면, 성생활에서는 나와 연루되는 타자가 언제나 존재하기 때문이다.

'도덕적 질서'는 몇몇 지식인들이 '도덕'이란 말을 하려고 하자마자 그들이 뽑아드는 권총이다. 우리는 클로드 알레그르가 '공민적 도덕'에 대해 이야기했을 때, 혹은 원조 교제에 대한 투쟁을 국민 교육에 끌어들였을 때 그런 현상을 보고 들었다. 도덕과 도덕적 질서의 밀접한 관계는 두 개의 서로 다른 접근에 속한다. 하나는 철학적 성격이고, 다른 하나는 정치적 성격이다. 하나는 인간 행위의 알파와 오메가를 욕망과 쾌락 속에서 포착하기 위해 어떠한 의무의 개념도 쳐부순다. 그것은 자기 도취적이고 자기 중심적인 주장이다. 그것은 철학사에 없는 것이 아니다. 그것은 고독한 쾌락의 자위 행위적인 측면이 있다. 그것은 세계와 모든 사회로부터 멀리 떨어진, 시골 저택과 같은 작은 섬에서 자기를 지킨다. 그것은 미셸 옹프레이가 **자신을 조각한 작품**이라 명명하는 것에 대응한다. 사유 속에서 그것은 개인의 자유에 속한다. 사회에서는 그것이 자유의 환상에 속한다. 대체 왜 우리는 꿈이 음탕하다고 해서 꿈꾸는 것을 금지한단 말인가?

'도덕적 질서'라는 표현은 모든 도덕적 태도를 희화시키기 위한 추론을 요약하고 있는데, 확실한 것은 책임의 도덕이 그런 도덕적 질서에 절대적으로는 속하지 않는다는 사실이다. 책임의 도덕은 분명 하나의 도덕이다. 왜냐하면 그 속에서는 권리뿐 아니라 의무도 문제가 되기 때문이다. 그러나 도덕적 '질서'(ordre란 말은 질서와 명령의 의미가 있음)는 묘사적 의미에서 질서, 수의 연속이나 크리스털의 아름다움에서 확인되는 그런 질서인 것만이 아니다. 그것은 명령적이다. 그것은 명령적인 톤으로 지시하고 지휘하는 어떤 누군가에 의해 주어져야 한다. 왜냐하면 그것은 어떤 명령의 항구성 속에서 이득을 얻기 때문이다. 도덕적 질서는 '질서의 유지'를 위해 '명령의 힘들'을 필요로 한다.

게다가 그것은 다른 접근이 지닌 의미, 정치적 기원을 지닌 의미이다. 도덕적 질서는 '부르주아 도덕'에 의해서 만들어진 것이라 할 수 있다. 비난은 몰상식한 것이 아니다. 그것의 원천은 적극적인 폭력에 대항해 수동적 체념을 설파하고, 무질서보다는 차라리 불의를 선호하는 담론들이다. 인공 낙원, 익숙함, 그리고 무기력을 낳는 그런 도덕의 탕약은 '국민이라는 약간의 아편'과 혼합되어 있다. 그리하여 그것은 하나의 역사적 현실에 분명히 부합하고 있다. 이 현실은 전통이라는 효율적인 기둥에 의지하고 있다. 전통은 실어나르고, 반복하고, 보존한다. 그것은 처방과 해답을 준다. 그것은 무언가에 관해서도, 그 자체에 대해서도 문제를 제기하지 않는다. 그것은 부러울 정도로 조종이 가능하다. 그러나 또 다른 종류의 보장 장치인 '프롤레타리아 도덕'은 역사 속에서 전통을 부러워해야 할 게 아무것도 없었다. 강제가 비결을 대체하고 프롤레타리아가 부르주아지를 대제할 때, 도덕은 그만큼 별로 공간을 주지 못하는 장신구들을 지닌다. 예속적이고 동시에 권위주의적인 이런 도덕들을 조롱하자.

마지막으로 증오와 원한이 남았다. 니체의 비판이 한 세기 이상 흘렀다 할지라도, 그것은 여전히 전적인 힘을 발휘하고 있다. 도덕은 하나의 까다로운 본질에 의해, 다시 말해 덕망 있는 자와 선한 자에 대한 담론에 의해 여전히 위협받고 있다. 여기서 덕망 있는 자는 사악한 자의 증오를 통해서만 자신을 덕망 있는 자로 생각하고, 선한 자는 악한 자를 비난함으로써만 자신을 알아보고 또 알아보게 할 수 있는 자이다. "너는 악하다. 따라서 나는 선하다"라는 표현은 이러한 슬픈 추론을 요약하고 있다. 내가 보기에, 위에서 언급된 두 개의 다른 요소들은 초월되었고 별로 위협적이 되지 못하는 만큼, 도덕의 본질 자체에 대한 이러한 비판도 우리의 기억과 지성의 한구석에 여전히 간직되기만 하면 되는 것이다. 실상 책임의 도덕은 이같은 빗나간 방향에 의해 끊임없이 위협받고 있다. 그것은 이런 이유들, 즉 니체가 믿었던 바와는 달리 도덕적 담론 자체에 기인하는 것이 아니라 권리가 뒤섞인 그것의 고유한 역사에 기인하는 이유들로 인해 이상하게 지속적으로 위협받고 있다. 권리는 그것의 자연적인 출구가 사법적이라는 점에서 고발적인 경향으로 쉽게 흘러 버리고 만다. 따라서 책임 원리는 우선적으로 이러한 표류와 관련된다. 그렇기 때문에 뿌리와 표면에서 책임의 법률적인 개념과 도덕적인 개념을 구분해야 한다.

새로운 도덕적 담론

공적 공간에서 도덕적 담론의 필요성은 새로운 것이 아니다. 그것은 몇 년 동안의 공적인 무대에서 완전히 사라지고 나자 보다 긴급한 것처럼 보였다. 어떠한 도덕도, 우리가 분명히 전제하지 않을 수 없는 도덕적 의식과 본질적으로 공존하는 **선과 악** 그리고 **의무**의 개념들을 떠나서 존속할 수 없다. 그러므로 해결해야 할 문제는 이러한 본질적이고 구조 창출적인 개념들과 양립하면서 담론의 내용을 변모시키는 어떤 원리를 떠오르게 하는 것이었다. 책임 원리가 수행하는 역할은 바로 그런 것이다. 책임 원리는 이미 고발된 빗나간 방향들을 벗어나는 새로운 담론의 내용을 구성하기 때문이다. 물론 우리가 이런 빗나간 방향들에 대한 기억과 의혹을 간직해야 한다는 조건이 따른다.

실제로, 책임 원리는 어떠한 도덕적 질서와도 아무런 관계가 없는 전복을 제안한다. 그것이 성생활과 관련이 있는 것은, 다만 타자와의 관계에서 제기되는 여타 다른 문제와 마찬가지일 때뿐이다. 도덕적 개념으로서의 그것은 타자에 대한 어떠한 증오도 감추고 있지 않다. 왜냐하면 반대로 그것이 존재하는 것은 오직 타자의 적극적 현존에 의해서만 가능하기 때문이다——적어도 그것이 법률적인 핸디캡으로부터 벗어난다면 말이다.

바로 이러한 의미에서 **진정한 도덕은 도덕을 비웃는다**. 물론 이도덕은 어떤 초자연적인 질서에 의해 계시되는 것이 아니라고 보여지는 이상, 진정한 것이 아니다. 그러나 책임 원리는 도덕을 비웃는다. 그것은 도덕을 우롱한다거나 웃음거리로 만든다는 의미에서의 비웃음은 아니다. "그것은 도덕을 무시한다"는 의미에서의 비웃음이다. 그것은 무언가 정당화된 불신을 언제나 환기시키는, 그런 '도덕의 회귀'를 구성하는 것이 전혀 아니다. 이런 회귀는 성욕, 동성애자들의 동거, 또는 콘돔이 문제되자마자 언론에 재현되는 바에 불과하다.

이런 관점에서 우리는 '엄청난 시대'를 살고 있다. 책임 원리는 우리를 장안·혁신·창조·즉흥으로 밀고 간다. 우리의 선조들이 들쑤시는 전통들이나 시시콜콜한 걱정거리들에 짓눌려 있었다면, 우리는 베르그송이 '폐쇄된 도덕'이란 인간보다는 개미에 더 적합하다고 비판했을 때 말했던 그런 '개방된 도덕'의 도움을 받아서 존재 속으로 우리의 방향을 잡을 수 있다.

우리는 순수한 쾌락주의에도, 즉각적인 쾌락과 욕망의 천진한 숭배에도, 자기 도취적으로 자신을 조각하는 일에도 빠지지 않고, 우리의 의무들을 자유롭게 생각할 수 있다. 왜냐하면 우리는 그것들을 설정할 수 있고, 테스트할 수 있기 때문이다.

진정한 도덕은 도덕을 비웃는다. 파스칼의 이 표현은 효율적이며 아름답다. 그것은 단숨에 본질을 말하고 있다. 도덕은 아무래도 상관 없다! 중요한 것은 진정한 도덕, 즉 의식을 그것의 심층에서 자극하는 진실의 도덕이라는 것이다. 왜냐하면 우리가 어떤 남녀에 대해서 그들이 **허위적**이라고 말할 수 있듯이, 도덕은 **허위**일 수 있기 때문이다. 지금까지 표현된 모든 비판은 허위에 대한 비판으로 돌아온다. 또한 우리는 우리의 준거가 심리적·문학적 또는 종교적이냐에 따라서 위선·사이비 혹은 바리세인 기질을 언급한다. 진정한 도덕은 **허위적인** 도덕들을 비웃는다. 허위는 진실을 가장한다. 그것은 오류가 아니다. 그것은 환상이 아니다. 그것은 진실이 아닌 진실을 주장한다. 이 진실이 진실이 아니다는 것을 완전히 확신하고서 말이다. 진정한 도덕은 진실을 왜곡하는 자들을 비웃는다. 이들은 정기를 불러일으키겠다는 강박관념을 가지고 게시판 위에 허위적인 규범들을 만들어 적어 놓는 사람들이다. 그들은 존재를 섹스로, 의무를 질서로, 그리고 도덕을 무력감에 대해 보복하는 증오로 격하시키는 사람들이다. 진정한 도덕은 그것이 도덕의 핵, 다시 말해 사유하고 행동하는 주체의 의식에 충격을 줄 때에만 진정한 것이다. 그것은 영혼을 일깨우듯이 의식을 일깨운다. 진정한 도덕은 휴식이 아니라 운동 쪽에 있다. 책임 의식은 그것의 현대적 표현이다.

파스칼의 발췌문 전체를 인용해 보자.

"기하학. 섬세함.

진정한 능변은 능변을 비웃고, 진정한 도덕은 도덕을 비웃는다.

다시 말해 판단의 도덕은 규칙이 없는 정신의 도덕을 비웃는다.

왜냐하면 학문들이 정신에 속하듯이, 감정은 판단에 속하기 때문이다. 섬세함은 판단의 몫이고, 기하학은 정신의 몫이다.

철학을 비웃는다는 것은 진정으로 철학한다는 것이다."

오늘날에는 기하학적인, 다시 말해 수학적인 해답은 더 이상 존재하지 않는다. 각각의 문제에 하나의 해법, 모범 답안처럼 이미 찾아져 존재하는 그런 해법이 대응하지 않는다. 판단, 다시 말해 섬세함이 문제인 것이다. 도덕적 질서를 생각하는 사람들은 기하학적 질서를 생각한다. "그들은 미묘한 문제들을 기하학적으로 다루고 싶어하기 때문에 자신들을 우스꽝스럽게 만들고 있다."

악 용

악용이라는 표현은 순수하지 못하다. 그것은 담론에서 유행되고 반복된 결과이다. 실제 책임은 지배적인 말이 됨으로써, 그것이 평판에서 얻은 것을 명쾌함에서 잃어버리는 일이 흔히 일어나고 있다. 우리가 앞으로 끊임없이 다시 언급하겠지만, 이것이 바로 발레리가 다음과 같은 결정적인 지적을 하면서 말하고자 했던 바이다. "이 말들은 의미보다 더 많은 가치를 지니고 있디." 특히 발레리는 그의 시대에 지배적인 말이었고 지금도 그러한, 자유에 대해 생각하고 있었다. 사기업을 보자. 그것은 즉각적으로 '자유로운' 기업〔우리말로는 사기업으로 번역〕이라 불린다. 사립학교를 검토해 보자. 그것은 자연 발생적으로 '자유로운 학교'〔이 역시 우리말로는 사립학교로 번역〕로 불린다. 우리가 그것들을 공격하면 우리는 자유를 공격하는 것이다. 이 점은 증명되어야 했던 것이다.

우리의 소란스러운 삶은 온갖 출처의 모든 지배적인 말들에 말려들고 있다. **질**이란 개념도 기업들에서 동일한 모험을 경험했다. 어느 누구도 이 개념에 반대하지 않지만, 아무도 이 개념 속에 동일한 내용을 담지 않기 때문이다. 이 개념을 입찰 규정 요강의 존중으로 생각하는 기업체의 조직실과 그것을 고객의 만족으로 경험하는 상업적 서비스업 사이에는 조만간에 갈등을 야기하는 간극이 존재한다. 인간들이 서로 화합하지 못하도록 만드는 것은 언제나 오해들이다.

오늘날 우리는 책임에 대해서도 동일한 것을 주장할 수 있다. 어느 누구도 그것에 반대하지 않는다. 이러한 만장일치는 만족스럽다. 오해는 평화적인 만큼 무기력하다. 그러나 그것은 잠시 동안만 지속될 뿐이다. 일반적으로 인정된 책임이란 용어의 사용에서, 그리고 그것이 수행하는 지배적인 말의 역할에서 우리는 하나의 징후만을 보아야 한다. 도덕적 의식의 무언가가 하나의 어휘 속에서 표현된다는 것이다. 표현의 서투름은 정상적인 게임에 속한다. 우리는 어떤 다른 시대와도 견줄 수 없는 시대를 살고 있다. 말들은 공적인 공간에서 이야기하는 모든 사람들의 입에서 되풀이됨으로써 닳아지고 평범해지고 있다. 이로부터 몇몇 악용들, 개념적인 표류에서 본다면 결국은 별로 대수롭지 않은 그런 악용들이 비롯된다. 또 이로부터 훨씬 더 중요한 몇몇 사용들이 나타난다. 법이 스스로 이런 것들을 만들어 낸 장본인임을 주장할 때, 그리고 사법이 이를 인정할 때 말이다. 점증하는 법률주의(법률 문구에 집착하는) 앞에서 단지 의미를 축소시키는 사용들은 대수롭지 않고 소심한 것에 지나지 않는 듯하다. 비록 이같은 사용들이 도덕적 원리의 예지를 해치는 혼란들에 참여한다 할지라도 말이다.

축소적 사용

하나의 말이 지배적인 말이 될 때, 그것은 반복되고 다시 말해지고, 리듬이 붙여지고, 암송되고 공격할 수 없게 된다. 그러나 그것의 사용이 확대됨으로써 그 내용의 명확성이 손상을 입게 되고, 그것이 완전히 반박될 정도나, 그것의 구성 요소들 가운데 단 하나와 혼동될 정도까지 간다.

예를 들어 저녁 8시 뉴스를 보자. "태풍 '미치'가 수많은 희생자를 낸 홍수에 **책임이 있습니다.**" 이 하찮은 문장 속에는 하나의 축소와 하나의 혼동이 결합되어 있다. 축소는 간파하기가 쉽다. 태풍이 원인이라지만, 우리가 그것에 부여하도록 허용된 의식은 거의 없기 때문에 그것은 책임자가 될 수 없지 않은가! 인과 관계는 분명 책임이라는 개념의 근본적인 요소이다. 그러나 이 개념은 인과 관계로 축소될 수 없다. 혼동은 매우 복잡하기 때문에 자세히 다루어야 할 것이다. '책임 있는(책임자)'이라는 말이 이처럼 사용되고 있는 까닭은 그것이 하나의 법률적 전통에 준거하기 때문이다. 법률적 전통에서 책임은 다만 피해 및 희생과 관련되어 있지 결코 적극적인 행위와 관계된 것이 아니다. 바로 여기에 이 개념을 단순한 하나의 요소로 축소시키는 일보다 훨씬 더 심각한 문제가 있다.

단순한 축소는 우리가 어떤 공장이나 부서의 '책임자'를 만나고 오라고 보내질 때 확인될 수 있다. 형용사 **책임 있는**(responsable)이란 말이 명사화될 때, 그것은 힘이라는 요소 그 이상을 지칭하지 않는다. 책임자는 일정한 장소에서 힘을 가진 자이다. 그런데 이 힘은 책임을 정의하는 데는 충분치 못하다. 왜냐하면 어떠한 책임도 부여되지 않은 많은 힘들이 존재하기 때문이다——전제나 압제가 그런 경우이다.

　제도와 기성 관념에 있어서 우리의 민주적인 전후 상황이 현재 무시하고 있는 것처럼 보이는 것은 일부 정부들이 책임이라는 표현으로 결코 추론하고 있지 않다는 점이다. 압제자·독재자 또는 전제자——이는 역사적인 명칭의 변화에 따른 것일 뿐이다——는 책임을 전혀 걱정하지 않는다. 누구 앞에서 그들이 책임이 있을 수 있겠는가? 그들이 고려할 수 있는 그 타자는 누구인가? 책임은 압제자들한테는 평이 좋지 않다. 그것은 그들이 의미를 이해하지 못하는 말이다. 변덕이 법칙일 때——다시 말해 법칙이 없을 때——몽테스키외가 표현했듯이 책임은 프로그램에 자리잡지 못한다.

　따라서 공적인 담론과 개인적 의식에서 책임 원리가 성공함으로써 철학자는 책임의 도덕적 개념을 구성하는 다양한 요소(성분)들을 전개시킬 수 있다. 개념적 분석은 아주 훌륭한 철학적 훈련이다. 그것은 터무니없는 야망이 아니다. 왜냐하면 많은 철학자들이 시도했던 바와 같이 선의 개념을 강제하자는 것이 아니라, 칸트가 도덕의 영역에서 철학의 임무 자체로 생각했던 그 수련 작업을 하자는 말이기 때문이다. 칸트는 파스칼이 종교와 관련하여 썼던 것을 도덕에 대하여 썼다. 둘 다 엘리트주의는 개종 권유가 불가능하다고 생각했다.

　파스칼에게 철학자들의 신은 무신론과 같았다. 입증이 무엇인지 이해하는 사람들에게 입증된 신은 결코 종교가 되지 않는다. 입증된 신은 아마 최고의 존재일 테지만, 우리가 기도할 수 있거나 감동시킬 수 있는 인격체는 아니다. 그런 신은 어떤 사람들에게는 여전이 추상적이고, 명료하면서도 결국은 매우 허망한 것이다!

　칸트에게 도덕 의식은 우리들 각자 안에 있다. 이 점은 우리가 이야기할 수 있는 유일한 확신이다. 그것은 분석해야 할 유일한 확신이다. 모든 다른 개종 권유는 공허하다. 어떠한 철학자도 선이 무엇인지 결정할 수 없기 때문이다. 그가 결정을 한다면, 그의 방식은 비효율적이고 이미 실패한 것이다. 그것은 가장 헛된 일이다.

책임 원리가 오늘날 만나는 주요한 어려움 역시 개념적인 성격이다. 새로운 도덕적 원리 앞에 두 개의 장애물이 개인의 의식에 나타날 수 있다. 그것들은 이행의 어려움과 원리 자체의 난해성이다.

이 원리의 전개를 그다지 앞지르지 못하면, 어려움은 두 개의 요소로부터 비롯되는데, 하나는 평범한 것이고 다른 하나는 새로운 것이다. 하나가 평범한 것은 하나의 도덕적 원리는 언제나 비도덕성에 여지를 남겨 주기 때문이다. 그것은 정직하게 처신하도록 허락하지만 강요하지는 않는다. 의무와 마찬가지로 책임의 무게를 이행하는 것이 당연히 쉬운 일은 아니다. 모든 도덕적 담론은 비효율성으로 인해 비판받을 수 있다. 그것은 확신시키기를 원하지만 강요할 수는 없다. 그건 참 다행이다! 이 모든 것에 놀라울 게 아무것도 없다.

또 하나 다른 요소는 보다 새로운 것이다. 책임 원리가 이전의 모든 비법들보다 훨씬 덜 기계적인 적용을 나타내기 때문이다. 도덕적 규범이 해결책으로 읽힐 때는 의식이 개입할 필요 없이 그것을 적용하면 충분하다. 각자는 그가 어떤 것을 행하도록 요구받는 곳에서 하거나 하지 않으면 된다. 도덕적 원리 자체가 그것이 의식들에 제기하지 않을 수 없도록 만드는 문제들에 즉각적으로 해법을 강제하지 않으면서 의식들을 부추길 때는 사정이 전혀 다르다.

철학자의 작업은 개인들의 침묵에 대해서노, 후퇴나 위빈에 대해서도 아무것도 할 수 없다. 이 역시 다행한 일이다. 반면에 그는 새로운 원리의 명료성을 개선하는 일을 머뭇거리며 시도할 수 있다. 그런데 이러한 이해하기 쉬운 명료성은 이 원리의 성공으로부터 비롯되는 역설에 의해 시작된다. 지배적인 말이 된 말은 축소적이며, 동시에 모순적인 사용이 증가됨으로써 그렇게 되었다.

나는 내가 상기시켰던 토론들을 통해 이러한 위험에 대해 훨씬 더 생생하게 자각했다. 책임의 개념에 관한 고전적인 설명이 끝났을 때, 흔히 청중들의 자연적인 경향은 대체적으로 여전히 법률적 함축의 차원을 지닌 다음과 같은 질문들 속에 빠져들었다. "당신은 '책임은 있지만 죄는 없다'라는 표현에 대해 어떻게 생각합니까?" "누구에게 실업의 책임이 있습니까?" "공영 텔레비전은 문화 수준의 전반적 하락에 책임이 없습니까?" 이러한 질문들의 정당성이 어떠하든, 그것들은 희생양의 비난이나 추구로 기울어진 것으로 드러나는 경향——이 경향은 니체가 고발한 모든 도덕을 비난하는 차원으로 귀결된다——과 더불어 법률적 패러다임에 관해 초점이 맞추어져 있음을 보여 준다. 달리 말하면 이런 토론이 끝났을 때 나는 내가 정했던 목표, 즉 책임의 개념을 적극적인 도덕적 차원에서 전개시키고자 한 목표와 관련해서 부분적으로 실패했다는 느낌을 자주 받았다. 그렇기 때문에 나는 법률적 전통으로부터 유래하는 특수한 변질들을 재론해야 할 필요성이 있다고 생각한다.

물론 나는 "누구에게 책임이 있는가?"라는 질문을 결코 없애지 않을 것이다. 그것은 트럭 한 대가 미친 듯이 질주하다가 사람들을 죽인다거나, 핵사고로 발전소가 타격을 받는다거나, 프랑스 럭비팀이 스프링복스팀에 패배하자마자 자연스럽게 제기되는 문제이다. "누구에게 책임이 있는가"라는 질문은 책임자들에게는 언제나 나쁜 신호가 될 것이다. 사람들은 책임자를 찾고, 조사하고, 대가를 지불하게 하려고 한다. 그런 질문은 프랑스가 이기고, 발전소가 제대로 기능하거나, 기차가 제 시간에 도착하면 사라진다. 이 때 그것은 두 가지 이유로 더 이상 표현되지 않는다. 우선 많은 '책임자들'이 성공을 자신들 덕분이라고 주장하기 위해 자발적으로 나타나기 때문에 그들을 찾을 필요가 없다. 다음으로 우리의 법률적 전통을 특징으로 하는 이 질문은 더 이상 의미가 없다. 왜냐하면 그것은 희생자와 피해가 있을 경우에만 표현되기 때문이다.

책임의 개념을 특징짓는 법률적 전통의 충격은 오늘날 사법적 적용에 의해, 그리고 미국인들의 적용이 우리의 풍습에 대해 미친 거의 돌이킬 수 없는 영향에 의해 증가되고 있다. 법이 그것의 본질적 텍스트들 속에서 책임의 개념을 개진하고 있다면, 이 개념을 사용하는 것은 특히 사법이다. '책임'에 있어서 고소의 증가는 희생양의 오래 된 추구에 새로운 차원을 부여한다. 희생양은 인류 역사에서 나타난 것보다는 덜 상징적이다. "대가를 지불하게 만든다"는 개념은 "지불된다"는 개념에 의해, 상징적인 것은 금전적인 것에 의해 대체되었다. 이것이 우리 시대와 우리 경제의 징후이다. 우리는 이 징후가 도덕과는 거의 관계가 없음을 예감한다. 그러나 미국의 적용으로부터 어떻게 벗어날 수 있는가를 아는 것은 진정으로 어려운 과제이다. 우리는 이 적용이 결국은 언제나 우리에게 영향을 미치고, 우리를 오염시키고 만다는 사실을 알고 있다. 우리의 행실·행동 혹은 결정을 생각하는 데 있어서 책임 원리의 효율성이 우리가 실질적 영향에 저항할 수 있는 능력에 많이 좌우되는 현상은 앞으로도 여전할 것이다. 이 원리는 관념적인 세계에 존재하지 않는다. 우리는 그것을 세계의 흐름에 추상적으로 대립시킬 수 없다. 그것은 법률적 해석들과 도덕적 사용 사이에 끼어 이러지도 저러지도 못한 채, 자신을 강제할 어떠한 무기도 지니지 못하고 있다. 도덕적 원리는 부상 해제되어야 한다. 그러나 그것이 무장 해제시키는 주체가 될 수는 없을 것이다.

사회적 · 경제적 압력?

그러나 현재의 경우에 하나의 도덕 원리의 출현이 단지 사회적 압력의 결과, 다시 말해 새로운 환경에 의식이 단순하게 적응한 것에 지나지 않을까? 사람들은 책임이 지배적인 말이 되었다는 것을 확인하면서도, 그것의 정당화와 토대에 대해서는 아무 언급을 하지 않는다. 사실 나는 언어적이고 사회적인 하나의 사실을 들추어 내고 있다. 나는 **법률**에 대해서는 아무것도 말하지 않고, 다만 **사실**들을 기록한다. 그래서 분명히 말하건대, '책임' 이란 말이 극히 괴상하게 사용되는 것과 전혀 엄밀하지 않게 사용되는 것을 포함해서 도처에 편재하는 현상은, 최악의 경우 이데올로기적인 조작으로 간주될 수 있을지도 모르며, 최상의 경우 자본주의가 스스로를 강화시키기 위해 필요로 하는 새로운 구속들의 표현으로 여겨질 수 있을지 모른다. 우리는 마르크스주의적인 함축을 지닌 다음과 같은 오래 된 훌륭한 추론을 알고 있다. 즉 시장 경제가 오늘날 세계 시장에서 그것을 지지하는 집단들을 동원하려 하는 현상은 "우연이 아니다." 모든 사람이 책임지기를 요구하는 것은 현존하는 세계 질서에 관한 책임들을 희석시키는 일이 될 것이다.

이러한 반론은 검토해야 하는 두 개의 기원을 가지고 있다. 한편으로는 책임 원리 속에 존재하고 권리에 의해 인정된, 비참한 지경의 개인주의에 대한 비판이 있다. 다른 한편으로는 기업의 세계에서 '책임' 이란 말이 '공유된 가치' 로서이든, '경영의 원리' 로서이든 점점 더 빈번히 사용된다는 것이다. 후자로서의 사용은 매우 분명한 목표를 지니고 있다 하겠다. 즉 책임을 노동자들의 효율성을 증가시키기 위한 경영의 지렛대로 삼는다는 것이다. 이러한 반론 전체는 복지 국가, 사회 보장, 그리고 집산주의에 대한 전반적인 비판에 의해 강화되고 있는 듯하다.

　나는 이러한 반론을 무시하지 않는다. 왜냐하면 그것은 쉽게 확인할 수 있는 담론들에 근거하고 있기 때문이다. 그러나 나는 그런 담론들 자체가 스스로를 반박하도록 해야 한다고 생각한다. 과연 기업들은 순전히 법률적인 담론 속에서 종종 맥이 빠지고 있는 책임의 대표성들에 관해 사회 전체와 동일한 모순들에 직면하고 있다. 뿐만 아니라 우리가 '유일 사상'——우리는 이 사상과 꾸준히 싸워야 한다——이라 부르는 것은 책임 원리와 어긋난다. 왜냐하면 이 유일 사상은 세계적인 강제 요소들·경쟁력·경쟁의 구실을 내세워 더 이상 가능한 선택은 없다고 끊임없이 주장하고 있기 때문이다. 나는 오늘날 경제적 세계에서 적용된 책임 원리가 이 세계에 정연하게 맞아떨어지는 것보다는 훨씬 더 전복적이라고 생각한다. 우리는 몇몇 예들을 통해서 이 도덕적 원리가 기업가에게 어려운 의무들을 암시함으로써 그의 힘에 얼마나 잘 적용되는지 보게 될 것이다. 이 의무들이 카리스마적인 기업가의 이데올로기로부터, 혹은 '불가피한 구속 요소들'에 대한 담론으로부터 차용하는 것은 아무것도 없다.

　우리 시대의 도덕적 원리로서의 책임 원리의 출현은 경제적 혹은 사회적 구속의 결과가 아니다. 그보다 그것은 이러한 구속에 직면하여 나타난 인간 자유의 발현이다. 그것은 이 자유를 3중으로 생각하는 능력을 표현한다. 즉 우선 불신을 받고 있는 도덕적 담론과 관련해서, 다음으로 확인되는 비책임(책임이 없다고 거부하는 것)과 관련해서, 마지막으로 새로운 즉흥적 대응의 필요성을 끌어들이는 사회적 변화와 관련해서 말이다.

　불신을 받고 있는 도덕적 담론에 관해서 도덕적 의식은 새로운 길을 찾고 있다. 이 길은 모든 사람들에 의해 채택될 수 있어야 한다. 그것들은 모든 도덕의 본질적 개념들——선·악·의무——을 표현하기 때문에, 무력함을 드러낼 각오를 하면서까지 세계의 흐름에 정면으로 대립할 수는 없을 것이다. 책임의 도덕은 엄밀하게 주관적인 선을 즐기기 위해 현재 통용되는 악을 한탄하면서 자기 도취적인 만족으로 유지되는 '아름다운 영혼'의 도덕이 아니다.

일상적으로 일어나고 있는 일과 관련해서 책임 원리는 모든 도덕적 규범이 그러하듯이, 평가와 측정의 기준이 되고 있다. 원리로서 그것의 주장은 모든 인간 행동이 오늘날 그것으로부터 변모되고 있음을 의미하는 것이 전혀 아니다. 반대로 흔히 책임의 요구를 끌어들이게 해주는 것은 비책임의 확인이다. 따라서 책임 원리의 중요성을 반박하기 위해 사실들이나 이런저런 사건들을 이유로 내세울 수 없다. 그러나 정치적 혹은 경제적 삶의 어떤 기능 장애를 접근하고 평가하는 우리의 방법은 책임의 이와 같은 요구에 의해 점점 더 특징지어지고 있다.

마지막으로, 우리로 하여금 우리의 도덕적 사색을 적응하도록 이끌어 가는 것은 특히 우리 사회의 변화이고, 진보의 가속화이며, 보다 일반적으로는 새로운 상황들의 침투이다. 책임 원리는 무력하면서도 영웅적으로 고결한 도덕 관념과 싸운다. 그것은 원리들을 우롱하는 원리이다. 그것은 결과들에 집착하는 원리이다. 그렇기 때문에 책임 원리는 효력이 있다. 그것은 효과들을 그것의 가장 중요한 고려 대상으로 삼는다. 우리는 여기서 '충분한 은혜'와 '효율적인 은혜' 사이에 파스칼이 내린 문제의 그 구분을 예로 들 수도 있을 것이다. 효과를 산출하지 못하는 은혜는 무엇인가? 유추하여 말하면 효과를 산출하지 못할 도덕은 어떤 것일까? 효율적인 도덕은 충분한 도덕들을 조롱한다.

이러한 3중의 차원은 나를 낙관적으로 만든다. 왜냐하면 그것은 인간의 자유가 의무의 구속과 자유의 창안을 조화시키기 위해 언제나 수많은 길들을 찾아내고 있다는 사실을 보여 주기 때문이다.

　　그러나 책임 원리에 고유한 개인주의적인 성격을 내세우는 반론 역시 무시할 수 없다. 책임에 관한 각각의 토론에는 다양한 표현을 통해 다음과 같은 염려를 나타내는 질문들이 언제나 제기된다. "우리는 어떻게 개인적 책임과 집단적 책임을 양립시킬 수 있을까요?" 책임의 개념이 개인의 의식 속에서, 그리고 개인이 맺는 타자들과의 관계 속에서 개인과 관련된다는 것은 사실이다. 이러한 확인은 도덕적 의식이 인간 개인의 소관 사항이라는 사실 자체에 뿌리를 두고 있다. 따라서 이러한 반론을 생각해 보도록 해야 한다. 그러나 이것은 오직 우리가 우선적으로 개념을 분명히 할 때에만 가능하다. 최근의 예를 하나 들어 보자. 사회 보장 제도의 수지 균형을 확립하기 위해 취해진 조치들은 비용이 총체적으로 초과하는 경우 의사들이 이 초과분에 해당하는 벌과금을 개인적으로 지불해야 한다고 규정했다. 헌법위원회는 우리의 모든 실정법 있어서 매우 강하고 함축적인 법률적 논거들을 내세워 이 조항을 기각했다. "이 법은 협약을 맺은 개별 의사의 고유한 활동 변화가 회계 연도 기간 동안 어떻게 되었든, 그가 비용의 집단적 목표의 초과분에 대해 재정적으로 책임을 진다는 원칙을 세움으로써, 징벌의 법인격 원리와 개인적 책임 원리를 인지하지 못하고 있다"는 것이다. 법률적으로 볼 때, 이러한 논지는 피할 수 없다——비록 근무중 사고의 경우에서처럼 집단적 제재의 형태가 있다 할지라도 말이다. 그러나 도덕석으로 볼 때, 그것은 이론의 여지가 많다. 실세 의사조합은 개인직으로 밀러든 의사들의 책임을 끊임없이 깅조하고 있다. 그깃 자체가 공권력에 대헤 집단적 대표성을 지닌 힘이며, 또 이러한 이유로 개입하는 것이다. 그것이 요구하는 바는 강요된 구속 요소들 대신에 개인적 책임에 호소하라는 것이다. 그러나 그것은 이러한 요구를 조합으로서, 다시 말해 집단적 조직으로서 하고 있고, 그러한 범주 내에서 자신들의 책임을 집단적으로 끌어들이고 있다. 집단적인 책임과 개인적인 책임의 관계를 이루어 낼 수 없고, 이 관계의 임무를 떠안을 수 없다는 말은 어떤 식으로든 의사조합으로서는 무력함을 인정하는 일이다.

하나의 기업에서 보상이나 보상의 부재가 집단적인 것은 드물지 않다. 어떤 목표들에 도달하는 데 전념하는 기획 그룹이 가동될 때, 단체 정신이 발휘되도록 하려면 엄밀하게 개인적인 업적의 인정은 회피되어야 하기 때문이다. 각자는 모두에 대해 책임이 있고, 모두는 각자에 대해 책임이 있다. 이러한 측면은 최초의 계약에 속한다. 월드컵에서 우승한 프랑스팀의 경우도 마찬가지이다.

문제는 이렇게 표현될 수 있다. 즉 손해와 손해 배상이 문제일 때, 우리는 법률적 패러다임 속에, 헌법위원회가 명쾌하게 진술하는 이 패러다임의 논리 속에 들어간다는 것이다. 이때 도덕적 참여는 더 이상 아무런 효율성도 없다. 의사들은 자신들의 도덕적 책임을 위해 참여할 수 있다. 그러나 폐해·실패 혹은 희생이 있게 되자마자 필연적으로 법에 대한 의존은 집단적 참여의 모든 형태를 무용지물로 만들어 버린다.

의사들은 개인적인 책임과 개인적인 제재를 주장함으로써 잘못 생각하고 있다. 그렇게 하여 그들은 순전히 법률적인 논리 속에 자리잡는다. 필연적으로 이 논리는 좀스럽게 감시하는 경찰적인 행태로 귀결된다. 그들은 미국인들이 최초로 실천한 관행, 항상 되풀이되는 그 사소한 소송 관행으로 인해 이미 들볶이고 있기 때문에, 제재와 제재 소송을 요구하는 부정적 책임 개념을 선호하는 것 같다. 이러한 논리를 피하는 대신에 그들은 이 논리에 갇히고 만다. 그들은 직업인으로서 서로의 손을 잡는 대신에, 다른 사람들에게 개인적 통제를 맡기려 한다.

그렇기 때문에 집단적 책임의 개념에 관한 작업은 매우 중요하다. 우리는 이 작업의 지도적 방향을 추적할 수 있다.

개인적인 것과 집단적인 것

　실제 도덕적 책임은 우선적으로 개인적 의식의 일이다. 시민적 책임이 개인의 일인 것처럼 말이다. 사실 책임은 언제나 의식으로 돌아가게 만든다. 그리하여 자의식이 없는 집단은 책임이 있다고 말해질 수 없는 것이다. 적어도 우리가 환기시켰던 폭풍이 그렇듯이 말이다. 그러나 어떤 경우들에 있어서는 하나의 조직이나 개인들로 이루어진 전체는 집단적인 책임을 떠맡기 위해 도덕적 의식으로 자임한다. 조직은 그렇게 스스로를 설정함으로써 분명히 도덕적으로 책임이 있게 된다. 법률적으로 볼 때, 어떤 구성원들이 잘못을 저지르거나 과도한 위험을 감수했을 때 집단이 다양한 기구들에 의해 처벌받는 일은 매우 흔하다. 이것은 공공 질서를 교란하는 정치 조직의 경우도 마찬가지이고, 응원자들이 경기장에서 난동을 부린 경우의 축구 클럽이나 기업의 경우도 마찬가지이다.

　게다가 새로운 형법은 '법인들의 형사상 책임'과 관련된 새로운 조항도 만들었다. 인용된 이 표현의 애매성은 분명하다. 법인은 법률적으로 자연인의 반대이고, 우리가 자연인으로 간주할 수 있지만 자연인이 아니기 때문이다. 법인은 이제 범죄 기록부를 갖게 된 것이다. 형사 고발의 경우에 하나의 기업은 기업으로서, '법인'으로서 처벌받을 수 있다. 이 짐은 이 기업의 대표가 '자연인'으로서 처벌받을 수 있다는 섬을 선혀 배세하시 않는나. 이와 같은 새로운 조항——이 조항이 영국과 같은 많은 나라들에서 적용되고 있다 할지라도 논란의 여지가 많다——은 중대한 결과들을 초래할 수 있다. 왜냐하면 우리가 전적으로 생각해 낼 수 있는 바는 부패나 수뢰로 인해 처벌을 받은 기업이 공공 시장에서 배제된다는 것이다. 범죄 기록이 있는 자연인들이 공공 직무에서 배제되듯이 말이다. 어떤 부문들에 있어서 이러한 제재는 치명적이 될 수 있다. 비벤디 그룹에서 장 마리 메시에는 임원들에게 부패의 관행을 단념하도록 하기 위해 이렇게 선언하기까지 했다. "사형이 법인들에게 존재한다." 물론 이같은 전망은 엄밀히 법률적이다. 다시 말해 그것은 불충분한 것이다.

어려움은 언제나 집단적 책임으로부터 개인적 제재로의 이동 속에 있다. 개인과 집단 사이의 간극은 개인으로 하여금 대가를 지불하게 하는 것이 문제될 때 나타난다. 의사조합이 스스로 방어해야 하고 촉진시켜야 하는 책임에 대한 확신을 끝까지 밀고 가려면, 비용의 총체적 초과분이 그들의 조직에 의해 보상된다는 점을 제안해야 할 것이다. 조합 스스로가 조합원들로 하여금 이 초과분을 지불하게 할 각오를 하고 말이다. 그렇게 될 때 책임을 끝까지 져야 한다는 사실을 보여 주기 위한 아름다운 행동과 결정적인 책임 감수가 있게 된다. 또 그렇게 될 때, 특히 괄목할 만한 참여가 있게 되는 것이다. 왜냐하면 어떠한 법률적 조항도 이를 강요할 수 없을 터이기 때문이다. 나아가 특별한 책임 감수가 있게 될 것이다. 왜냐하면 이러한 감수는 자신의 고유한 영역에서 조합원들의 진보 및 후퇴의 평가를 떠안는 일이 될 것이기 때문이다.

바로 이러한 이유로 나는 중학교에서 예수회에 속한 교사들이 사용하는 교육적인 테크닉을 채택하려 한다. 내가 이 테크닉을 설명하면 할수록, 매우 다양한 더 많은 청중들이 그 속에서 개인적 책임과 집단적 책임의 관계를 위한 본질적인 방법을 보는 것 같다. 따라서 독자들은 이같은 반복을 용서해 주기 바란다.

내가 릴에 있는 성요셉중학교 학생이었을 때, 예수회에 속한 교사들은 수업에서 상당수의 교육적 유희가 담긴 교훈적인 교육을 배가시켰다. 그들은 이 유희들이 교육적이라는 사실을 고의로 말하지 않았다. 만약 말했다면 그들은 매우 싫증나는 사람들이 되었을 것이다. 그리하여 학생이 30명인 클래스에서, 우리는 주의를 기울여 선택된 5명씩(아주 우수한 1명, 우수한 1명, 보통 1명, 불량한 1명, 그리고 아주 불량한 1명——이러한 평가는 지적인 성적만을 지칭하는 것이지 도덕적 판단이 아니다)으로 팀을 구성하였다. 영어·라틴어 또는 수학의 개별적 시험에 대한 각 개인의 성적들은 킬로미터로 표시되었다. 우리는 교실 벽에, 예를 들어 릴에서 루르드까지 단계별로 우리를 이끄는 주행 거리가 표시된 일종의 프랑스 일주 자전거 경주 같은 것을 그려 놓았다——예수회 교사들이 그렇게 하도록 만들었다. 팀의 성적이 필요한 숫자만큼의 킬로미터를 초과했을 때, 우리는 다음 단계에 사용할 수 있는 잔여량을 가지게 되었다——나는 바로 여기서 '잔여'의 의미를 배웠다. 궁극 목적은 나에게 보다 후에 나타났다. 그러나 그것은 오늘날 매우 분명한 것 같다. 20점 만점에 2점 내지 4점을 얻은 아주 불량 학생이 그의 팀을 이기도록 했던 것이다. 그리고 20점 만점에 18점에서 16점을 받은 뛰어난 학생은 그의 팀을 지게 만들었다. 그리하여 누구나 자신의 수준이 어떠하든 자신의 개인 성적이 팀을 이기게 하거나 지게 할 수 있다는 사실을 자각했다. 선생님들을 보다 덜 개입하게 만드는 자발적인 자기 훈련이 실시되었던 것이다. 왜냐하면 한 팀의 내부 자체에서 축하·질책 그리고 격려가 이루어지기 때문이다. 아마 의사들은 그렇게 조직되어야 할 터이다. 책임에 있어서 델타와 차이, 진보나 퇴보는 중요하다. 우리 사회에서 필요 불가결한 것은 각자가 자신이 사회에서 어떤 역할을 하고 있다는 점과, 자신의 개인적 행위들의 충격이 어떤 집단에 파장을 일으킨다는 점을 자각해야 한다는 것이다. 그렇기 때문에 개인적인 것과 집단적인 것의 이와 같은 분절에 대한 질문들이 증가되는 현상은 전적으로 정당화된다. 도덕적 책임의 개념이 개인적 의식으로만 환원된다면, 우리는 성과의 숭배와 전방위적 경쟁 이데올로기의 숭배에 집착할 위험이 있다. 그런데 이러한 이데올로기는 어떠한 도덕적 사색과도 양립할 수 없다. 그것은 언제나 의무에 비해서 지능을 우선시하고, 늘 의무를 순전한 장기적 이해타산으로 변모시키고 만다. 이것은 승리를 구가하는 자본주의의 유일한 논리에 너무 지나치게 집착하는 모든 윤리적 태도(윤리적 보상)가 드러내는 앵글로색슨계의 공리주의적 비전의 결과이다.

지배적인 말의 가치

따라서 지배적인 말의 가치는 유일하게 이 말의 빈도로부터 나온다고 생각해서는 안 된다. 하나의 지배적인 말이 언어의 습관을 이루는 것이 아니다. 프아로 델페크가 《르몽드》에 실은 짤막한 글들에서 유머 있게 강조하고 있는 것처럼, 언어의 습관들은 어떤 순간에나 존재하지만 말이다. 사용 빈도는 사실 논거만을 구성한다 할 수 있으며, 되풀이들——우리가 텔레비전 시리즈물에서 주인공들의 출현 횟수에 대해 이야기할 수 있듯이——을 기록하는 데 그친다 할 것이다. 지배적인 말은 규범적인 용법이 있다. 그것은 논거와 준거의 구실을 한다. 나의 방식은 여러 가지 다른 영역들에서 사회적인 용법을 분석하는 일에 무심하다는 의미에서 사회학적이 아니다. 그러나 그것은 사회 변화를 고려하지 않을 수 없다. 또한 그것은 이 변화가 주어진 장소들과 시간들 속에서, 개인적 도덕 의식과 이 의식이 직면하는 새로운 상황들 사이에 존재하는 긴장과 관계를 표현하고자 하는 방식을 참작하지 않을 수 없다.

도덕적 의식이 모든 인류에게 분명히 동일하게 존재한다 할지라도, 그것의 표현은 여전히 역사적이다. 그것이 역사적이기 때문에, 한편으로 그것은 하나의 사회에서 받아들일 수 있고 생각될

수 있는 바와 싸워야 하고, 다른 한편으로 그것의 모든 표현들이
이것들로써 사용되는 말들의 역사 자체에 의해 영향을 받는 방식
과 싸워야 한다. 우리가 모두에 의해 인정되고 이해될 수 있는 전
혀 새로운 말들을 만나는 경우는 드물다. 도덕적 의식은 이미 여
기에 존재하고 있는 것을 이용한다. 그것은 관용어법들을 단절할
수가 없다. 그것은 개념들을 구축하지 않고, 개념들을 다시 내 것
으로 만들려고 애쓴다. 그 여정은 어렵다. 왜냐하면 도덕은 풍습을
이중화시키지 못하기 때문이다. 의무는 사실들을 기록하지 않는
다. 도덕적 의식은 말들에서 빠져 나와야 하고, 스스로 난관을 해
결해야 한다. 다시 말해 그것은 말들을 정돈해 해명해야 한다.

　이것이 내가 여기서 다루고자 하는 본질적 문제이다. 의식은 책
임이라는 말 속에서 자신을 되찾으며 동시에 방황한다. 의식이 그
속에서 자신을 되찾는 것은 이 말이 의식에 제시되는 새로운 상황
들에 완전히 알맞게 조정되어 있기 때문이다. 동시에 의식이 그 속
에서 방황할 수 있는 이유는, 책임이란 말 자체가 도덕적 전통에서
나온 것이 아니라 법률적 계통으로부터 나왔기 때문이다. 그런데
다른 어휘적·합리적 영역으로부터 오는 하나의 말을 내 것으로 자
기화하기 위해서는 그것의 소리를 반복하는 일만으로는 충분치 않
다. 다른 곳에서 태어나고, 다른 곳에서 사유되고, 언제나 다른 곳
에서 사용되는 말에는 그것의 고유한 역사와 이 역사가 만들어 내
는 표상들이 기생하고 있다. 의지에 의한 구데타로서는 충분치 않
다. 왜냐하면 책임 원리는 법과 도덕 사이, 도덕적인 것과 합법적
인 것 사이, 혹은 비도덕적인 것과 비합법적인 것 사이의 관계라는
어려운 문제를 구체적으로 제기하기 때문이다. 민법은 계속적으로
발전되고 수정되는 과정에서 사회 및 경제의 변화에 의해 너무도
많은 영향을 받았기 때문에 우리가 손바닥 뒤집듯이 이로부터 벗어
날 수 없다. 하나의 도덕적 원리가 세계에 단지 적용되려고 시도

할 때에도, 민법은 우리 세계를 여전히 기능하게 한다. 많은 도덕 원리는 많은 적용이 필요한 것이다. 그리고 말들은 동일한데도, 그 속에서 단순히 모순적인 용법들을 보는 것은 착각일 터이다. 때로는 절망적인 변설(앞서 한 말의 취소)들 속에서 재발견해야 하는 유사성들이 존재한다.

어떤 식으로든 법과 도덕은 우리의 자유 상태와, 주어진 시간과 장소들에서 우리의 자주권 상태를 표현한다. 현대의 법이 실질적으로 관심을 기울이는 것은 유대이다. 이 법은 공화국의 가치들을 토대로 하는 개인적 자유와 유대를 양립시키려고 한다. 그러나 법은 정의와 절차에 결코 독립적이지 않다. 앵글로 색슨계의 법률주의 침투는 **법률가들** 및 소송들의 행렬을 몰고 와 우리 사회에 법이 끼어드는 현상을 심층적으로 변화시키고 있으며, 책임이란 말의 용법들을 왜곡시키는 지경에 이르고 있다.

바로 여기에 오늘날 책임 원리를 지배하는 역설이 있다. 이 원리는 오래 된 법률적 원리이면서 새로운 도덕적 원리이다. 그러나 두 경우 그것의 사용은 기자들로부터 교육자들과 기업가들을 포함해 정치인들까지, 이들의 가장 일반적인 텍스트들에서 되풀이되어 나타남으로써 증가되고 있다. 이처럼 힘이 이중으로 상승함으로 인해 구별들이 증가되지 않을 수 없으며, 나아가 모순들도 드러나지 않을 수 없다. 이것들을 해결하는 일이 쉬운 과업은 아니다. 확실히 그것은 텍스트들과 의사 표명들을 대상으로 하는 실천적 훈련을 필요로 한다. 그것은 법률적 영역과 도덕적 영역이라는 각각의 영역에 고유한 요소들의 껍질을 벗기는 작업을 유용하게 만든다고 생각된다. 책임의 도덕적 원리는 새로운 것이 오래 된 것으로부터 빠져 나오듯이, 오해로부터 끊임없이 빠져 나와야 한다. 여기에는 다음과 같은 특수한 어려움이 따른다. 즉 법률적 원리가 오래 되었다 할지라도, 그것은 사법적 실천에 관계되고 이 실천의 판례적 결과에 관련된 성공을 거두고 있다는 사실이다. 따라서 우리에게 필요한 것은 떠오르는 도덕 원리의 자율성과, 개인들을 위협하는 법률적 개념의 점증하는 무게를 동시에 그리고 병행하여 생각하는 일이다. 왜냐하면 진정한 도덕이 도덕을 우롱한다 하지만, 실정법은 진정한 법을 더욱더 가볍게 우롱하기 때문이다.

말들의 공유

공통적인 말은 어떤 순전한 모순을 사유하는 일을 방해한다. 공통적인 말은 혼동과 기생적인 것들(말에 붙어다니는)에도 불구하고 어떤 사유의 공유를 암시하고 있다. 형식상 책임이 언제나 의미하는 바는 "자신의 행위와 결과에 책임을 진다"는 사실이다. 이러한 문자적 정의는 법률적인 것에도 도덕적인 것에도 맞다. 그러나 책임진다는 사실이 전제하는 것은, 명료하게든 암묵적으로든 누군가가 문제를 제기했다는 점이다. 이 누군가는 바로 **타자**이다. 그는 법률적인 경우와 도덕적인 경우에 있어서 동일한 지위를 지니지 않는다. 그는 동일한 위상도, 동일한 정의도 지니지 않는다. 왜냐하면 그의 존재가 드러내는 양태들은 서로가 매우 다르기 때문이다. 한쪽에서 책임의 주체는 법정에서 꼼짝 못하고, 재판관에 의해 평가되고, 유죄의 위협을 받고, 대가를 지불해야 할지도 모른 채 부자유한 상황에서 대답을 한다. 법률적인 경우에 있어시 디지는 언제나 사법의 결정에 따라 변상을 받아아 하는 자이다. 타자는 피해를 입은 희생자이다. 이런 논리는 법률적 의미의 흔적이 있는 보다 일반적인 용례에서도 동일하다. 법으로부터 우리에게 직접적으로 오는 질문, 즉 "누구에게 책임이 있는가?"라는 질문에 대한 대답에서 나타나는 경우가 그러하다. 도덕적인 경우에 타자는 여러 가지로 다를 수 있다. 그는 의사에게는 환자일 수 있고, 선거에서 당선된 자에게는 시민일 수 있고, 기업인에게는 고객일 수 있고, 교육자에게는 학생일 수 있다. 그러나 특히 도덕적인 경우에 언제나 여러 명의 타자가 존재하는데, 이들 존재의 신분 확인은 행동이나 결정의 내용을 분명하게 한정한다. 기업인은 기업의 직원들·고객들, 나아가 사회 자체에 대해 책임이 있을 수 있다. 이타성은 상품의 단순한 질이나 급여로부터 진정으로 도덕적인 차원들에 이르기까지 다양하게 변화한다. 도덕적 책임은 법에 의해 강제되지 않는다. 그것은 이타성의 여러 가지 모습들을 생각해 보는 의식적 참여나 의지의 결과이다. 법률적인 측면에서, 의무들은 법이나 실정법에 의해 엄밀하게 제한된다. 소송 절차는 언제나 소급력이 있다. 피해를 본 것의 원인이 추구되기 때문이다. 도덕적인 측면에서 참여는 항상 미래를 내다본다.

말들의 공유가 설명하는 것은 법률적이고 도덕적인 의미들이 어떤 절차들에서는 반드시 교차한다는 점이다. 어떤 사실이 피해일 때, 어떤 행위가 손해를 입힐 때, 어떤 결정이 희생자들을 야기할 때, 사법은 '책임에 있어서' 소송을 위해 이용될 수 있다. 희생자들이 존재한다면 감수된 도덕적 책임도 무사하지 못하다. 그래서 재판이 법률적 측면에 대해서만 결정을 내린다 할지라도, 두 개의 책임이 동시에 문제된다. 내가 강조하고자 하는 것은 법률적 책임의 부정적 본질과 도덕적 책임의 긍정적 본질 사이의 대립이다. 법률적 책임은 안정적이다. 왜냐하면 단지 부정적인 면만이 그것과 관련되고, 그것에 관심이 있기 때문이다. 도덕적 책임은 그보다 덜 안정적이다. 왜냐하면 그것의 참여는 이 참여의 반대, 부정적인 반대로 귀결될 수 있기 때문이다. 이 반대는 본질적이 아니라 우발적이다. 내가 하나의 단체를 이끌고, 하나의 기업을 경영하거나 하나의 시를 다스린다면, 나는 분명 실제적인 책임을 지게 된다. 나는 잘하고 싶지만, 잘하지 못할 수도 있고 휘하 사람들이 잘 못하도록 할 수도 있다. 이러한 오류나 실수는 법이 위반되었다면 법률적 책임까지 갈 수 있다. 일반적으로 도덕적 책임을 진다는 말은 최상과 최악을 다 전제한다. 책임을 지겠다는 의지는 두 경우 모두에 가치가 있다. 게다가 그것은 도덕적 책임의 토대를 확립한다.

나는 정찰기 사건〔비행기 판매와 관련된 수뢰 사건〕당시의 피에르 기요마의 훌륭한 예를 자주 인용했다. 피에르 페앙이 사건을 폭로했을 때, 피에르 기요마는 며칠 후 다음과 같은 주제에 대한 알쏭달쏭한 발표문을 모든 신문에 게재토록 했다. "나는 대표였고, 따라서 책임자였다. 그러므로 나는 나의 부하들 가운데 단 한 사람이라도 이 사건으로 불안에 떠는 일을 용납하지 않을 것이다." 사법적 고소가 있었다면, 엘프사나 시민들에게(엘프사는 당시에 국영 기업이었기 때문이다) 벌인 사기 행위로 피에르 기요마의 법률적 책임이 어느 정도인지 헤아려질 수 있었을 것이다. 그러나 그의 선언은 자신의 책임에 대한 도덕적 인정이다. 긍정적인 면은 그것이 실패와 성공, 과오와 성공의 게임에서 필연적으로 교차하는 부정적인 면과 만난다. 그리하여 온천장을 운영하는 대그룹들의 부패한 경영자들을 문제삼는 사건이 터졌을 때, 처벌해야 할 사람들과 이루어져야 할 손해 배상이 드러났다. 그런데도 이 대그룹들의 어떤 경영자노 피에르 기요마와 유사한 선언을 하는 데 찬성하시 않았다. 그들은 법률적 책임을 도덕적 책임과 걸고 연계시키지 않고 그것이 해결되도록 방치했다. 법은 책임의 도덕적 개념이라면 용인할 수 없을 이러한 정신 분열적 행태를 허용한다.

내가 이 '사건들'에 대해 작업을 했을 때, 나는 이 대그룹들의 지점장들이나 지역 담당 사장들이 끊임없이 고소의 위협 속에서 생활하고 있는 것을 가까이에서 보았다. 그들의 불안은 일상적이었다. 그들은 어떤 경쟁자가 막 조사를 받아 투옥되었다는 사실을 알고 있었다. 그들은 이제 내 차례가 올 것이라고 생각했다. 그런 데도 그들의 그룹 내에서 적극적인 부패가 기업 전략이 되다시피 했다. 그것은 어느 누구에게도 수수께끼가 아니었다. 그것은 이상하게도 이른바 '수동적' 부패의 이름으로 정치인들에 의해 강제된 행태였다. 그러나 형법과 미테랑의 담화가 정치인보다는 기업을 더 처벌하도록 수렴되고 있었기 때문에, 대그룹의 어떠한 경영자도 책임자로서 행동하기를 원하지 않았다. 사법적 측면에 대한 두려움이 모든 도덕적 원리를 말살시켜 버렸던 것이다.

사법적 절차에서 강제는 변상할 수 있는 능력으로서의 책임을 구성하고, 재판관이 민사상으로 또는 형사상으로 피해자나 사회에 변상하라고 강제하는 의무로서의 책임을 구성한다. 두 경우에 모두 갚아야 한다는 관념이 남아 있다. 달리 말하면 개인은 결코 홀로 행동하지 않는다. 그의 행위들과 결정들은 법을 위해 사용되는 규범에 따라, 혹은 도덕을 위해 취해진 참여에 따라 평가되어야 하는 결과들을 수반한다. 이 점은 책임의 도덕적 개념과 법률적 개념에 공통되는 관념이다. 어떤 행위도 유아주의적이지 않으며, 어떤 행위도 고립되어 있지 않고, 어떤 행위도 순진하지 않다. 순진함의 유혹은 하나의 방어 시스템에 불과하다. 개인주의의 진보가 그토록 강조되고 있는 시대에 법과 도덕은 그 반대를 말하고 있다. 타자는 언제나 모든 책임의 본질적 요소로서 존재하고 있다. "어린아이조차도 순진하지 않다. 돌멩이만이 순진하다"라고 헤겔은 썼다. 순진함은 거론되고 있지만 더 이상 존재하지 않는다. 이 점을 우리의 자주권에 대한 근본적 침해로서 아쉬워해야 할 것인가?

순진함은 집단적 혹은 정신분석학적인 인과 관계들 속에 피신할 수 있었다. "그건 내 잘못이 아니야, 사회의 탓이거나 내 어린

시절 탓이야"라고 말이다. 이러한 방어의 논거는 개인의 책임을 한정하거나 제한하고, 나아가 소멸시킨다. 이것은 법에서는 정상 참작으로, 다른 분야에서는 사회적인 결정 요인으로 불린다. 물론 이런 정상 참작은 존재한다. 그렇기 때문에 무조건적인, 다시 말해 절대적인 자유를 주장하는 일은 터무니없다 할 것이다. 법은 피해자들, 다시 말해 인간들의 불행을 염려하는 장점이 있다. 그리고 분명 이 점은 도덕의 의미와 법률의 의미 사이의 공통점이다. 각기 이 두 의미들은 온갖 종류의 결정 요인들에 의해 소멸되는 어떤 자유의 관념을 사실적으로 혹은 규범적으로 철수시킨다.

두 경우에 있어서 책임의 이와 같은 개념은 인간의 자유 개념을 긍정하거나 전제한다. 그러나 사법적 절차는 이 자유의 개념을 약화시키고, 심지어 위협하는 경향이 있다. 물론 그것은 원칙적으로는 이 개념을 긍정하지만 말이다. 보다 분명하게 말하면, 그것은 이 개념을 긍정하지 않으며, 그것을 고려하는 일을 거부한다. 피해자가 있고, 피해자는 보상받아야 하고, 이것이 중요하며 전부이다. 이런 상황에서 마치 책임자는 자유롭기라도 한 듯이 말이다. 자유가 약화될 수 있는 것은 오직 형사상으로만 가능할 것이다. 사회는 사회적 결정 요인들을 포함할 수 있다. 한편 개인은, 사회적 결정 요인을 모두 제외하고도 그에게 피해를 입힌 자로부터 민사상으로 보상을 받아야 한다. 내면적인 확신은 어떤 피해의 객관성, 금속성을 띤 그 객관성을 거역하지 못한다.

반 론

그런데 하나의 지배적인 말에 대해 이야기를 하면서 이로부터 책임의 도덕적 원리의 출현을 추론해 내고, 더 이상 담론으로서의 구실을 감히 할 수가 없었던 담론의 잔해 위에서 도덕을 부활시킬 수 있다는 새로운 원리를 주장하는 일은 지나치지 않은가?

사실 지배적인 말의 변모들, 그리고 의미론적 변화들과 같은 이 말의 다양한 애매성만 가지고는 새로운 원리를 확인하는 데 충분치 못할 수 있다. 경험적 확인은 오늘날 책임 원리 속에서 표현되는 도덕적인 공통의 의미가 존재하고 있다는 것을 확인하는 일을 말한다. 그러나 사실 우리는 동시에 무책임(책임이 있음에도 책임지지 않는 것)이나 비책임(책임 있음을 거부하는 것)을 점점 더 고발하고 있다. 의료 사건이든, 정치적 사건이든, 금융 사고이든, 경제적 사건이든, 사건들이 증가함으로써 엘리트들, 다시 말해 우리가 사회에서 일상적으로 책임 있는 사람들이라 일컫는 자들의 책임이 문제되어 왔다. 이러한 현상은 논의의 여지없이 명백하지만, 그것은 다분히 나의 논증을 강화해 준다. 비책임의 비판은 책임 원리의 암묵적인 긍정으로 비롯된다. 나는 오늘날의 행동들이 지난날의 행동들보다 낫다는 점을 강조하는 것이 아니다. 나는 도덕이 사회적 관계를 지배한다고 전혀 주장하지 않는다. 단지 내가 생각하는 것은 우리가 현존하는 사태에 대한 비판으로부터 책임 원리를 어떤 식으로든 끌어냈다는 사실이다. 공적 공간에서 어떠한 도덕적 담론도 존재하지 않음으로써 부정적인 결과들이 나타났다. 이러한 결과들에 대한 비판은 책임 원리의 긍정으로 이어지고 있다. 이 원리는 이제 출현하고 있을 뿐이다. 다시 말해 그것은 아직 모든 실천들을 평가하거나 모든 결정들을 취하는 데 소용되는 것은 아니다. 내가 참여했던 토론들의 견실함, 책임이라는 주제에 대한 관심, 책임이란 말의 다양한 사용들을 적절하게 구별해야 할 필요성, 우리의 결정들과 행동들에 도덕적 차원을 부여하게 해줄 수 있는 준거의 추구, 이런 것들이 나로 하여금 생각하게 한 것은 이 원리가 이미 오늘날 단순히 받아들일 만하다는 것 이상이 되었

다는 사실이다. 그것은 미래의 도덕 원리가 될 것이다. 그 어떤 것
도 주어지지 않았고, 획득되지 않았고, 얻어지지 않았다. 그러나
'도덕 지상주의 없는 도덕'(도므나크)의 필요성이 떠오르고 있다.

어떤 식으로든, 우리는 도덕적 평가 기준으로서의 책임 원리가
한 욕망의 산물이라고 말할 수 있을 터이다. 도덕 의식은 무언가
를 욕망하는 것일 수 있다. 그것은 자신의 존재를 지속시키기 위
해 자신의 작용 수단들을 갖고자 한다. 칸트적 전통은 도덕을 욕
망보다 더 의지에 연결시키고 있다. 그러나 실천 이성은 욕망하는
탁월한 능력의 관념을 전개한다. 소란스러운 이 시대에 책임 원리
는 만족할 만한 대상을 찾아내고 있는 고도한 욕망으로부터 비롯
된다.

게다가 도덕에 대한 나의 접근은 칸트의 근본적인 몇몇 개념에
의지하고 있다. **형식주의 · 보편성 · 도덕 의식 · 의무**와 같은 것들
말이다. 그러나 이러한 개념들이 칸트에게서는 전적으로 비역사
적으로 남아 있다. 그가 **풍습에 대한 형이상학의 토대**에 관해 쓰
고 있는 것은 시간과 공간 밖에 위치하고 있다. 그리스인들도 그
들의 후대들과 마찬가지로 그렇게 생각했을 것이고, 또 그렇게 생
각하지 않을 수 없었을 것이다라고 말이다. **단언적 지상 명령**의 개
념 자체가 모든 역사적 · 사회적 · 경제적 혹은 정치적 조건들을 제
거하고 있다. 그것의 방식은 전적으로 논리적이다. 왜냐하면 실질
적 세계 속에 그 실제적 결과가 어떻게 편입되든지 의도는 여전히
같기 때문이다. 도덕에 대한 이같은 접근은 '도덕적 질서'에 있어
서 모든 비난을 피하게 해주는 장점이 있다. 왜냐하면 있는 그대
로의 세계 질서가 결코 고려되지 않기 때문이다. 그래서 어떤 식으
로든 칸트 자신에게도 진정한 도덕은 도덕을 우롱한다. 도덕 의식
——들뢰즈가 칸트에게 나타나는 '공통된 도덕감'이라 명명하기
를 좋아했던 것——은 그것의 근본적 개념들에 구조화되어 있는

데, 새로운 표현 형식들을 발견하기 위해 끊임없이 세계의 흐름과 대결한다. 이러한 표현 형식들이 적절하기 위해서는 사태에 따라서 의식을 자극하고 건드려야 한다. 의식 자체는 그것이 이해하는 말들, 현재 사용되고 있으며 공통 언어에 속하는 그런 말들을 가지고만 행동할 수 있다. 이 점은 탐구를 가능케 하는 조건이자 동시에 애매성들을 낳는 원천이다. 왜냐하면 적절한 말들은 여러 가지 서로 다른 의미론적·조작적 세계들에 속할 수 있기 때문이다. '책임' 이라는 말이 그런 경우이다. 책임이 새로운 원리로서, 도덕적 사용이 가능하다는 사실을 잘 이해하기 위해서, 우리는 우선 책임이란 말의 법률적 사용들과 이로부터 비롯되는 사용들——우리의 일반적 추론들에서 보여지는 사용들——을 구분해야 한다.

막 간

요리(cuisine)라는 이름이 나타났을 때부터 이 이름이 지칭했던 바와 같이, 요리는 익힌다는 것(cuisson), 따라서 불을 전제한다. 최초의 모색은 다분히 거칠지 않을 수 없었을 것이다. 약간 탄 고기나, 뼈가 드러난 다갈색 생선이 상상된다. 경험은 불과 시간을 적당히 조절하기 위해 축적되었다. 아마 이로부터 **맛본다**(déguster)는 말이 나왔을 터이다. 이 말은 최상의 경우 먹어 없애는 소비를 말하고, 최악의 경우 고통을 의미한다.

어쨌든 불과 달이는 작업이 필요했다. 아마 어떤 사람들은 우선 날것과 타지 않는 음식물로 되돌아갔을 것이다. 또 어떤 사람들은 보다 나은 미래에 대한 희망을 간직하면서, 불꽃이 타오르는 요리들을 위해 불을 간직했을 것이다.

말들도 때로는 이러한 역사를 가지고 있다. 고기를 계속해서 슬쩍슬쩍 굽듯이, 이 말들을 다루다 보면 그것들은 오늘날과 같은 말들이 된다. 그러나 그것들은 어디에선가 분명 태어나야만 한다. 때로는 그것들은 엉기거나 타고, 숨막히게 한다. 그러나 우리가 그것들을 잘 포착하여 되돌아오게 하려고 주의를 기울이면, 최싱의 것이 뭉근한 불에 서서히 무르익어 간다.

책임은 사고를 당한 희생자를 복원시켜 주기 위해, 다시 말해 그를 회복시켜 주고, 그에게 힘을 되돌려 주고 그를 보상해 주기 위해 태어났다. 그것은 최초의 모색이다. 그러나 우리는 이보다 잘할 수도 있다.

3

법률적 관점에서 본 책임

우리가 우리 사회에서 '책임'이라는 말의 복잡성을 정확히 이해하기 위해서는 법에 잠깐 머무는 일을 피할 수 없다고 본다. 법을 고찰해야 하는 주요한 세 가지 이유가 있다.

우선, 책임은 철학적 전통이 아니라 법률적 전통을 지닌 개념이다. 그런데 바로 프랑스 철학에서 법에 대한 전통적인 무시가 책임의 문제에 대한 프랑스 철학자들의 거의 일반적인 침묵을 야기하고 있다. 프랑스 문화에서 지금까지 법학자들은 철학자들보다 훨씬 더 뛰어난 정도의 법철학자였다. 우리의 중등 교육은 이와 같은 문화적 풍습의 특징을 간직하고 있다. 왜냐하면 그것은 법을 전적으로 무시하고 있고, "어느 누구도 법을 모른다고 생각되지 않는다"라고 주장하면서 우리가 법에 대한 지식 없이도 시민이 될 수 있는 것처럼 이루어지고 있기 때문이다. 내가 가르치고 있는(루이르그랑 고등학교) 대학입시 예비반에서 확인할 수 있었던 바는 학생들이 민사적인 것과 형사적인 것의 단순한 구분도 전혀 모르고 있었다는 사실이다.

그리고 매우 다양한 기관들——국제 철학 콜레주, 국립과학연구소(CNRS), 국립문학연구소, 프랑스어 철학 작품 자료보관소 등——에서 프랑스의 대철학자들이 작업하는 것을 유심히 살펴본 결과, 내가 생각하게 된 바는 법에 대한 이러한 무지가 단순히 실정법(대법전들의 텍스트들, 다양한 법제들)에 대한 무지만이 아니었고, 일상의 실천에서 전반적으로 법적 문제들에 대한 무지였다는 사실이다.

　따라서 책임의 법률적 전통은 책임을 일반적으로 철학적 사색으로부터 벗어나게 만들고 있다. 나는 이것이 앙드레 콩트 스퐁빌이 《큰 미덕들에 대한 소(小)개론》에서 책임을 무시하고 있는 사실에 대한 하나의 설명이 된다고 생각한다. 미셸 세르는 《자연계약론》에서 법을 분명히 환기하고 있다. 왜냐하면 이 아름다운 책의 제목 자체가 법률적 성격을 띠고 있기 때문이다. 그러나 실정법을 다루는 것은 아니다. 이는 본질적으로 비판적인 방식으로 법을 가장 많이 탐구한 미셸 푸코의 업적으로부터 나온 전통임이 확실하다.(프랑수아 에발드와 그의 《복지 국가》를 참조)

　책임의 법률적 의미에 반드시 머물러야 하는 두번째 이유는 일상 언어에서 법의 충격 자체와 관련된다. **책임**이라는 말은 두 세기의 법률적 전통으로부터 강한 영향을 받고 나온 것이다. 많은 용례에서 이 말은 전혀 실제적인 도덕적 함축을 하고 있지 않으며, 다만 그것의 법률적인 주요 특징들의 외연을 참조케 한다. 법이 희생양의 오랜 전통과 결합되어 있는 정도 내에서, 언어에는 책임을 피하게 하거나 저버리게 하는 의미가 배어든다. **누구에게 책임이 있는가?**라는 문제의 질문은 이러한 점을 가장 잘 나타내는 징후이다. 사실 우리는 책임자가 누구인지 **추구될** 때마다 책임이라는 말의 법률적 전통의 흔적과 주입을 찾아낼 수 있다. 달리 말하면 우리가 책임자로 하여금 대가를 지불토록 하고자 할 때마다 말이다.

　세번째 이유는 앞으로 내가 자세히 다룰 테지만, 경제적·정치적·사회적 생활의 모든 분야에 법률적 책임이 현재 확대되고 있다는 것이다. 과연 책임의 도덕적 원리——이것은 새로운 개념이다——의 출현과 병행하여, 사법적 소송 절차가 발전된 우리 사회들에 침투하고 있으며, 책임은 이 절차의 주요한 개념이다. 미국의 예는 더 이상 남의 일이 아니다. 그것은 유럽에 상륙해 대단한 속도로 퍼져 나가고 있다.

이와 같은 세 가지 이유는 오늘날 도덕적 담론의 지배적인 말인 책임을 혼란스럽게 만드는 데 일조한다. 우리가 **누구에게 책임이 있는가?**(법률적 전통)라는 질문을 **책임을 져라!**(도덕의 출현)라는 명령에 대립시킨다면, 우리는 이 말의 사용들에 있어서 커다란 괴리를 알아차리게 된다. 동일한 말이 두 경우에 사용되고 있는데, 책임 회피자의 수색이 교육적 명령에 대립하고 있다. 이것은 하나의 말장난이 아니다. 그것은 말들이 서로 다른 방향에 있는 상이한 자료체들 속에서 발전할 때, 그리고 동시에 그것들이 실질적으로 교차될 수 있을 때 나타나는 언어 유희이다.

부정적인 법

책임에 관한 법은 무엇보다도 민법의 유명한 규정들에 의해 특징지어진다. 물론 실정법의 모든 텍스트들에서도 책임이 문제되고 있지만, 법률적·사법적 용법에 있어서 **책임**이라는 말의 결정적인 부정적 성격은 민법의 형태 자체 속에 들어가 있다. 성격상 민법과 형법은 타자가 동일한 위상을 지니지 않는다는 점에서 책임의 개념에 동일한 중요성을 부여하지 않고 있다. 형사적인 것과 관련된 오명은 사회 전체가 하나의 유죄 판결에 연루된다는 사실로부터 온다. 하나의 자연인 또는 도덕적 인간에 대한 단순한 사죄가 아니라 사회 전체에 대한 사죄인 것이다.

민법의 텍스트는 책임의 의미 자체에 대해 매우 분명하다. "누구나 자신의 행위뿐 아니라 부주의나 경솔로 인해 야기한 피해에 대해 책임을 진다.” “누구나 자신의 행위에 의해 야기되는 피해뿐 아니라, 그가 책임져야 하는 개인들의 행위에 의해 일어난 피해, 혹은 그가 관리하고 있는 것들에 의해 발생되는 피해에 대해서 책임을 진다.”(1383/1384조)

따라서 실정법에서 책임은 부정적 행위들, 사고로 당한 피해들, 그리고 행위들이 만들어 낸 피해자들에만 관계된다. 타자는 언제나 침해를 당해 변상받는다. 결코 법은 타자에게 이로운 긍정적 행위에 대해 책임이라는 말을 사용하지 않는다. 타자 앞에서 자신의 행위와 이 행위의 결과에 대해 책임을 지는 것이다. 그러나 인간은 그가 야기한 해악에 대해서만 책임을 진다.

민사상의 책임을 설정하는 원리는 비판될 수 없다. 그것은 유대의 원리이다. 법에 의해 인정된 인간들의 자유는 타자의 자유가 시작되는 곳에서 멈춘다. 피해를 일으키는 유린은 사죄가 이루어져야 한다. 어떠한 인간도 자신의 불행 속에 홀로 남아 있어서는 안 된다. 어떠한 인간도 피해를 입었는데 변상을 받지 못해서는 안 된다. 법과 사법은 복수를 대체하기 위해서 존재하는 것이다. 문명이 성글의 법칙을 대체하듯이 말이다. 우리는 스스로 우리의 손해 배상을 받을 수 없다. 복수는 언제나 하나의 반작용이다. A에 의해 피해를 입은 B는 자신의 피해와 이에 따른 벌을 그 자신이 평가한다. 법은 중립적인 제3자를 개입시킨다. 그는 어느 누구도 모른다고 생각되지 않는 성문 텍스트들에 따라 두 가지 평가를 한다. 모두가 알고 있는 규범은 허용된 것이 무엇이고, 금지된 것이 무엇인지 말하고, 금지된 것들에 대한 위반을 질책하는 방법을 말한다. 따라서 사회가 모든 경우에 개입하는 일은 불필요하다 할지라도(형법), 재판관이 복수를 금지시키고 동시에 배상을 확실히 보장하기 위해 있는 것은 필요하다.

민법과 그것의 유용성을 헤아리기 위해서는, 인간의 충동들 가운데 있는 복수의 중요성을 이해하면 충분하다. 복수는 단단한 치아뿐 아니라 단단한 생명력을 가지고 있다. 그것은 인간 행동들의 매우 강력한 수단이다. 그렇기 때문에 우리는 많은 픽션들이 그것을 극적인 수단으로 사용하고 있음을 이해한다. 《몬테 크리스토 백작》으로부터 《낡은 총》을 거쳐 《일찍이 서양에는 ……가 있었다》에 이르기까지, 우리는 독자와 시청자에게 즐거움을 느끼게 하는 복수 행위들을 읽고 본다. 사실 보상이나 반작용, 혹은 징벌의 경우를 제외하고 타자가 고통받는 것을 보고 즐거워하는 일은 용납되지 않는다. 나는 《슈퍼맨 II》를 보러 나의 어린아이들을 데리고 간 기억이 난다. 영화의 마지막에 슈퍼맨은 사랑에 빠져 자신의 수단들을 상실한다. 그는 카페에 들어가 바둑판 무늬 와이셔츠를 입은 술집 카우보이에게 '얼굴을 얻어맞고' 만다. 자신의 능력을 되찾은 슈퍼맨은 외계의 침략자들을 지구 밖으로 격퇴하고 샘 아저씨를 구한다. 영화는 여기서 끝날 수도 있을 것이다. 그러나 감독은 마지막 장면을 상상한다. 슈퍼맨이 카페에 되돌아올 때 모든 것은 끝이 난다. 그는 바둑판 무늬 셔츠를 입은 술집 카우보이를 알아본다. 그러자 영화관 안에서, 모든 아이들의 기쁨의 한숨 소리가 올라오는 것이 들린다. 아이들은 문제의 인간이 슈퍼맨에 의해 박살나는 단 한 가지 장면만을 기다리고 있었던 것이다. 장면은 그렇게 이루어졌고, 아이들은 이처럼 해피 앤드로 끝난 데 대해 매우 흡족해 영화관을 나왔다. 이렇게 볼 때 복수는 우리의 가장 오래 된 충동들에 대단히 잘 부합하기 때문에, 우리는 타자로 하여금 대가를 지불하게 하고 우리 스스로 손해 배상을 받는 쾌락으로부터 벗어나기 위해 실정법과 유대의 원칙들이 필요한 것이다. 그렇더라도 지나치게 환상을 품어서는 안 된다. 오늘날 어떠한 복수도 당연하다고 말해질 수는 없다 할지라도, 질주하는 법률주의와 함께 사법적 수단이 때로는 복수가 되지 않는다고 확신할 수는 없기 때문이다.

유대의 요구와 법을 결합시킴으로써 책임의 법률적 개념은 이런 방향으로 매우 멀리까지 가게 되었다. 그리하여 책임의 토대들에 대한 대토론이 시작되었다. 우리가 피해자는 결코 자신의 불행 속에 홀로 남겨져서는 안 되고 항상 변상을 받아야 한다는 점을 원칙으로 간직하고 있다 할지라도, 어떤 사람이 피해를 입었는데도 실제로는 아무도 잘못을 저지르지 않은 경우들이 있다. 이런 사실로 인해, 누군가로 하여금 대가를 지불하도록 하기 위해 다른 방법을 찾아내야 한다. 피해는 결과로서 존재하고 있다. 피해 보상은 피해의 원인이 지목되기를 요구한다. 원인이 잘못을 저지르지 않았다 할지라도, 다시 말해 그것이 의식적 혹은 고의로 피해를 입히지 않았다 할지라도, 그것은 신중치 못한 행동을 저지를 수 있었다. 이런 경솔이 반드시 신중의 결핍은 아니다. 극단적인 경우에, 원인은 원인이라 말해지자마자 또 다른 인과 관계의 형태와 관련될 수 있다. 예를 들면 화분이나 어린아이는 한 사람의 자연인이나 가정에 속한다. 그런데 이들 자연인이나 가정이 화분도 아이도 없었다면, 어떠한 또 다른 자연인도 그들에 의해 피해를 입지 않았을 것이다. 또한 병원에서 실시된 마취가 피해를 입히는 결과를 낳았을 때, 의사는 아무런 잘못이 없었다 할지라도 언제나 이렇게 주장되면서 논리가 전개될 수 있을 터이다. 즉 마취가 없었고 병원이 없었다면 이러한 결과는 일어나지 않았을 것이다. 일반적으로 모든 사법적 기술(技術)은 지불 능력이 있는 원인들로 거슬러 올라가는 데 있다…….

판례는 잘못 없는 책임, 결국은 위험에 근거를 두는 그런 책임을 발전시킴으로써 점점 더 위와 같은 길로 접어들었다. 법률가들 사이에 이런 대토론은 철학적 성격을 띠었다. 비록 철학자들은 토론에 참여하지 않았지만 말이다. 토론의 결과는 경제적·사회적·

도덕적·정치적 온갖 관점에서 우리 시대에 영향을 미쳤다. 프랑스에서 사회 전체에 대한 법의 영향은 결코 충분히 측정되지 않고 있다. 보험 분야——오늘날 이 분야는 은행과 결합되어 있다——의 경제적 힘은 법률적 책임의 이와 같은 확대에 의해 대부분 설명된다.

그러나 위험이 책임의 토대가 될 때, 이런 법률적인 점은 자유주의적 이데올로기 자체와 모순되게 된다. 사실상 지불할 위험을 무릅쓰느니 차라리 행동을 하지 않는 편이 낫다는 말이 된다. 지불해야 할 위험의 대가가 크면 클수록 주도적 결단은 더욱 위협을 받는다.

그런데 짚고 넘어가야 할 것은 위험의 어휘를 지배하는 모든 애매성이다. 특히 보험 언어에서 danger라는 말과 risque라는 말이 혼동되고 있다. 그러나 프랑스어는 이 점에 관해 상당히 분명하다. 왜냐하면 프랑스어에서 risque란 말은 동사 risquer가 있지만, danger는 동사가 없기 때문이다. danger는 무언가 객관적인 것이다. 조심해 위험하니까!라는 표현에서 보듯이 말이다. 반면에 risque는 어떤 활동에 대응한다. 또한 그것은 불안전과 동일시될 수 없다. 이 점은 안전 자체의 여러 가지 가치론적(도덕적) 차원들 속에서 잘 나타난다. 루소는 《사회계약론》에서 자유와 안전 사이에 존재하는 모순을 결정적으로 보여 주었다. 이런 모순의 원인은 우리가 항구적으로 교환 과정에 참여하시 않을 수 없기 때문이라는 것이다. 각각의 안전은 약긴 자유의 포기를 함축한다. 물론 안전은 사동차의 안전띠처럼 둘러친다. 규범들과 구속 요소들은 언제나 자유를 제한하는 것들을 구성한다. 이러한 교환은 속기 쉬운 사람들의 교환일 수 있다. 왜냐하면 안전이 최고 한계에 도달하면 그것은 안전 자체를 파괴하기 때문이다. 그리고 이것이 루소에 따르면 압제적 상태, 혹은 불안전이 총체적이 되는 경찰적 상태라 불리는 것이다. 아침 6시면 초인종을 울려대는 우유 장수 같은 것이 아닐까? 안전은 우리가 그것을 위험에 대립시키자마자 가치를 상실한다. 이 위험은 인간의 자유가 겪는 시련이고 참여이며, 힘·이익·인정을 낳는 방식이다. 조레스는 이렇게 썼다. "피통솔자들이 위험을 무릅쓰고 하지 않으려는 것을 위험을 무릅쓰고 하는 자가 지휘한다."

어떤 식으로든 책임의 토대를 이렇게 확장하는 일은 개인이 무릅쓰는 위험들을 제한하고, 따라서 이 위험의 대가를 증대시키는 경향으로 나아간다. 물론 위험의 개념은 우리가 계속 다루게 될 책임의 개념을 구성하는 한 요소이다. 이러한 확장에 반대하는 자들은 보험 분야가 병행하여 성장하지 않았다면 옳았다 할 것이다. 왜냐하면 보험업은 이러한 확장을 이용했기 때문이다. 보험업이 우리가 인정하고 있는 경제적 중요성을 획득했고, 금융 시장에서 지배적인 위치를 차지하고 있으며, 또 산업 사회의 부동산이나 자본에 그토록 많은 투자를 한 것은 이러한 법률적 조치 덕분이다. 보험이 민사상 책임을 커버하는 바와는 달리 형사상의 책임은 충당할 수 없다 할지라도, 그것은 사람들의 정신 속에 긍정적인 추론 방법들을 만들어 주었다. 우리를 피해의 잠재적인 원인자들로 만드는 모든 행동이 수반하는 위험에도 불구하고, 이 방법들은 우리로 하여금 행동하게 해준다는 점에서 긍정적이다. 그러나 그것들은 책임의 도덕적 의미를 변질시키는 경향이 있다는 점에서 또한 부정적일 수 있다. 책임은 법과 사법적 결정들의 일상적 실제를 본뜨고 있는 회계적 개념이 되고 있다. 게다가 법과 사법은 보험 회사들이 필요한 피해 보상을 평가하기 위해 체결하는 합의들 뒤로 점차적으로 사라질 수 있다.

법·사법·보험의 이와 같은 게임 속에서, 책임은 도덕적 책임과는 매우 거리가 먼 개념으로 귀결되고 있다. 책임자는 지불해야 하는 자이지만, 보험 회사가 대신하고 있다. 또한 책임자는 자기 자신이 지불하지 않는다는 사실로 인해 모든 책임을 면제받고 있다는 느낌을 받을 수 있다.

법률적 개념의 요소들

이렇게 볼 때 책임의 법률적 개념을 구성하는 요소들은 다음과 같다. 인과 관계(잘못을 제외한 것), 행위나 행위 결과의 부정적 성격, 타자(피해자로서)가 주축을 이루며, 이것들에 보다 부차적인 세 개의 요소——과거와의 관계·보상·강제——가 추가된다.

인과 관계는 책임 개념의 모든 사용에 공통되는 요소이다. 인간은 원인으로, 혹은 일련의 원인에 있어서 출발점으로 간주된다. 그가 유일한 원인이 아닐 수 있다. 그러나 그런 경우 그는 책임의 일부를 진다. 법률적 용법에서 원인은 의식적이 아닐 수도 있고, 직접적이 아닐 수 있다. 하나의 사물, 동물의 소유, 혹은 다른 사람들의 후견인 입장이 충분히 원인으로 규정될 수도 있다.

행위의 부정적 성격은 법과 사법이 하나의 고려 대상으로 생각하는 조건 자체이다. 바로 이런 의미에서 일상 언어가 책임의 법률적 뜻을 되풀이해서 사용하는 경우가 흔하다. 그러나 행위의 이런 성격이 책임 개념의 모든 사용에 있어서 공통된 것은 아니다. 도덕적 책임의 경우에 행위의 질은 분명하게 표현되지 않는다. 그것은 성격상 중립적이다.

타자는 책임 개념의 모든 사용에 있어서 공통되는 개념이다. "대답을 한다"는 사실은 누군가가 명료하게든 암묵적으로든 문제를 제기했다는 것을 전제한다. 이타성의 존재는 이 개념을 특이하고 새롭게 특징짓는다. 그것은 이 개념에 도덕적 차원을 부여하지만,

여전히 법률적 의미에도 분명하게 존재한다. 본질적인 차이는 상기 행위의 성격과 관련되어 있는데, 언제나 타자는 피해를 당한 피해자라는 사실에 있다. 따라서 여기서는 약간 특별한 이타성, **언제나 변질된 이타성**이 관계된다.

주변적 요소들은 책임의 도덕적 개념을 구성하는 요소들에 일률적으로 대립할 수 있다는 점에서 관심을 불러일으킨다.

과거와의 관계는 법률적 사용에 있어서나 일상 언어에서의 사용 확대에 있어서 강하게 나타나고 있다. 민사상 혹은 형사상 책임의 문제는 언제나 사법적 범주, 혹은 공적인 고발의 범주에서 이루어진 행위가 있고 난 후에 가서야 제기된다. 우리가 자주 환기시킨 바 있는 질문——**누구에게 책임이 있는가?**——이 언제나 의미하는 바는 누가 이 피해의 원인이**었는가**이다. 시간을 약간 거슬러 올라가 잘못을 누군가의 탓으로 돌려야 하고, 원인을 찾아야 하고, 책임자를 몰아내야 한다.

보상은 현실적이고, 금전적 혹은 상징적일 수 있다. 그것은 책임을 평가하는 양적인 형태이다. 법의 적용에 있어서 특히 보험법의 적용에 있어서, 보상은 책임의 가시적 형태이다. 우리가 책임자가 (책임을) 마땅히 져야 한다고 말할 때, 이 의무는 도덕적 의무가 아니라 언제나 하나의 빚이다. 법률적 개념이 빚, 다시 말해 배상에 관심을 기울일 때, 도덕적 개념은 의무의 개념을 숨긴다. 지불하게 만들고 얼마를 지불하느냐를 결정하는 일은 책임에 호소하는 모든 수단의 목표이다.

마지막으로 **강제**는 법률적, 특히 사법적인 사용의 필요 불가결한 요소를 이룬다. 책임자는 자신의 행위에 책임을 져야 한다. 그는 고발된다. 그는 책임지지 않고 싶을 것이다. 그러나 그는 책임지지 않을 수 없도록 강요받는다. 모든 것은 재판정, 혹은 중재 법정에서 이루어진다. 앞으로 보겠지만, 반대로 책임의 도덕 원리는 자신의 행위에 책임을 지는 의지를 강조하며, 이 의지는 일종의 참여를 구성한다. 도덕적으로 책임지는 자는 행동을 하고 이야기를 하기 위해서 고발자를 기다리지 않는다. 그는 책임지기를 원하기 위해 재판관을 기다리지 않는다.

책임이라는 말의 어원은 이 개념의 특이한 성격을 언어 속에 확실히 위치시키고 있다. 책임을 진다는 것(대답을 한다는 것)은 하나의 말이다. 법정은 과거의 행위에 대해 이야기가 이루어지는 말의 장소이다. 따라서 책임이라는 개념의 법률적 기원은 놀랄 만한 것이 아무것도 없다. 대답을 한다는 것은 행위와 행위의 결과들을 설명하는 말이다. 이 설명은 강요된다. 그리고 그것은 실정법과 판례의 텍스트들이 개발해 낸 분명한 법률 어휘집 속에 들어간다.

그러나 과거와의 관계를 표현하는 이 설명은 미래의 행동 및 미래의 담론과의 새로운 관계, 일반적으로 말해서 미래와의 새로운 관계를 초래한다. 법률적 책임은 전미래〔미래의 어느 시점에서 완료되어 있는 것을 나타내는 시제로, 만약 책임질 일이 벌어졌을 경우를 나타냄〕로만 이루어진다. 그러나 그것은 일정 수의 행동들을 조건으로 결정짓게 된다. 책임의 법률적 의미에 특유한 대부분의 변질은 바로 이와 같은 사전 결정들 속에 있다. 사실 우리는 한 사회의 유대와 정의를 위한 어떤 결정적인 개념의 필요성을 매우 분명히 인정할 수 있으며, 이 필요성의 부정적 결과들도 유념해 둘 수 있다. 게다가 이 부정적 결과들은 법률적 사용 자체에만 특수한 것이 아니고, 법률적 사용의 흔적을 간직한 일반적 사용이 끌어들이는 공통된 행동들을 특징짓는다. 우리가 자주 확인하는 사실은 도덕적인 것이 합법적인 것은 아니고, 합법적인 것이 도덕적인 것은 아니라는 점이다. 그러나 여기서 법과 도덕 사이의 단순한 차이나 거리를 문제삼자는 말이 아니다. 법과 법의 적용은, 도덕이 어렵게 제어하는 작용들에서 도덕 자체에 반대되는 결과들을 낳는다.

이러한 결과들은 매우 부정적이다. 왜냐하면 그것들은 행동들을 교란시키기 때문이고, 책임에 대한 매우 값싼 생각과는 반대되는 책임의 도덕적 원리의 출현에 부분적으로 기생하기 때문이다.

막 간

요리에는 감각을 떨리게 만드는 마술적 비법이 담겨진다. 그래서 요리는 너절한 메타포가 되었다. 비밀스러운 타협, 고백할 수 없는 부도덕한 행위, 다양한 독단적 배분의 메타포가 된 것이다. 요리는 이보다 더 나쁜 관행을 상기시키기조차 한다. 요리를 한다는 것, 그것은 고문하는 것이고, 석쇠에 굽듯이 달달 볶는 것이 된다.

이와 같은 경멸적인 사용들에서 우리가 지칭하고자 하는 것은 무엇인가? 제품을 변모시키는 행위인가, 아니면 모든 것이 은밀히 이루어지는 방인가?

물론 두 경우 모두 비밀과 불투명, 그리고 일이 꾸며지는 장소를 지칭한다.

모든 요리들이 다 맛있거나 추천할 만하지도 않다. 이 점에서 언어는 혼동을 일으키지 않는다. 잘 먹지는 못한다 할지라도 살기 위해서는 분명히 먹어야 하는 것이다.

개념들과 지배적인 말들도 마찬가지이다. 그것들의 드러난 모습 뒤에서는 음식을 익히듯이, 예측 불허의 결과를 낳는 익히는 작업이 제대로 제어되지 않은 채 준비된다. 요리는 즐거움을 주어야 하지만, 우리는 살아남기 위해서 그것을 있는 그대로 받아들일 수 있다. 이때 우리는 요리라는 말만 간직한 채 즐거움을 망각한다.

제대로 준비가 안 되고, 제대로 익혀지지 않고, 제대로 소화되지 않은 책임 또한 그것 자체의 반대를 야기한다.

4

매우 값싼 책임의 변질들

실정법의 진보에 대해서, 그리고 유대에 관한 그것의 현저한 관심에 대해서 우리가 생각할 수 있는 이득이 무엇이 되었든간에, 우리에게 지금 필요한 것은 책임의 법과 앵글로 색슨계의 법률주의 침투가 야기하는 변질들과, 실정법·판례·사법적 절차의 결과인 가장 일반적인 추론 방식이 야기하는 변질들을 들추어 내는 일이다. 이러한 변질들은 법 자체와는 관련이 없지만, 우리가 책임의 도덕적 원리를 구상할 수 있는 방식과는 많이 관련된다. 그것들은 이 원리를 대부분의 사람들에게 혼란스럽게 만들고, 나아가 이해할 수 없게 하면서 그것의 토대들과 결과들에 충격을 주게 된다.

나는 다음과 같은 여섯 개의 본질적인 타락을 열거한 바 있는데, 이것들은 보다 더 자세히 다루어질 수도 있을 것이다. **무위의 욕망, 제재의 두려움, 도덕의 망각, 우발적 사고를 생각할 수 없는 무력, 추상적인 인과 관계들에 책임을 던져 버림,** 그리고 마지막으로 **규정에 대한 강박관념**이다. 이 여섯 개의 변질은 공통점이 있다. 그것은 이것들이 법률적 책임의 개념과 도덕적 책임의 개념 사이에 분명한 모순들을 나타내 준다는 점이다.

우리는 여섯 개의 타락을 하나의 이야기를 통해 설명할 것이다. 이 이야기는 위의 모순들을 보여 줄 것이고, 이때 우리의 논지는 이 모순들을 입증할 것이다.

무위의 욕망

　위험이 있었던 행위의 잘못에 대한 민사상 책임의 토대를 확대시키는 일과 관련되었던 대토론에서, 이러한 확대를 비난하는 자들은 다음과 같은 선입관을 가졌었다. 즉 위험이 책임의 근거를 이룬다면, 인간들은 책임지는 일을 회피하기 위해 행동하는 것을 억제하리라는 점이다. 그런데 위험에 대한 이와 같은 개념은 법률적인 의미와 도덕적인 의미를 판별하는 요점이다. 사실 책임의 감수는 주요한 순간으로서의 위험의 개념을 감추고 있다. 위험이 분명히 자유의 시련인 이상 그것은 주요한 순간이다. 그러나 법률적 확대는 위험의 개념에 또 다른 차원을 부여한다. 도덕적 책임이 위험을 감수하도록 부추기는 만큼 민사상 책임에 대한 법률은 위험을 감수하는 것을 억제한다.

　어떤 잘못에 대한 의식은 상대적으로 분명한 의식이다. 하지만 어떤 위험에 대한 의식은 모호한 의식이다. 조용하게 있는 가장 확실한 방법은 행동하지 않고 있는 것이다. 발코니에 화분들이 없고, 애완 동물도 아이도 없다면, 우리는 회오리바람이 불어 와 화분이 행인에게 덮치는 위험을 겪지 않을 테고, 얼빠진 개가 같은 층 아파트에 사는 이웃을 가볍게 물어 버리는 위험도, 아이가 운동장에서 싸우다가 다른 아이의 재킷을 찢어 버리는 위험도 겪지 않을 것이다. 이런 예들은 오늘날에는 보험으로 커버될 수 있다는 점에서 일화적이다. 그렇지만 어떤 직업인들은 이런 위협에 의해 상당한 영향을 받는다.

　잘못이 없는 책임의 이같은 개념은 의료적이고 준(準)의료적인 직업인들의 모든 행동들을 혼란케 하고 있다. 위험에 처해 있는 그 누구도 구제하지 않는 것만이 무위와 경계를 이룬다. 그러나 어떤 행동의 책임보다는 어떤 무위의 책임을 입증하는 일이 언제나 더 어렵다. 행동의 억제는 시도된 행동보다는 덜 단죄된다. 미국적인 증후군이 외과 의사와 마취사의 머리를 떠나지 않고 괴롭히기 시작하고 있다. 일반 의사조차도 문제가 있으면 전문의에 넘기기를 더 좋아하며, 전문의는 미리 조심해서 병원 응급실로 보내게 된다. 그리하여 생물학적 분석, 여러 가지 X선 진찰이 증가하게 된다. 법률적 책임의 이와 같은 타락은 의료 행위의 과도한 현상을 설명하는 하나의 요소이다.

우리는 동일한 징후군을 교육에서도 다시 만난다. 문자적 표현보다는 정신에 있어서 어리석은 규제들이 행동하는 것을 구속하고 자주와 솔선을 억제한다. 고등학교장이나 중학교장은 야외 수업과 교육적인 솔선을 부추기기보다는 이것들을 금지함으로써 항상 보다 조용하게 있을 수 있는 것이다. 우리가 동료 교사들과 학생들을 시골로 공부하러 데리고 갈 때는 매우 분명하고 명료한 목표들이 있다. 그러나 학교장은 벌써 가족들의 있을지도 모르는 불평들에 대해 생각하고, 요리나 스포츠 활동을 하다가 일어날지도 모르는 사고들을 떠올리며, 또 혹시라도 섹스 관계가 발생하여 가정에 끼치게 될 손해에 대해 생각한다. 그에게 가장 간단한 일은 학교 밖으로는 어떠한 연수도, 어떠한 여행도, 어떠한 이동도 금지하는 것이다. 또한 몇몇 분야들에서 우리는 책임에 대한 전적인 강박관념에 사로잡힌 자들을 만나게 되는데, 이들은 적극적인 책임의 어떠한 개념도 반대한다. 도덕적 혹은 교육적 책임에 관한 모든 솔선은 전복적인 것이다. 그래서 책임의 이와 같은 차원이 기존의 위게 질서들에 의해 평가를 별로 받지 못하는 한, 기존 질서의 교란은 감수하기가 망설여지는 위험이다.

각자가 아연실색하는 데는 몇몇 사건들이 널리 알려지기만 하면 충분하다. 알프스의 드락에서 급류를 타다가 발생한 사건, 사람을 죽인 농구 골대 사건, 철길에서 멈춰 버린 스쿨 버스 사건은 사람들의 정신 속에 신속하게 뒤섞인 사건들을 이루고 있다. 정치인들이 임기응변으로 취한 규제 조치들은 그들이 무언가를 하고 있다는 점을 보여 주고자 한다. 그런데 그것들은 돌이킬 수 없게 동일한 방향으로 가고 있다. 즉 구속 요소들을 증가시키고, 통제를 확대하고, 책임 규정들을 무한히 자세하게 상술하는 것이다. 그것들은 돌이킬 수 없게 동일한 효과, 즉 행동하는 것을 만류하는 효과를 낳고 있다. 우리가 이런 방향으로 더 멀리 나아가면 나아갈수록, 도덕적인 책임을 감수하는 데 더 많은 용기가 필요할 것이다.

위험의 개념은 책임의 법률적 의미와 도덕적 의미를 판별하는 개념이다. 위험이 없는 도덕적 책임이란 존재하지 않는다. 그런데도 법은 위험이 잘못된다면 이 위험을 단죄하는 경향이 있다.

제재에 대한 두려움

제재에 대한 두려움은 전형적으로 법률적인 병리 현상이다. 왜냐하면 법은 보상보다는 징벌을 보다 잘 알고 있고, 선행보다는 폐해에 더 관심을 가지고 있기 때문이다. 제재에 대한 두려움은 행동을 수정하게 만든다. 왜냐하면 그것은 타자에 대한 배려를 앞지르고, 그럼으로써 도덕적 책임의 모든 개념과 상반되기 때문이다.

이러한 사실을 설명하기 위해서 나는 하나의 일화와 우화로부터 시작하겠다. 나는 최근에 다음과 같은 주제를 중심으로 소집된 기업체 사장들의 약속에 나와 달라는 권유를 받았다. '기업가의 책임과 노동 사고.' 나는 나의 최후 이야기를 잘 조정하기 위해 그들의 근무를 시찰했다. 이틀 동안 기업가들의 질문 제기와 여러 대화 상대자들의(노동의 감독직 · 노동조합 · 간부) 대답들의 목표는 단 하나, 즉 **비용이 얼마나 드는가?**였다. 달리 말하면, 유일한 관심은 형사적인 성격이었다. 주제를 분명하게 표현한다면 이렇게 되어야 했을 것이다. '기업가들의 형사상 책임과 노동 사고.' 그러나 이것이 제안된 진술의 유일한 내용일 수밖에 없다는 게 당연한 듯이 보였다. 책임이 형사상이냐 아니냐에 대한 것이었다. 사고를 당한 사람들이나 슬픔에 잠긴 가정들은 결코 환기되지 않았다. 타자는 재판관과 그의 결정들의 형태로밖에 존재하지 않았다. 타자는 결코 사고를 당한 자가 아니었다.

이것이 바로 책임의 법률적 의미의 근본적 변질이다. 이러한 변질은 우리의 일상적인 많은 추론 속에서 보여지는데, 우리는 이 점을 더 이상 고려조차 하지 않고 있다. 우리는 우리 자신을 망각하지 않기 위해 타자를 망각한다. 이는 책임의 도덕적 의미와 명백한 모순이다. 또한 그것은 동시에 얼마나 타자의 신분 확인이 도덕 자체와 동일체가 되어 있는지를 매우 잘 보여 주고 있다. 그렇기 때문에 책임을 그것의 유일한 어원으로부터 엄밀하게 형식적이고 자의(字意)적으로 규정하는 일은 책임의 도덕적 원리에 내용을 부여하는 데는 결코 충분치 않을 것이다.

사실 제재에 대한 이와 같은 두려움은 의무의 도덕적 개념을 없애는 일이나 마찬가지이다. 그것은 이 개념의 공리주의적 사용에 완전히 종속된다. 이때 의무는 장기적인 이해 타산 그 이상이 아니다. 아마 바로 여기에 개인의 행동들에 대해 결코 지나치게 낙관적이 되어서는 안 되는 법률의 역할이 있다 힐 것이다. 그러나 어떤 식으로든, 실정법은 개인의 행동들에 대해 납득할 수 있는 불신에 토대를 둠으로써 여전히 책임의 두 의미들 사이의 괴리를 벌려 놓는 경향이 있다. 제재가 두려워서 행동하는 것은 어떠한 도덕적 차원도 지니지 않는다. 비록 그런 결단이 유용성이 있다 할지라도 말이다. 이것이 우리가 모든 교육에서 유념해야 할 교훈이다. 우리가 이와 같은 유일한 원칙들 속에서 아이들을 기른다면, 그들이 행동을 잘못하는 데는 자신이 법 위에 있다고 믿거나 법 위에 있다는 것을 알면 충분할 터이다.

법은 필요하지만, 교육적 추론의 근거가 될 수는 없다. 그러나 우리가 법의 토대들을 설명하고 개진하기 위해 이 토대들을 재검토한다면 법이 교육적 추론의 근거가 될 수 있을 가능성은 아직도 남아 있는지 모른다. 하지만 대개의 경우, 우리는 법의 토대를 이루고 일반적으로 도덕적 성격이란 대부분의 원리들과 유사점이 많은 찬양할 만한 원리들보다는 법 결과들에 대해, 다시 말해 그것이 사법을 통해 사용하는 억압들에 대해 관심을 가지고 있다. 우리가 책임의 도덕적 원리의 지혜를 확보하고자 한다면, 결과들에 따라서가 아니라 원리들에 따라서 추론하는 것을 결코 잊어서는 안 된다.

나는 정치적 결정자들의 수준에서 이루어지는 이러한 추론들의 대립을 가까이서 본 적이 있다. 감히 말하자면, 나는 두 타입의 정치적 결정자들을 구분하는 경향이 있다. 예를 들어 정실에 속하는 불공평한 재정 지원의 결정 앞에서 두 태도가 가능하다. 하나는 정치인이 원칙들에 준거하여 이렇게 확신하고 있다. 즉 그렇게 가까운 사람을 우대하며 행동하는 것은 좋지 않다. 왜냐하면 그런 행동의 결과는 정치적 행동의 방향 자체와 모순되기 때문이다. 다른 하나는 정치인이 어떤 제재들이 가능한지 참조함으로써만 이렇게 확신한다. 주의해야지, 《르 카나르 앙쉐네》(프랑스의 유명한 풍자 정치 신문)는 이 사건을 들고 나올 수도 있다. 그렇게 될 경우…!!

제재에 대한 두려움은 도덕적 책임과 정치적 책임 사이의 분리를 뛰어넘는다. 그것은 우리의 제도들과 사회 기능에 있어서 본질적인 역할을 한다. 이 점은 탈세와 도로교통법의 경우에도 마찬가지이다. 사람들은 이 두려움 때문에 심지어 교육적 역할까지 인정한다. 그것이 결국은 습관적으로 내면화되는 행동들을 하지 않을 수 없게 만든다는 점에서 말이다. 그러나 그것은 칸트가 제시한 상인의 예를 직접적으로 되돌아보게 한다.

이 유명한 예는 도덕적 개념으로서의 의무와, 장기적인 단순한 이해 타산으로서의 의무를 명확히 구분하는 데 기본적인 것이다. 후자의 경우, 의무의 개념은 스스로 파기되어 사태에 대한 뛰어난 파악 능력이 되어 버린다. 자신의 고객들에 충실한다는 목적만을 가진 행위는 지능적인 행위이지 도덕적인 행위는 아니다.

제재에 대한 두려움은 우리의 행동에서 모든 도덕적 내용을 상실하게 만들고, 우리로 하여금 도덕적인 어떤 내용을 부여하는 습관을 버리게 한다. 사람들은 이 두려움이 현실주의적이라고 말할 것이다. 맞는 말이다. 타자에게 야기되는 피해를 피하기 위해서는 아마 그렇게 되어야 할지도 모른다. 그러나 나는 타자에 대한 배려를 하기 위해 항상 타자를 잊게 만든다는 것은 좋은 교육적 방법이라고는 생각지 않는다. 어쨌든 그것은 책임의 도덕이 지향할 방향은 아닐 터이다. 그것이 효율성의 원칙이라는 것조차 확실하지도 않다. 제재에 대한 두려움은 도덕적 의식을 전혀 불러일으키지 않기 때문에, 그것이 효율성으로 갖는 것은 다만 어김없다는 사실뿐이다. 그것도 분명하고 법제화된 경우들이나, 특히 자신이 말려드는 위험을 감수하는 경우들에서 말이다. 이것이 플라톤이 보이지 않게 할 수 있는 귀게스의 반지와 너불어 제시하는 다음과 같은 문제의 예이다. 즉 우리가 도덕적으로 행동하기 위해서는 우리는 타자들에 의해 보이지 않는다고, 다시 말해 타자들에 의해 벌을 받을 수 없다고 생각해야 할 것이다.

보험, 또는 타자의 망각

책임의 토대가 잘못으로부터 위험으로 확대된 이후로, 보험이 이러한 확대로 인해 이익을 본 것은 확실하다. 보험이 없다면 우리가 더 이상 전혀 행동을 하지 않을 수도 있을 것이다. 사실 각자 무위에 떨어지는 것을 막기 위해 보험은 행동을 보호하는 많은 제품들을 제시했다. 그리하여 우리가 초등학교에 입학하는 아이를 처음 학교에 데리고 갈 때면, 학부모 단체들은 첫 접촉 때부터 이 단체들 조직에 가입함으로써 포함되는 보험에 대한 수준을 높인다. "여러분들이 책임 있는 부모라면, 보험을 통해 책임을 확실히 해야 합니다." 이와 같은 표현에서 사람들은 책임의 개념이 지닌 두 의미를 신속하게 혼동한다. 하나는 도덕적인 것으로, 보험으로 확실히 하겠다는 결정과 관계가 있다. 다른 하나는 법률적인 것으로, 보험의 대상, 즉 민사상 책임과 관련되어 있다.

그러나 두 의미 사이의 차이를 보다 잘 보여 주기 위해서 우리가 때때로 처하는 상황을 하나 검토해 보자. 우리가 주차장에서 나오다가 방심하여 도로를 지나가는 차와 강하게 충돌했다고 가정해 보자. 신체적 피해는 없었지만 상대방 차가 망가졌다. 우리는 집으로 돌아가 반려자나 동거인, 또는 동성애 동거인에게 사고를 이야기한다. 그러면 분명하고 거의 기계적인 즉각적인 질문이 던져진다. **"당신, 최소한 보험은 확실하게 들어두었겠지?"** 그렇다고 대답이 떨어지자마자 우리는 다른 이야기로 넘어간다. 달리 말하면, 타자에게 야기된 피해는 더 이상 중요하지 않다. 아마 상대 차의 운전자는 다음날 직장에 나갈 수 있을 테고, 또는 주말에 가족 나들이를 할 수도 있을 것이다. 이런 결과들은 우리에게 관심이 없다. 엄밀하게 말해서, 타자에 대해 미친 결과들은 생각조차

되지 않는다. 보험이 지불하면 그것으로 끝이다.

우리는 도덕적 책임에 대해서는 보험을 들 수가 없다. 이것이 바로 법률적 책임과 도덕적 책임 사이의 차이를 드러내는 본질적인 징후의 하나이다. 실질적이고 금전적인 피해 보상은 도덕적 책임과는 아무 관련이 없다. 그러나 보험 제도는 우리로 하여금 타자를 망각하면서 끊임없이 추론하게 만들 수 있다.

두 유형의 책임에 동시에 관계될 수 있는, 보험의 부정적 결과들을 더 다루기 위해 두 개의 끔찍한 사건을 부각시켜 보자. 하나는 감염된 피 사건이고, 다른 하나는 감염된 성장 호르몬 사건이다. 두 경우 모두 피해 보상은 이루어졌지만, 피해자들은 단순한 민사 소송에 만족하지 않았다. 그들의 태도를 복수에 찬 고통의 표현이나 억척스러움이라고 생각해야 할까? 보험은 탈(脫)도덕화시킨다. 그렇기 때문에 형사 고발이 단순한 민사 소송을 대체하는 경향이 있는 것이다. 그같은 과도한 행위의 의미는 상당히 분명하다. 그것은 책임의 요구이다.

크루추펠트 자콥병(광우병)으로 죽은 어린아이들의 비극과, 희생자 유가족 단체를 통한 친지들의 투쟁을 가까이에서 지켜본 결과 내가 확신할 수 있는 바는 보복적인 원한이 아니라는 것이다. "더 이상 이런 일은 없어야 한다"는 그들의 슬로건은 얀켈레비치가 독일인들에 대해 이미 이야기했듯이, 용서를 구하지 않는 사람들은 용서하지 않는다는 것을 다만 의미할 뿐이다. 희생자들은 죄지은 사람들이 책임을 느끼지 않거나, 어떠한 도덕적 책임도 인정하지 않는 사실을 견디지 못한다.

이러한 사건에서 어떤 일이 벌어졌는가? 사건은 의미심장하다. 왜냐하면 우리는 이 사건에서 책임들이 놀랄 정도로 얽혀 있다는 것을 확인하기 때문이다. 프랑스인들은 왜소증에 대한 치료약을 발명했다. 그것은 시체에서 뽑아낸 뇌하수체로부터 만든 앰플이었다. 항상 그렇듯이 왜소증에 대항한 투쟁의 목표는 훨씬 덜 심각한 경우들까지 확대되었고, 급기야는 이 치료약이 키가 좀 작다고 판단된 사람들에 대해서도 사용되었다. 이러한 상업적 행위는 정상에 관해 매우 논란의 여지가 있는 논지들에 근거했다. 그처럼 논란의 여지가 있는 한 벽보는 다음과 같은 슬로건을 제시하고 있었다. "10센티 적은 것보다는 한 번 더 진찰을." 상업적 시장이 확대되자, 앰플을 만들어 내기 위해 아무짓이나 행해지기 시작했다. 물론 뇌하수체를 얻기 쉬운 장소들은 뇌와 관련된 질병들로 인해 두개골이 이미 부서져 보관된 시체 공시장이나 해부학 교실이었다. 뇌하수체의 수집은 불가리아와 루마니아까지 확대되었다. 최초의 경보는 미국으로부터 왔다. 성장 호르몬과 관련된 세 가지 병의 경우가 나타난 후, 미국인들은 종합 성장 호르몬의 제조를 기다리면서 앰플의 모든 유통을 중지시켰다. 프랑스에서는 미국의 결정이 있고 난 후 3년을 기다려야 했다. 약 9백 명의 아이들이 감염되었다. 70명 정도가 이미 끔찍한 고통을 겪으며 죽어갔다.

이 사건은 예심이 진행되고 있기 때문에, 사태에 대해 더 많은 것을 이야기하기가 어렵지만 다양한 책임들이 이제부터 나타나고 있다. (키의) 정상화에 대한 담론, 부모들에게 제시된 제안, 믿을 수 없을 정도로 누적된 경솔, 돈을 횡령했을 가능성, 위험을 알면서도 정보를 주지 않고 제품을 보급한 것 등에서 말이다. 지금까지의 침묵은 어린아이들이 심리적인 장애를 앓는 것으로 간주하게 하여 이것을 치료하도록 만들었다. 어떤 아이들은 자신들의 정신 이상이 신체에서 비롯되고 있다는 사실을 완전히 무시하는 정신분석학자들에 의해 고통을 당했다고 느꼈다. 그러나 동시에 프랑신 델브렐은 《베네딕트를 위해》라는 책에서 간호사들과 의사들의 비상한 책임감을 이야기하고 있다. 이들은 그녀의 딸을 죽어가게 만드는 그 모든 것에 대해 상당히 낯설어했지만, 아이의 마지막 고통까지 지켜 주었다.

　조사를 받고 있는 주요 인물인 욥이라는 교수가 예심이 진행중인데도 어린이들의 성장에 관한 개설서를 출간했을 때, 희생자의 부모들은 도덕적 책임의 개념 자체가 소송 절차에 전적으로 부재한다는 느낌이 들었다. 피해 보상만으로는 충분치 못한 것이다. 피와 호르몬 사건의 경우들에 있어서 보험이 보상비를 지불했다.

　도덕적 책임은 법정에서만 책임지는 것일 수는 없다. 민사상 피해 보상과 형사상 고발은 별개의 문제이다. 우리는 우리 사회에서 형사적인 측면에 지나치게 의존하는 일을 애석해한다. 그러나 흔히 이러한 의존이 도덕적 책임을 태만히 한 결과라는 점을 분명히 알아야 한다. 회개가 도덕적 책임의 귀감을 구성하는 것이 아니라는 점은 사실이다. 그러나 부정적이고 고통스러운 결과들의 경우에, 회개는 피해자들이 도덕적 책임에 대한 어떤 의식의 징후나 표시로서 기다리는 바를 구성한다. 관련된 상대방 앞에서, 자신의 행위와 결과에 진정으로 책임지는 능력보다는 변호사에 의존하려고 열중하는 모습이 타자에 대한 멸시를 의미한다. 이 멸시는 우리가 상상할 수 없을 만큼 고통받은 이 타자가 결코 용서할 수 없는 것이다.

우연한 사고에 대한 사유의 불가능성

　프랑수아 에발은 우리 사회가 '보험적'이 되었다고 주장한다. 그래서 이 사회는 더 이상 우연한 사고를 생각지 못하고 있다. 에고이얀의 아름다운 영화, 《아름다운 다음날》은 한 자동차 사고와 관련하여 희생자들의 부모들에게 사고는 없었다는 것을 설득시키기 위해 법조인들이 수행하는 모든 작업을 잘 보여 주고 있다.

보다 일반적으로 말하면, 이제 우리는 책임자가 없는 피해 관념을 더 이상 견디지 못한다. 책임자는 복수에서 피해 보상에 이르기까지 모든 의미에서 지불하기 위해 존재하는 것이다. 산이나 바다에서 일어나는 사고들은 엄밀하게 **생각할 수 없게 된다**. 라틴어 **accidit**의 관념——"우연히 일어난다" "그것은 우연히 일어난다"의 의미——은 더 이상 인정되지 않는다. 우리는 원인들을 찾아내길 원하고, 그것들을 찾는다. 물론 산악 안내인의 경솔을 비난할 수도 있고, 바다로 나가는 것에 열광한 신부(사제)의 광적 행동을 나무랄 수도 있다. 그러나 그들의 역할은 미리 거의 전제되고 지정된다. 사람들이 그 책임을 설정하지 않으려는 재앙은 이제 없다. 이런 식의 사유와 추론은 심각한 표류로 이어질 수 있다. 이처럼 사고를 받아들일 수 없음으로써 결국은 우연이 부정되고, 어떠한 위험도 거부되는 일이 흔히 일어난다.

가장 중요한 내기는 이른바 우생학과 관련되어 있다. 의학적으로 도움을 받아 아이를 낳는 기술은, 이 기술을 개발하게 만들었던 불임에 대한 정당한 싸움으로부터 훨씬 더 일반적이고 평범한 시술——때때로 '안락한' 시술이라 일컬어진다——로 점차 이동했다. 게놈 분석과 교차되는 시험관 아기의 평범화는 오늘날 인류를 위협하고 있는 태아 선별, 그야말로 문제를 안고 있는 태아 선별로 귀결되고 있다. 우리의 문제들과 이것의 관계는 이제 검토될 것이다.

사실 우리가 예상할 수 있는 바는 몇 년 안에 일부 소수 의사들이 그들의 고객에게 새로운 제안을 할 것이라는 점이다. 그들은 고객에게 성관계를 함으로써 아이를 갖는 오래 된 방식을 피하라고 권유할 것이다. 그들은 태아 선별을 통해 자궁에 다시 이식하는 **시험관** 수정을 제안할 것이다. 그들은 부모들이 아이들에게 피하게 해주고 싶은 확실하거나, 또는 가능성이 있는 유전적 질병들에 따라 의료비를 제시할 터이다. 이런 질병들에는 근육쇠약증으로부터 천식이나, 50세 넘어서까지 통계적으로 예측할 수 있는 암을 비롯해 언청이까지 해당될 것이다. 이와 같은 제안에 직면하여 부모들은 그들의 아이들에 대한 책임을 지지 않을 수 없게 될 터이다. 아이들은 부모 계획의 산물이 된다. 보험은 이와 같은 방향으로 나갈 것이다. 왜냐하면 UAP 은행의 과학부장이 지적했던 바와 같이, 우수한 게놈을 증명하는 카드를 간직한 피보험자들이 보너스를 요구하면, 부모들이 미처 완전히 대비를 못해 우수한 게놈을 갖지 못한 사람들에게는 할증료를 부과해야 하기 때문이다.

이러한 의료적 공급이 나타날 것이다. 그러한 공급 앞에서 수요도 필연적으로 따를 터이다. 왜냐하면 부모들은 아이들의 유전적 상태에 대해 인위적으로 책임을 지게 될 것이기 때문이다. 물론 예를 들면 출생 이전 기간 동안 관찰된 건강 상태에서 부모들의 책임(알코올·담배·운동 등)이 이미 존재하고 있다. 그러나 이 책임은 태아를 해롭지 않게 하자는 것이다. 우리는 법이 잘 버티기를 희망하고, 국제적이고 평등주의적인 논지들이 우리를 매우 개연성이 있는 이와 같은 극단으로 치닫도록 부추기지——프랑스에서는 그렇지 않다 할지라도, 영국에서는 가장 부유한 자들이 그렇게 하도록 부추길 것이다——않기를 희망해야 한다. 그러나 사고에 대한 우리의 공포, 사고를 견디지 못하는 우리의 점진적인 무력(無力)은 주요한 객관적 위험을 이룬다.

여자라는 사실(월경·임신, 그리고 다양한 고통)을 내세워 피해보상을 요구하는 여성들이 나타나는 미국의 예는, 여성들이 자신들의 성적 신분의 책임을 부모들에게서 찾아낼 수 있게 된다면 이제 더 이상 초현실적인 현상이 되지 않을 것이다. 왜냐하면 부모들은 산부인과에서 성적 신분을 아주 쉽게 선택할 수도 있었을 테니까.

탄생은 모두 위험을 내포하고 있다는 점, 이 위험에는 우연과 예기치 않은 것의 몫이 있다는 점, 그리고 아이의 자유는 바로 이러한 우연 속에서 떠오른다는 점을 우리가 끝끝내 받아들이지 않는다면, 우리는 인류가 이제까지 결코 경험하지 못한 가장 무분별하고 끔찍한 우생학으로 직행할 것이다. 우리는 상업적인 공급과 피할 수 없는 수요의 게임 속에서 나타나게 될 타락한 그 책임을 내세워 이런 방향에 동의할 것이다.

계몽 사상과 과학적 진보에 매혹된 많은 지식인들은 인류라는 종의 이와 같은 개량과 나치의 야만성을 지칭하는 데 동일한 말이 사용되는 것을 좋아하지 않는다. 그러나 그러한 개량이 우생학의 가장 정교한 변신임은 분명하다. 가장 눈에 띄지 않는 것이 가장 좋은 것은 아니다. 왜냐하면 반대로, 우생학과 관련해서 가장 눈에 띄지 않는 것은 가장 덜 눈에 나타나고 가장 효율적이기 때문이다. 이런 식으로 우리가 프로그램화된 정상성을 내세워 차이들을 더 이상 인정하지 않도록 된다면, 우리는 조금도 분개하지 않고 퇴보하게 될 것이다.

이러한 예를 통해서 우리는 법률적 전통과 결합된 책임 개념의 남용이 나타내는 객관적 위험들을 분명히 인식할 수 있다. 지배적인 모든 말의 애매성은 이러한 파생적 결과들을 초래한다. 나는 책임 원리가 우리 시대의 떠오르는 도덕적 원리라고 확신하기 때문에, 한 아이의 출생은 분명히 분석에 가장 적합한 사건이라고 생각한다. 용어의 모든 혼란과 모든 인정이 이 사건 속에 뒤섞여 있다. 한스 요나스——그는 70년대에 최초로 **책임 원리**를 개진한 철학자이다——가 신생아의 출현을 **자연적인 책임**의 패러다임 자체로 간주하는 것이 옳다 할지라도, 이 출현은 우리가 오늘날 책임 개념과 관련하여 대면하고 있는 모든 애매성과 모순을 그것의 주위에 결정화시키고 있다.

아이를 요구할 권리나 부모가 되겠다는 **양친 계획** 같은 터무니없는 개념들은 전적으로 이러한 혼란들에 속한다. 과학적 진보의 이데올로기는 이 개념들과 결탁하고 있다. 왜냐하면 부정적인 우생학의 비난자들에 대항해 나온 주요 비판은 몽매주의의 비판이기 때문이다. 이와 같은 부정적 우생학의 지지자들(코헨·타기에프)은 책임의 목적들을 파악하지 못하고 있다는 것이다. 미셸 세르가 썼던 바와 같이, 과학자의 책임은 이제 '자연의 지배자와 소유자'(데카르트)가 되는 것만이 아니다. 그것은 오늘 내일 조만간에 '우리를 제압하는 것을 제압하는 것'으로 넘어가고 있다. 책임 원리는 어린아이가 모호한 침입처럼, 결코 본 적이 없는 사건처럼, 너무도 기다리다 보니 예기치 않게 된 존재처럼 나타날 때 의식에 불가피하게 드러난다. 어린아이가 자신의 탄생을 외치는 그 빛나는 순간에는, 진정한 책임이 자유 시장과 기술적 진보의 교차가 파렴치하게 야기시키는 모든 인위적인 책임들을 우롱한다.

어린아이는 책임의 모든 분석에 있어서 특별한 역할을 한다. 우생학에서, 규범적인 기준에 의한 태아의 선택에서, 우연과 위험의 거부에서, 사람들은 **'어린아이는 하나의 타자이다'**라는 본질적인 사실을 망각한다. 이와 같은 이타성을 축소시키려는 의지는 이타성에 분명하게 의거하는 책임 원리와 항상 모순된다. 어린애는 타자이다. 이 점은 이미 모든 교육의 문제이다. 태아 선별 과정을 정당화시키기 위해 흔히 원용되는 **양친 계획**은 나의 욕망에 부응하게 될 이같은 이타성을 축소하는 경향이 있다.

도덕적 책임은 사고, 우연, 또는 위험을 항상 부정하려는 상업적 궤변과 정반대의 위치에 있다. 책임은 언제나 위험의 감수를 내포하고 있다. 도덕적 책임은 사고도 우연도 거부하지 않는다. 그렇다고 그것이 이것들을 조장하지도 않지만, 어떠한 대가를 치르더라도 이것들로부터 보호를 받으려고 애쓰지도 않는다. 내가 공급과 수요에 대해 제시했던 예에서, 장사꾼들이 인위적으로 생산해 낸 책임은 책임 원리와 완전히 상반되면서 말들에 대한 파국적 게임을 만들어 내고 있다. 사람들을 속일 수 있는 것은 바로 이와 같은 끔찍한 게임이다. 책임을 지는 아버지와 어머니는, 장차 자신의 운명적 존재의 모습을 생각해 본 적 없이 태어나는 아이와 대면한다. 이것은 미래에 그들이 짊어져야 할 과제이다. 그것은 미리 헤아리는 계산이 될 수 없다. 이 임무는 서비스의 구매 행위가 아니다. 이러한 책임은 돈으로 환산될 수 없다.

책임자들의 추적

법률주의와 소송의 전진은 도덕적 책임 원리에 기생하러 오는 경우가 흔하다. 오늘날 이에 대해 제시되는 가장 훌륭한 예는 폐암으로 죽은 한 여자의 가족이 세이타(담배 성냥 전매청)를 상대로 낸 고소이다. 이 여자는 담배를 피웠던 것이다. 나도 피웠지만 말이다. 따라서 세이타는 치명적인 담배 소비의 원인이 되었기 때문에 피해를 보상하라는 요구를 받았다. 진행중인 이 사건에 내려질 사법적 결과가 어떠하든, 고소 자체가 책임 문제에 대한 모순을 안고 있다. 물론 세이타는 담배 제조와 배급에서 하나의 역할을 하고 있다. 그러나 세이타의 민사상 책임을 인정하는 것은 죽은 사람에게는 모든 도덕적 책임을 부인하는 일이다. 엄밀하게 말하면, 고소측 가족은 대체적으로 다음과 같은 주장에 집착할 것이다. "우리 언니는 책임을 질 수 없는 여자, 아니 그보다는 책임이 없는 여자였다"라고 말이다. 이것은 그녀의 기억에 대한 모욕이다. 나는 가족이 꾸민 행동의 궁극 목적이 금전적인지 혹은 상징적인지는 알지 못하지만, 그건 별로 중요하지 않다. 한 개인의 책임을 없애고, 다른 자연인이나 법인의 민사상 책임을 끌어들이는 추론은 오늘날 책임의 도덕적 개념의 훌륭한 예지를 해치는 그런 표류의 성격을 분명히 띠고 있다.

책임을 남에게 떠넘기는 전략은 책임 원리와 양립할 수 없다. 이 것이 오늘날 대부분의 기업들에서 이루어지고 있는 문제적인 위임, 권한과 책임의 그 위임을 특징짓고 있는 애매성이다. 사실 이러한 위임은 '책임을 지게' 할 수는 있지만, 대부분의 경우 자기 자신이 감수하고 싶지 않은 책임을 다른 사람에게 넘기는 일이다. 게다가 흔한 일이지만, 이 위임과 관련된 텍스트들은 전적으로 법률적인 명확성을 기해 쓰여져 책임의 범위와 한계를 아주 확실히 하고 있다.

괄목할 만하게 확대되고 있는 이러한 추세를 경계해야 한다. 이런 추세가 미국의 환경에서 나타난 법률주의에서 비롯된 것이라는 구실 아래, 그것을 어떤 도덕에 속하는 요소라고 생각하는 것은 잘못이다. 이와는 반대로 법률주의는 거의 언제나 도덕의 패배를 나타낸다. 서명이 없으면 말은 더 이상 아무 가치가 없고, 약속은 계약이 없으면 전혀 쓸모없게 된다. 그런데 말은 모든 도덕의 중심에 있다. 책임의 도덕적 개념이 분명히 말하고 있는 바가 이것이다. 왜냐하면 그것은 말로 '대답을 해 책임을 지는 것'이기 때문이다——그것은 하나의 말이다.

규정에 대한 강박관념

법학자들은 모든 것을 규정하지 않고는 어떤 것도 좋아하지 않는다. 그들의 텍스트들이 드러내는 엄격성은 아무것도 그물망을 빠져 나가지 않도록 되어 있다. 어떠한 경우도 법을 빠져 나가서는 안 된다. 해석의 자유는 최소한으로 제한되어야 한다. 자신을 방어하기 위해서는 모든 것을 규정해야 한다. 이렇듯 칭찬할 만한 염려는 도덕의 작용 문제들에 특수한 파장들을 만들어 낸다.

그리하여 우리가 어떤 것을 책임질 때, 공개적으로 말함으로써 우리의 책임을 제한하거나 거부해야 한다. 공개적으로 말하는 이유는 이러한 표명 자체가 책임의 한계를 규정하는 것이기 때문이다. 당신의 외투를 탈의실에 맡기십시오. 그러나 "이곳 방침은 물건들에 대한 어떠한 책임도 지지 않습니다……." 주차장에서도, 그리고 호텔에서도 마찬가지이다. 사람들은 예고하고, 경고하고, 규정한다. 이러한 태도는 이해할 만하다. 그것은 제재·피해 보상·고소에 대한 두려움에서, 한 마디로 부정적 책임을 구성하는 모든 것에 대한 두려움에서 비롯된다.

이처럼 규정의 문제는 도덕적 책임과 매우 중요한 차이를 구성한다. 도덕적 책임에서는 규정하는 것이 불가능하다. 그 반대로 언제나 창안을 해야 한다. 도덕적 책임으로부터 나오는 행동의 의무는 제한 및 유예에 대한 강박관념과 양립할 수 없을 것이다. 하지 않으면 안 되게 만드는 의무들이 부추기는, 행동을 향한 항구적 움직임은 항상 제한을 가하는 규정들의 설정과는 모순된다. 참여는 발을 빼는 행위와 관련된 어휘에 따르지 않는다. 위험을 감수하는 것은 탐욕에 상반된다. 관용은 억류를 용인하지 않는다.

우리는 이에 대한 좋은 예를 이른바 '책임의 위임' 이라는 데서 찾을 수 있다. 흔히 책임의 위임은 애매성이 크다. '행위자들의 책임화' 에 대한 적극적 담론에 비해, 위임은 흔히 난처한 일이 발생할 경우에 대비해 안전 퓨즈를 설치하는 것처럼 생각된다. 우리가 책임의 위임이 지닌 실제적 내용을 알고 싶어할 때면 서명은 우리의 기대를 저버리지 않는다. 서명 내용이 보다 많은 규정을 포함하고 있으면 그것은 더욱 법률적이 될 테고, 당사자들이 무엇보다도 책임을 떠넘기는 데 집착하고 있음을 더욱더 의미할 것이다. 그것이 보다 많은 자유 공간들을 열어 놓으면, 그것은 더 많은 조종의 여지를 설정하고, 책임을 지우는 책임화 운동을 더욱더 끌어들일 것이다.

결론: 균형에 대한 주의

위에서 말한 여섯 가지 타락은 서로 합치하고 교차한다. 우리는 이것들을 결합시킬 수 있다. 제재에 대한 두려움은 행동과 위험 앞에서 한 발 물러서게 만든다. 위험에 대한 두려움은 뜻밖에 태어나는 아이에 대한 불안을 낳는다. 규정에 대한 강박관념은 어떠한 사고도 피하고 싶어한다. 왜냐하면 우발적 사고를 생각할 수 없기 때문이다. 언제나 규정들을 통해서 보험으로 확실히 해야 하고, 안심해야 한다. 내가 처한 위험을 야기한 책임자를 찾아냄으로써 항상 나 자신의 무죄를 밝혀야 한다. 왜냐하면 나는 행동하기를 거부했고, 모든 것을 사전에 명확히 규정하고자 시도했기 때문이다.

이 여섯 개의 타락은 부정적인 것에 대한 두려움을 관용적인 것의 참여에 항상 대립시키게 된다. 관용이 정액과 파종을 환기시킨다면 도덕적 책임은 행위, 결정, 그리고 이것들의 결과를 타자와 마주한 자신의 아이들처럼 간주한다. 법률적 책임이 강박적이 될 때, 그것은 축소되고 메말라 물임을 낳는다. 그것은 아이를 생산하는 일을 억제한다. 왜냐하면 아이들은 위험이고 걱정거리이기 때문이다. 아니면 법률적 책임은 아이들을 프로그램화하고 명확히 규정하려 할 것이다. 반대로 도덕적 책임은 생식력이 왕성하고 관목이 무성하다.

이렇게 하여 우리는 하나의 공통된 말과 어원으로부터 비롯된

다양한 사용들에서 만날 수 있는 어려움들을 이해하게 된다. 이 다양한 사용들은 우리 시대의 언어적 사용에서 대대적으로 이루어지고 있다. 법률적 사용과 도덕적 사용이 힘 있게 상승하고 있는 현상은 지속적인 해명 작업을 필요로 한다. 우리는 매우 애매한 상황에 빈번하게 처하고 있다. 다양한 개인들이 서로 다른 내용들을 듣고 자신들의 기질에 따라 반응하는 것이다. 이러한 애매성 때문에 곤란에 처하는 직업들이 전적으로 존재하고 있다.

그러나 우리는 이미 하나의 작용적인 원리를 유념해야 한다. 어떤 남녀가 자신에게 책임이 돌려지는 사실을 알게 될 때, 이에 대한 일종의 결산이 필요하다. 민주 사회에서 모든 권한은 책임의 몫을 함축한다. 이 책임은 불균형적일 수 있다. 그것이 법률적 성격에 지나지 않는다면, 이것이 의미하는 바는 책임자의 역할이 순전히 부정적으로 생각될 수 있다는 것이고, 그는 나쁜 행동만을 취할 수밖에 없을 테고, 그의 행동은 무엇보다도 제재에 대한 두려움에 의해 방향지어질 것이라는 점이다. 이와 같은 문제가 예를 들면 국민교육에서 학교장들이 현재 당면하고 있는 것이다. 교원조합이 이 문제가 어떤 교육적 역할을 하지 않을까 너무도 염려하기 때문에 중고등학교장들은 오로지 법률적인 유형의 책임에 꼼짝 못하고 있다. 결과는 매우 분명하다. 1998년에 약 9백 명의 학교장이 부족한 사태가 벌어진 것이다. 클로드 알레그르는 공식적인 발표를 넘어서 슬그머니 교직자들에게 새로운 직무들을 수반한 새롭고 결정적인 책임을 부여했다. 처음으로 학교장들은 학생들의 모집 및 제재의 권한, 다시 말해 적극적인 책임을 갖게 되었다.

의사들의 예 또한 의미심장하다. 그들의 대표 단체들은 책임의 순전히 법률적 개념에 점차적으로 갇히게 되었다. 이런 현상은 책임의 사법적 적용과의 직접적 관계에서 드러나거나, 법의 부정적 영향의 흔적을 간직한 일반적 사용을 채택하는 데서 나타났다. 의사들은 법률적 책임에 의해, 그리고 특히 오늘날 잘못이 없는 책임에 대해 결정을 내리는 모든 판결에 의해 사로잡혀 있다.(마취사들의 문제를 참조) 이 책임의 문제는 사회 보장 제도의 적자와 관련이 없지 않다. 왜냐하면 동료에게 떠넘기는 사이클, 즉 일반 의사—전문 의사—실험실—병원의 사이클이 치료의 경제적 비용을 증가시키는 데 일조하고 있기 때문이다. 뿐만 아니라, 사회적 수지 균형 문제들에 대해 의사들은 적극적인 책임에 따라 자신들의 역할을 접근한 적이 없다. 의사들을 감독하는 행정부서와 의사들과의 대화는 책임의 법률적 모델에 언제나 갇혀 있었다. 일반적으로 말해서 의료계 종사자들은 책임의 부정적 경향에 따르고 있다. 그런데 이것은 악순환이다. 그런 악순환에 따르는 것은 그들이 타락했기 때문이 아니라, 그들이 다양한 공격과 소송의 이 사이클에 그냥 갇혀 있기 때문이다.

우리는 공적인 기능에 대해서도 똑같은 말을 할 수 있을 것이다. 공무원들의 책임이란 주제에 대한 연수 세미나가 증가하고 있다. 그러나 불행하게도 언제나 이 세미나들은 소요와 불안을 야기시키는 어떤 사법적인 사건 때문에 개최되고 있다. 그렇기 때문에 공공 서비스를 규정하는 임무들을 다시 고찰하는 일이 중요하다. 공무원들이 시민들에 책임지는 것은 그들의 임무이다. 신분과 책임은 항상 우리가 도덕적 책임을 환기하자마자 가까워지는 개념들이다. 왜냐하면 각각의 경우 이념들의 사용자늘이나 시민들인 타자들 앞에서 우리가 책임져야 하는 것이 무엇인지, 특히 책임지기를 원하는 것이 무엇인지를 알아야 하기 때문이다. 공공 서비스에 있어서 책임의 문화가 전통적으로 결여되고 있는 상황에서, 오늘날 주위의 법률주의가 가져오는 법률적 책임에 대한 두려움에 관해 배타적으로 주의가 기울여질 위험이 있다. 그렇기 때문에 조직들은 연수나 내부 세미나에서, 책임의 개념이 지닌 다양하고 모순적인 내용들에 훨씬 더 많은 중요성을 부여해야 할 것이다.

따라서 시기의 어려움은 다음과 같은 이중의 운동 속에 있다. 즉 한쪽에서는 책임 원리라는 새로운 도덕적 원리가 출현하고 있고, 다른 한쪽에서는 책임의 법률적 개념을 우선시하도록 유도하는 법률주의가 점증하고 있다. 어떤 경우들에 있어서는 교차하지 않을 수 없는 두 개의 담론이 나란히 하고 있다. 물론 도덕적 책임이 범죄, 피해, 또는 실패로부터 보호되어 있는 것이 아니다. 따라서 그것은 책임의 법률적 사용과 부분적으로 만난다. 하지만 이 사용의 성격을 심층적으로 변화시킨다. 이와 관련하여 피에르 기요마의 예는 매우 의미심장하다. 우리가 법률적 책임의 엄격한 논리에 머문다면, 우리는 가능한 한 적게 지불하기 위해 방어 전략을 지속적으로 강구하게 될 터이다. 하지만 위험을 감수하는 도덕적 책임의 경우에서는 우리가 어떤 실수나 잘못에 대해 심판을 받게 될 때, 정상적 전략은 책임을 감수하고 인정한다. 왜냐하면 우리는 우리의 자식들을 인정하듯이, 우리의 행위와 결과를 인정하기 때문이다.

본 텍스트를 법에 대한 정연한 공격으로 생각해서는 안 될 것이다. 그런 의도가 아니다. 책임의 법은 사회적 유대의 구축에서 기본적인 주춧돌이다. 그러나 이 책임의 법은 오늘날 새로운 유형의 사법적 실천과 결합되고 있다. 바로 이와 같은 결합이 두 유형의 책임 사이의 괴리를 확대시키고 있다. 뿐만 아니라 중요한 것은 우리의 일반 언어가 책임에서 법률적 측면, 다시 말해 부정적인 측면만을 유념하는 혼란들을 피해야 한다는 점이다.

'부정적'이라는 이 말에 대해 분명한 상호 이해가 있어야 한다. 여기서 그것은 행위와 행위의 결과, 결정과 결정의 결과를 법률적 분석 및 사법적 실천의 실행에서 걱정거리가 되는 것으로 규정한다. (민사상으로) 피해를 보상하거나 사회를 보호하는——따라서 (형사상으로) 벌을 가하는——목적은 부정적 행위들에만 관련된다. 바로 이 점에 있어서 법률적 의미의 책임은 '부정적인 면'에만 관계된다. 다시 말해 그것은 '어떤 것 덕분에'가 아니라 '어떤 이유 때문에'와 관계된다.

일상 언어에서 빈번하게 사용되는 문장들이 보여 주는 바는, 책임의 개념이 두 개의 다른 의미들로 포착되고 있다는 것이다. 말이 동일하고 이 차이의 인식이 분명하지 않은데도 말이다. 예컨대 보험 제도에서 종종 이러한 모호함이 표현되고 있다. 우리가 확인하는 것은 민사상 책임에 대한 보험이 특히 재산의 안전과 관련될 때 시민, 심지어 때로는 공동체로 하여금 책임을 벗어나게 해주고 있다는 점이다. 취약한 예방은 책임의 포기가 된다. 그 이유는 자연적 재앙이나 행동으로 인한 사고들이 민사상 책임에 의해 커버되기 때문이다.

분명한 점은 "책임을 벗어나게 해준다"라는 동사가 도덕적 책임에 대한 준거를 의미한다는 것이다. 반면에 보험에 의해 커버되는 책임은 법률적 책임이다. 이러한 대체와 혼란은 매우 빈번하고, 책임 원리에 대한 정확한 인식을 흐리게 한다.

소심해, 위험한 곳이니!

책임의 또 다른 의미는 법률적인 것과 도덕적인 것 사이의 중간에 위치한다. 이 점이 한스 요나스와 그를 해석하는 사람들이 대개의 경우 유념하는 주제이다. **책임 원리**는 조심의 원리라는 해석적 원리와 동시에, 미래를 엄밀하게 이해하고자 하는 염려를 만들어 낸다.

그래서 책임은 장기적 결과에 대한 염려, 따라서 미래의 세대들에 대한 염려처럼 강제된다.

책임을 이처럼 해석하는 것은 생태학적 추론과 소비자의 어떤 행동들에 부합한다. 기업가들은 인산염 없는 제품 등과 같은 해로운 요소가 '없는 제품' 들을 내놓음으로써 이와 같은 행동의 변화를 이해했다. 의무는 여기서 장기적 이해타산으로, 동시에 개인의 무사무욕으로서 이해되고 있다. 사실 각각의 개인은 자기 자신을 위해서가 아니라 자신의 후손들을 위해 행동한다. 다가올 재앙들을 피해야 하는 것이다. 비록 그것들이 멀리 있다 할지라도 말이다. 내가 나의 행동과 결과를 책임져야 하는 타자는 내 앞에 있는 것이 아니라 나의 뒤에 있다. 이와 같은 새로운 구매 행위들은 분명 책임 원리가 순전한 이론적 구축물이 아니라는 사실을 의미한다. 책임 원리는 많은 일상적 행위들에서 이미 관찰될 수 있다.

OGM(유전자 조작체)이나 핵에 관해서 사용되는 추론도 그렇다. 두 경우에서 우리는 특히 장기적 결과를 모르고 있다. 우리는 명충나방에 대해 유전자 이식 옥수수를 면역시키기 위해 구상된 항생 물질이, 일부 항생체들에 대해서도 전(全)책임을 지고 인체 기관들을 면역시켜 줄 것인지 모르고 있다. 우리는 바람에 실려 온 곡식알들이 이웃한 작물들에 미치는 영향도 알지 못한다. 우리가 진실로 알고 있는 것은 단기적 생산의 이득이다. 이러한 추론은 자유주의적 경제와 이익의 추구가 강제하거나, 흔히 단기적 성과에 사로잡혀 있는 정치적 행동이 시사하는 모든 단기적 비전을 비판한다. 그러나 이러한 **책임 원리**가 지성과 인식을 통합한다 할지라도, 그것은 다음번 제재에 관계하지도 행동의 두려움에 의거하지도 않는다. 따라서 그것은 엄밀하게 법률적 성격을 띤 것이 아니다. 이런 경우들에 있어서, 제재는 초월적인 사법에 속하는 것이 아니라 내재적인 사법에 속한다. 재앙은 재판관이 처벌을 하기 위해 개입하지도 않고 자연적으로 올 터이기 때문이다.

'도덕적 세계의 흐름'에 대한 논지

그러므로 모든 의무를 순전한 이해타산으로 귀결시키는 추론과 한스 요나스의 **책임 원리**를 분명히 구분해야 한다. 이해타산이 행동하는 주체 자신과 관계될 때는 의무의 개념 자체가 그것의 반대로 뒤집힌다. 예를 들면 기업 윤리(**윤리적 보상**)에 관한 앵글로 색슨계의 추론이 그렇다. 이 추론은 알랭 맹과 같은 프랑스 에세이스트들에 의해 채택되고 있다.

이 추론이 언제나 암묵적으로 전제하는 바는 세계의 흐름이 도덕적이라는 것이다. 그것은 경제적으로 가장 좋은 것이 도덕적으로 가장 좋은 것인 양 행동하면서 자본주의와 시장 경제를 다소 무턱대고 찬양한다. 우리는 《바톤 핑크》에서 할리우드의 한 제작자가 시나리오를 쓰기 위해 모집한 젊은 지식인 존 터투로를 맞이하는 장면을 기억한다. 그는 수영장 주위의 긴의자에 꽃무늬 반바지를 입은 모습으로 희화된 제작자이다. 그는 그를 경제적 성공으로 이끌 수 있었던 윤리의 중요성에 대한 추론을 늘어놓기 시작한다. 그러나 이야기를 다 끝내기도 전에 그는 웃음을 터뜨리고 이렇게 외친다. "농담이오. 내가 언제나 도덕적 행농을 했다면, 나는 이곳 나의 수영장에서 당신을 맞이할 수 없을 것이오! 그랬다면 나는 지금 고용원이 되어 수영장 바다을 청수하고 있을 테지요!"

어느 누구도 시장 경제에서 덕성 있는 인간들이 승리를 하고 악당들이 실패를 한다거나, 또는 그 반대로 된다고 확신 있게 단언할 수 없다. 자유주의적 경제와 도덕 사이에는 아무런 상관 관계도 존재하지 않는다. 발표된 주장은 모두 어떤 의미에선 순전히 독단적이고 임의적이다. 소비에트 유형의 경제에서 보다 손쉽게 저질러진 횡령과 부패를 고발하는 일이 그 반대 경제의 미덕을 끌어내는 데는 충분치 못하다. 그러나 사실 책임의 도덕은 때때로 의무가 지성이나 이해타산으로 축소된 것으로 해석될 수 있다.

'도덕적 세계의 흐름'이라는 이 주장은 주장으로서 항상 표현되는 것은 아니다. 그러나 그것은 약간은 어리석은 텍스트들——텍스트들은 별로 주도면밀하지 못한 전달자들에 의해 구상된 것들이다——을 가지고 모든 '기업 윤리'의 토대를 설정하고 있다. 사실 그것은 '악당들'과 다른 '승리자들'을 전적으로 무턱대고 찬양하고 있다. 엄밀하게 말해서 그것은 다음과 같은 것을 의미한다. 우리가 경제적으로 가장 훌륭할 뿐 아니라 세계의 흐름이 도덕적이라면, 우리는 또한 도덕적으로 가장 훌륭할 수밖에 없다는 말이다. 그리하여 어디에나 전방위 투자가 이루어지고 있다.

의무의 축소에 대한 비판

전통적으로 볼 때, 생각할 수 있는 모든 유형들 가운데 시기와 활동을 우선시하는 정도에 따라 세 유형의 도덕철학을 구분해 내는 일이 가능하다. 도덕이 우리가 실행하거나 실행해야 하는 활동들과 분명히 관련되어 있다는 점이 인정된다면, 모든 활동은 의도·행동 자체 그리고 행동의 결과라는 세 개의 시기로 분절될 수 있다. '행동'이라는 용어는 여기서 발생적으로 택해진 것이다. 물론 타자에 대한 결과를 수반하는 결정이 될 수도 있다.

의도의 도덕은 칸트에 의해 전개되었다. 그것은 결정 자체의 원리보다 의무의 역할을 더 중시한다. 칸트가 제시하는 상인의 예는 매우 분명하다. 상인이 거스름돈을 정확히 돌려 주는 것은, 그가 원칙적으로 합리적인 존재로서 추론하기 때문이다라는 것이다. 아니면 그가 거스름돈을 돌려 주는 것은 자신의 고객에게 충실하려는 의지를 가지고 상인으로서 추론을 하기 때문이다. 한쪽의 경우 그는 의무에 의해 행동을 하고, 다른 한쪽의 경우 그는 의무에 일치하여 행동하고 있다. 한쪽의 경우 명령은 이른바 정언적이고, 다른 한쪽의 경우 가언적이다. 이와 같은 단순한 구분은 역시 기본적이다. 의도의 도덕에 있어서 "중요한 것은 의도이다." 바로 의도에 입각하여 우리는 하나의 활동을 평가할 수 있다. 칸트의 천재성은 의도에 일상적으로 따라다니는 주관적이고 임의적이거나 상대적인 성격을 의도로부터 제거함으로써 그것을 승격시켰다는 점이다. 그가 모든 의도에 강제하는 보편성의 시험은 의도를 순진한 주관성으로부터 벗어나게 한다.

　행동의 도덕은 오늘날 요한 바오로 2세의 회칙 '진정한 영화'와 같은 담화에 의해 매우 잘 표현되고 있다. 그 속에서 교황은 의도가 지닐 수 있는 모든 것, 즉 경전과 신앙심에 의해 밝혀지지 않는 주관적인 모든 것 속으로 의도를 내던져 버리는 하나의 도덕철학을 설명하고 있다. 이런 의미에서 "지옥은 좋은 의도로 깔려 있다"는 것이다. 이러한 도덕은 행동을 모든 도덕적 평가의 알파와 오메가로 본다. 바로 이러한 도덕을 내세워 교황은 고문과 마찬가지로 낙태를 단죄한다. 낙태는 의도가 어떠하든, 그리고 그 결과가 어떠하든 살인이다. 고문은 본질적으로 나쁘다. 그것이 육체적 고통의 효과로 어떤 사람으로 하여금 말을 하게 함으로써 살인은 피하게 해준다 할지라도 말이다. 행위의 결과에 있어서 개인의 행·불행은 행위 자체의 성격에서 보면 희미해진다. 그 무엇도 신의 계명에 반대되는 행위를 정당화시킬 수 없는 것이다. 신의 계명은 행위 자체에만 관련되어 있다.

마지막으로 어떤 도덕들은 행위의 결과들, 다시 말해 사실상 일
련의 인과 관계로 분절되는 연쇄적인 원인과 결과를 우선시한다.
일련의 인과 관계들은 서로가 교차한다. 책임의 도덕은 이러한 방
향으로 나아갈 수 있는데, 이 점이 바로 한스 요나스의 생각이다.
이와 같은 도덕철학의 자연적 경향은 지식에 매우 큰 위치를 부여
한다. 과연 일련의 인과 관계와 그것의 다양한 교차를 구상해 내
기 위해서는 전망적 노력이 필요하다. 예상을 하려고 시도해야 하
는 것이다. 따라서 하나의 행위가 야기하는 일련의 인과 관계와,
이 관계가 위치하게 될 환경을 동시에 가능한 한 잘 알아야 한다.
그러므로 지식은 이 도덕철학의 염려 사항이다. 그래서 우리는 지
성이 이 철학에서 의무의 모든 개념을 대체하지 않나 염려를 할 수
있는 것이다. 이러한 지적은 공리주의적인 모든 해석에 있어서 정
확하다. 공리주의는 행동하는 주체의 이익이나, 이 주체가 몸담고
있는 사회의 이익에 준거하기 때문이다. 혹은 그것은 행동 주체와
사회가 중·장기적으로 동일한 이익을 얻을 경우, 이 둘의 미묘한
결합에 준거하기 때문이다.

그러나 책임의 도덕은 공리주의적이 아니다. 그것이 다만 공리
주의적이 될 때는 책임의 법률적 의미에 갇힐 때이다. 예를 들어 행
위의 결과로서 생각되는 제재가 의지를 결정한다면, 이는 분명 공
리주의의 한 형태이다. 책임을 우리 시대의 도덕 원리로 제기하는
것은 도덕철학들의 이와 같은 유형학과 관련해 다소간 거리를 두
는 일이다.

물론 **책임 원리**는 행위와 행위의 결과를 강조한다. 그렇기 때문
에 그것은 최소한의 탐구와 규명을 전제한다. 그러나 우리가 앞으
로 좀더 자세히 보겠지만, 책임의 개념은 결정적 기구로서의 **타자
의 존재**를 내포한다. 레비나스의 이 교훈은 우리가 책임을 행위 및
행위의 결과들의 연구——오직 자신의 장기적 이익에만 머리를

쓸 행동 주체를 위한 연구——로 축소시키는 것을 피하기 위해서
유념해야 한다. 게다가 칸트의 가르침은 모든 도덕의 요구를 명백
하게 구성하는 것에도 여전히 유효하다. 책임의 도덕에 있어서 의
도의 문제는 철수될 수 없을 것이다. 그러나 이 의도는 이타성과
분리된다는 의미에서의 순수한 의도가 더 이상 아니다.

상인의 예를 다시 들어 보자. 칸트에 따르면, 상인은 정언적으로
자신의 유일한 도덕 의식에 호소하면서 원칙에 따라 추론한다. 아
니면 그는 의무를 단순한 계산으로 격하시키면서 자신의 이익에
따라 추론한다. 그런데 행동 주체가 자신의 의도나 행위가 타자에
게 미칠 결과들을 고려할 수도 있는 제3의 길이 존재한다. 이때 분
명한 것은 일부로 정확히 거스름돈을 돌려 주지 않는 상인은 고객
에 대해, 혹은 약간의 사탕을 사러 온 소녀의 가족에 대해 자신의
행위를 책임지고 싶지 않을 것이라는 점이다.

도덕에 대한 칸트의 표현은 시간과 장소를 불문하고 모든 도덕
적 사색 속에 여전히 우선시되는 두 개의 길을 지칭한다. 하나의
도덕적 원리는 **명확해야** 하고, 동시에 **보편적**이어야 한다는 것이
다. 이러한 이중적 성격은 의도를 고려하지 않을 수 없게 만들고,
의도가 어떤 활동의 시퀀스화〔일련의 인과 관계로 자르는 일〕에서
임의적인 분할을 구성할 수 있다는 구실 아래 의도를 무시하지 못
하게 만든다——헤겔이 의도의 개념은 세계 속에 들어오는 모든
활동과 관련된 추상의 과정에 속한나는 짐을 보여 주면서 이 성격
을 비판했듯이 말이다.

사실 모든 도덕적 사색은 결정 과정의 순간으로서 의도를 거쳐
가는데, 이 과정은 필연적으로 결정 자체를 앞서지만 결정으로부
터 따로 떨어져 생각될 수 없다. **형식적** 성격은 도덕을 어떤 감정
과의 경험적이고 임의적인 관계로부터 빠져 나오게 한다. 연민·호
감·사랑은——몇몇 유명한 주장을 든다면——도덕적 원리를 구

성할 수 없다고 본다. 그것들이 주관적인 경험적 기준들에 준한다는 점에서, 다시 말해 개인들과 이들의 교육 및 환경에 따라 매우 가변적인 의식 경험들에 준한다는 점에서 말이다. 책임 원리는 다음과 같은 형식적인 요구를 충족시킨다. 즉 자신의 행위나 결정, 그리고 이것들의 결과에 대해 타자 앞에서 책임지겠다는 의지는 의도로서 표명된 모든 의지에 하나의 시험을 구성한다는 것이다. 이것이 의식의 시험 자체를 보증하는 **형식적** 성격이다. 도덕은 감정에 빠지게 하는 것이 아니다.

　또한 바로 이 형식적 성격이 **보편성**을 보증한다. 이 보편성은 칸트의 보편성과 반드시 동일하지는 않다. 칸트의 보편성이 의미하는 바는 하나의 금언이, 인간은 누구나 제기된 도덕적 문제에 동일한 방식으로 대응할 수밖에 없다는 의미에서 보편성의 시험을 겪는다는 것이다. 이와 같은 책임 원리의 보편성은 모든 주체의 특이한 상황을 제거하는 것이 아니다. 그 반대로 그것은 이 상황을 다른 주체——책임의 대상이 되는 다른 주체인 타자——와 관련하여 위치시킨다. 이 다른 주체는 각각의 행동 주체에게 결코 동일하지 않으며, 행동 주체가 자신의 행동이나 결정의 결과를 구상하는 방식에 따라 변할 수도 있다. 책임 원리의 보편성이 무엇보다도 의미하는 바는 이 원리가 **모든 경우에** 적용될 수 있다는 점이다. 어떠한 상황도 이 원리의 시험으로부터 벗어날 수 없다. 이 점이 바로 그것의 현대성을 만들어 주고, 우리 시대에 그것의 출현을 정당화시킨다. 우리는 끊임없이 즉흥적으로 임기응변을 하지 않으면 안 된다. 우리는 뜻밖의 예기치 않은, 예측할 수 없는 상황들에 처한다. 우리가 전해진 방법들을 단순하게 적용하고 싶지 않고 전통 속에서 기성의 해법들을 만나지 못한다면, 우리는 무장 해제된 상태로 있게 된다. 그런데 책임 원리는 우리가 우리 자신에게 제기하는 도덕적 문제들을 해결하게 해준다.

칸트의 다음과 같은 관념은 여전히 근본적이다. 진정한 도덕이라면 무엇보다도 우리의 의식을 불러일으키고 새로운 사색의 순간을 만들어 내야 한다는 것이다. 도덕은 도덕적 문제 제기와 불가분의 관계에 있다. 바로 이러한 의미에서 진정한 도덕은 도덕을 우롱한다. 또 그러한 의미에서 모든 도덕적 교육은 변모한다. 그것은 도식적인 행동들이나 이미 존재하는 해법의 유형들을 주입하는 데 더 이상 만족할 수 없는 것이다. 칸트가 칸트의 도덕은 존재하지 않는다고 주장한 것은 전적으로 옳았다. 그러나 또한 그는 제기된 하나의 문제와 관련하여 도덕의 보편성은 단 하나의 가능한 대답만이 존재한다는 것을 함축한다고 생각했다. 책임 원리는 두 가지 본질적인 이유로 인해 이와 같은 야망을 가질 수 없다. 우선적으로 이타성의 모습들은 동일한 도덕적 문제 제기 내에서 다양하게 변할 수 있다. 다음으로 우리의 세계에서 각 개인은——이타성의 모습이 변하든 아니든——의무들의 갈등에 직면할 수 있고, 이러한 갈등은 결정의 도덕적 성격을 없애지 않는 타협, 모순적이거나 상위적인 명령들을 고려해야 하는 그런 타협으로 이끈다.

막 간

"요리 속에 여자가 있고, 요리 속에 어리석음이 있다!" 이 말을 입증하는 것은 여자들이 요리를 해온 이래로, 그녀들은 할 수만 있었다면 요리를 하나의 학문으로 만들지 않을 수 없었을 것이다!라는 점이다. 이 얼빠진 인용문은 니체가 한 말이다. 그래서 나는 결코 니체주의자가 될 수 없으리라…….

사람들 말에 의하면, 위대한 요리사는 결코 자신의 비법을 알려주지 않는다고 한다. 그렇다면 그는 그것을 돈을 받고 파는가? 요즘음은 모두가 당신의 입맛을 돋우는 데 적합한 매혹적인 책들을 제안하고 있다. 그런데 이 책들은 사진사들의 책이지 요리사들의 책이 아니다. 사진사들은 그들이 하고 있는 바와는 전혀 다른 것을 그 책들 속에 적어 놓고 있다. 그들은 비법들이 아니라 아이디어들을 내놓는다.

밀가루나 버터의 무게를 어떻게 잴 것인가? 계란을 얼마 동안 삶아야 하는가? 요리를 하면서 어떻게 책을 읽을 것인가? 책장이 넘어가지 않도록 어떻게 부글거리는 것으로부터 눈을 뗄 것인가? 하지만 요리는 지속적으로 알맞게 맞추는 작업이다. 나는 추가하고, 선셔내고, 낮보고, 반셔 보고, 지켜보고 그러는 것이지, 계산하는 일은 결코 거의 하지 않기 때문이다.

우리는 휴계를 하듯이 요리를 할 수 있다. 반복하기 위해 한다는 사실을 잊고 말이다. 싱싱한 재료가 없다면, 요리는 이미 끝장난 것이다. 그렇듯이 새로운 개념들이 없다면 도덕은 무미건조하다.

비법은 반복하고 간직한다. 그것과 요리와의 관계는 도덕적 질서와 도덕과의 관계와 같다.

나는 음식이나 사회에 있어서 보수주의자들을 좋아하지 않는다.

5

책임의 도덕적 개념

책임자의 의지

책임의 법률적 개념과는 달리, 그것의 도덕적 개념은 단순주의적 범주들에 쉽게 갇히지 않는다. 하나의 책임을 감수한다는 것, 책임을 지게 된다는 것은 사람들이 때때로 참여라 일컫는 의지를 함축한다……. 형식적으로 볼 때 책임이라는 말은 그것의 어원과 모순되지 않으며, 그것의 윤곽은 여전히 동일하다. 그것의 요체는 언제나 "타자 앞에서 자신의 행동이나 결정, 그리고 이것들의 결과를 책임지는 것"이다. 그러나 그것의 양태들은 심층적으로 변모하고 있다. 사실상 주체 의지가 법정의 강제를 대체하고, **나는 원한다**가 책임의 형식적 표현을 앞선다. 즉 "나는 타자 앞에서 나의 행동이나 결정, 그리고 이것들의 결과를 책임지기를 원한다"는 것이다. 법률적 의미에서는, **너는 강제되어 있다**가 책임의 형식적 표현을 앞선다. 강제되어 있다는 말은 위협적이며 단호하고, 방어·떠넘기기·부인(否認)의 행동들을 유발한다.

내가 원한다는 것은 주체의 참여를 말하며, 참여의 의미는 제재에 대한 두려움과 강제에 상반된다. 책임의 도덕적 개념은 행동으로부터 멀어지는 것이 결코 아니라 끊임없이 행동을 하도록 부추긴다. 내가 책임지기를 원한다는 것은 "나는 해야 한다"는 바를 의미한다. 법으로부터 도덕으로 넘어가면서, 우리는 과거로부터 미래로 이동하며 시간과의 관계를 변모시킨다. 전자의 경우 제기된 질문, "누가 ……의 원인이었는가?"는 소급적이다. 후자의 경우 "나는 해야 하고, ……해야 할 것이다"라는 단언은 전망적이다. 이와 같은 지적은 어떠한 종류의 도덕적 책임에도 유효하다. 내가 가장이 되기를 원한다면, 나는 내가 아이들을 먹이고, 교육시키고, 조언을 하는 등의 일을 해야 할 것이라는 점을 알고 있는 것이다. 혹은 내가 지역 당선자가 되기를 원하고 있다면, 나는 내가 대화를 하고, 결정을 하고, 자문을 구하는 등등의 일을 해야 할 것이라는 점을 알고 있는 것이다. 아니면 내가 한 기업의 부서 책임자가 되기를 원한다면, 나는 내가 지도하고, 기획하고, 조직하는 등등의 일을 해야 할 것이라는 점을 알고 있는 것이다. 또 내가 하나의 단체를 만들고 싶다면, 나는 내가 창안하고, 관리하고, 활기를 불어넣는 등등의 일을 해야 할 것이라는 점을 알고 있는 것이다.

이와 같은 미래의 사용은 즉각적으로 도덕적 차원을 경험한다. 왜냐하면 "내가 해야 한다"는 말은, 내가 의무들을 갖게 되리라는 점을 단번에 의미하기 때문이다. 내가 이 의무들을 완수한다면, 나는 훌륭하게 행동하는 것이다. 내가 의무들을 이행하지 못한다면, 나는 제대로 행동하지 못하는 것이 될 터이다. 그러나 이 의무는 그 자체가 본래 법률적이 아니고 도덕적이기 때문에 행동의 약속이 아니다. 행동의 원리를 구성하는 것은 제재가 아니다. 그것은 참여, 따라서 의무이다. 이 의무는 이미 쓰여져 있고, 이미 여기에 주어져 있는 것이 아니다. 그것은 자유의 여지를 남겨 놓으며, 자유의 공간에 의거한다. 미래를 알 수 없는 현재와 같은 세계에서, 내가 해야 할 일에 대해 미리 모든 것이 말해지는 경우는 점점 더 드물어지고 있다.

바로 이러한 의미에서 진정한 도덕은 책임의 도덕적 개념을 가지고 도덕을 우롱한다. 그렇다고 이 점이 우리가 아무 짓이나 할 수 있다는 것을 의미하는 것은 결코 아니다. 어린아이의 건강은 위생 및 섭생의 규칙에 따르고, 기업의 생명은 시장과 경제적 경쟁 속에 압축된다. 또 한 단체의 운동은 국부적인 환경과 재정적인 구속 요소들 속에 편입된다. 책임은 순전한 독단도 아니고, 단순히 불확실한 상태도 아니다. 하지만 우리는 혁신과 창안을 우대하는 세계에 살고 있다. 이러한 특징은 또한 도덕과도 관계되고, 책임 원리가 오늘날 수행하는 주요한 역할을 부분적으로 설명한다.

도덕적 사색이 미래로 향하고 행동과 결정의 필연성을 내포하는 순간부터 그것은 더 이상 과거의 방법, 되풀이된 규범, 혹은 단순하게 전수된 전통들에 만족할 수 없다. 미래의 타자가 존재하고 있다는 그 현존이 추월되어야 할 선인들의 교육법을 대체한다. 왜냐하면 바로 이 현존이 책임에 진정한 도덕적 차원을 부여하기 때문이다. 레비나스는 **타자의 얼굴**이라는 테마 체계를 가지고 이러한 관념을 훌륭하게 전개했다. 분명 책임은 **얼굴을 살펴보는 것이**다. 그러나 얼굴을 살펴보기 위해서는 또한 **얼굴을 자세히 바라보아야** 한다. 왜냐하면 타자는 유일하지 않기 때문이고, 혼자가 아니기 때문이다. 책임의 형식적 표현에서 타자는 막연하고 불확정적으로 남아 있다. 그런데 **타자는 누구인가?**라는 질문이 책임의 법률적 개념을 활성화시켰던 **누구에게 책임이 있는가?**라는 질문을 완전히 대체한다. 이 새로운 질문은 매우 복잡하며, 이 점이 책임의 도덕적 개념의 본질적 특징을 부각시킨다. 이 질문의 표현은 단순하며, 모든 사람들이 이해할 수 있고, 흔히 즉각적이고 공통적인 직관을 불러일으킬 수 있다. 그러나 동시에 책임의 도덕적 개념은 아무것도 단순화시키지 않으면서, 복잡하고 매우 변화가 많은 하나의 현실을 완벽하게 설명한다.

타자는 누구인가?라는 질문은 두 개의 서로 다른 질문으로 압축된다. 첫번째 질문은 타자의 신분 확인과 관련된다. 왜냐하면 여러 타자들이 존재해 이들의 다양한 존재가 여러 가지 대답들을 가져올 수 있기 때문이다. 두번째 질문은 타자에 대한, 아니면 타자들이 여럿일 경우에는 타자들에 대한 지식과 관련된다. 그렇기 때문에 타자의 얼굴을 살펴보는 것은 또한 타자의 얼굴을 자세히 바라보는 것이다. 타자에게 하나의 얼굴——아니면 여러 개의 얼굴——을 주어야 한다. 그러나 또한 그를 알아야 하고, 알아보아야 한다.

기업에서 '책임자들' 의 위상

예를 들어 한 기업에서 사장이 자신을 책임 있는 사람으로 생각한다면, 그는 자신이 자신의 고객들·고용원들 그리고 주주들 앞에서 자신의 행위들을 책임지고자 함을 아는 것이다. 여기에다 그가 이른바 국민 기업을 경영하고자 한다면 그는 국가를 덧붙일 수도 있다. 그의 책임은 단순하지 않으며, 단순화될 수도 없을 것이다. 그러나 각각의 경우에 책임의 도덕적 개념이 분명히 개입되어 있는지 아는 문제는 여전히 남아 있다. 우리는 또한 다양한 타자들의 전망들 사이에 나타나는 모순들에 대해서도 생각할 수 있다. 물론 모든 것이 양립할 수는 없다. 그래서 이런 유형의 갈등에서 각각의 '타자' 가 행동이나 결심의 도덕적 결정 작용에 기여하는지는 확실하지 않다. 기업의 밖에서도 이런 상황은 매우 자주 나타난다.

고객의 예를 들어 보자. 고객은 기업에게는 매우 중요한 개념이자 현실이다. 고객은 지불을 하고 다른 공급자를 자유롭게 선택하는 일 이외에도, 여기서 이타성의 한 모습을 분명히 나타낸다. 그의 본질 자체가 타자라는 것이고, 기업이 제조하는 상품에 대해,

혹은 기업이 제공하는 실적에 대해 다른 관점을 갖는다. 그러나 고객은 도덕적 요소라기보다는 훨씬 더 필요한 경제적 조건이다. 어떤 식으로든 기업은 살아남기 위해 고객을 만족시켜야 한다. 고객의 요구들에 대한 고려, 품질의 전략, 그리고 고객에 대한 지식까지도 도덕적인 차원이 전혀 아닌 효율적 수단들이다. 따라서 여기서 문제되는 것은 책임의 도덕적 개념이 아니다. 그것은 전혀 다른 것이다. 그러나 우리는 책임에 대해 이야기할 수 있으나 경영 전략과 도덕적 원칙을 혼동할 수는 없을 것이다. 그런데 바로 이런 혼동이 '윤리 헌장들'의 작성으로 이끌고 있는데, 사실 그것은 도덕과는 아무 관계도 없고 의사 소통 및 효율과 전적으로 관련된 것이다. 기업들에서 책임 개념에 의존하는 현상은 애매하면서도 무시할 수 없다.

그러므로 내가 도덕적으로 책임 있는 타자의 신분을 확인하기 위해서, 나는 그를 단순히 어떤 성과를 나에게 보장해 주고 그로 인해 돈을 지불해 주는 누군가로 고려할 수 없다. 그러나 도덕을 구체적인 현실 속에서 분별해 내기가 항상 어렵다 할지라도, 도덕은 언제나 위험을 나타내는 것이지 결코 안전을 나타내는 것이 아니다.

기업이 테일러 시스템(테일러식 산업 능률 시스템)으로부터 벗어나면, 기업은 테일러가 이 시스템의 토대를 제공한 그의 책에서 공표했던 두 개의 최초 원리들에 반박하는 것이다. 1) 모든 노동자들이 당연히 게으르다. 2) 따라서 노동자들에게 게으름을 피우게 할 수 있는 자유의 여지를 조금도 남겨 수어서는 안 된다. 로봇화도 동일한 원리들을 따르고 있지만, 총체적인 품질 전략을 전개하는 기업들에서는 책임질 수 있는 진정한 여지들을 만들어 줌으로써 통제가 자율 통제로 대체되고 있다. 목적이 순전히 경제적이기는 하지만, 이 목적은 책임을 지게 된 사람들이 수행하는 역할 속에 도덕적 차원을 포함한다. 특히 이러한 변화는 책임이 행동을 고무시킨다는 관념 속에서 이루어지고 있다. 다시 말하면 이러한 책임의 사용은 법률적 개념보다는 도덕적 개념으로 다분히 기울어지고 있는 것이다. 뿐만 아니라 기업들은 책임의 이같은 개념을 많이 사용하고 있다. 이는 예를 들면 책임을 분명하게 내세워 습관적인 상하적 틀을 뛰어넘는 팀들을 구성할 수 있는 기획 그룹들을 짜기 위한 것이다. 감사실에서 해법으로 손에 쥐어 주는 모델들에 따라서가 아니라, 책임이라는 유일한 기준에 따라서 구조화되려고 시도하는 조직체들이 나타나기 시작하고 있다.

나는 이러한 혁신들에 기여하는 것보다 이것들을 비판하는 일이 훨씬 더 어렵다고 생각한다. 위에서 말한 이러한 작업들의 목적이 전혀 도덕적이 아니라 할지라도, 분명한 것은 이 목적이 도덕적인 수단에 의존하고 있다는 점이다. 책임자의 질은 오늘날의 인간에 걸맞는 것이다. 비록 매우 작전적인 이와 같은 개념이 어떠한 도덕적 차원도 포함하고 있지 않는다 하더라도 말이다. 이런 차원은 개인이 그 자신에 대해서, 나아가 기업이 기업 자체에 대해서 수행하는 성찰에 의해 주어질 수 있다. 그러나 그것은 즉각적으로 주어지지 않는다. 그것은 거의 배타적으로 법률적인 패러다임을 여전히 보이는 책임자들이 기업에 들어앉아 있기 때문에 그만큼 더 즉각적으로 주어지지 않는다. 법률적 의미, 경영적 의미, 그리고 도덕적 의미 사이의 이와 같은 왕래는 각각의 기업에서 책임의 개념에 대한 고찰이 얼마나 우선 사항으로 간주되어야 하는지를 보여 주고 있다.

이타성의 문제

이타성은 오늘날에도 여전히 타자가 제기하는 질문들——내가 책임이 있다면 대답하고 싶은 질문들——에 의해 특징지어지는 문제로 남아 있다. 사실 **타자는 누구인가?**라는 질문은 각각의 책임을 보다 명확히 구분하는 데 결정적인 것으로서, 여러 가지 다른 접근을 야기하고 있다.

첫번째 접근은 가장 간단하다. 책임이 있다는 것은 타자 앞에서 자신의 행위나 결정에 대해 책임지기를 원한다는 의미이기 때문에, 가장 좋은 해결책은 질문들에 귀를 기울이는 것, 이 질문들이 어디에서 비롯되고 있는지 듣는 것, 하나의 해답을 기다리거나 기다리게 될 그 모든 타자들에 주의를 기울이는 일이다.

두번째 접근은 염려이다. 내가 가동시키는 활동들에 따라 나 자신이 이 활동들과 관련되는 사람들을 예상하려고 시도할 수 있다. 어떤 자들은 저절로 나타날 것이다. 나는 그들의 얼굴을 볼 수 있다. 내가 지역 당선자일 경우 나를 선출한 자들처럼 말이다. 또는 내가 회사의 정책을 펼칠 경우 내 휘하의 샐러리맨들이나, 내가 의사일 경우 환자들처럼 말이다. 그러나 중·장기적으로 시간과 공간 속에서 다른 사람들의 모습도 생각할 수 있다. 이와 같은 분산은 타자가 하나의 개인이 아니라, 국가나 인류와 같은 하나의 집단이 될 수도 있다는 점을 생각케 한다. 우생학이나 생태학과 관련된 활동들에서 책임은 **지금 여기에서** 우리에게 질문을 하는 타자들뿐 아니라 미래의 세대들에 대해서도 환기된다.

세번째 접근은 자주 실천하게 되어 있는 것인데, 책임에 관한 모든 사유에 영향을 미치는 운동과 유사한 운동에 따라 개인을 그 자신으로부터 벗어나게 한다. 과연 책임에 관한 대부분의 경험들이 보여 주는 것은 제기된 문제들의 해결이 유아주의 속에서는 실행될 수 없다는 점이다. 비록 책임이 무엇보다도 개인 전체와 관련된다 할지라도——이 점이 때때로 개인주의를 전적으로 법률적인 모델과 편견에 따라 비판하게 만든다——그것은 하나의 공통된 고찰에 매우 쉽게 만족한다. 자문·대화·토론은 책임의 도덕적 개념이 일으키는 권유들에 답하기 어려운 의식을 명쾌하게 해주는 데 적합한 것이다. 이러한 방법은 교육팀과 모든 교육 과정에서 특히 효율적이다. 그것은 언제나 자기 자신으로부터 벗어나게 하고, 돌아다니게 만들고, 우리가 하나의 직무·교실·장소에 갇힘으로써 모를 수 있는 그 모든 타자들을 알도록 만든다.

이타성의 문제들

이타성은 우리가 살피고 세심히 바라보는 얼굴이다. 그것은 암묵적으로든 명료하게든 질문을 제기하는 모습이다. '타자'라고 말하는 것으로는 충분치 않다. 우리가 책임을 형식적인 구조라는 측면에서 분석하려면, 대답이라는 개념을 문자 그대로 받아들여야 한다. 사실 이로부터 비롯되는 타자와의 관계는 다양한 도덕철학들이 주장할 수 있었던 바와는 달리, 호감·사랑 혹은 동정의 관계가 아니다. 책임의 도덕적 개념은 타자가 어떤 결정이나 행동 때문에 고통을 당할 수 있다는 점을 배제하지 않는다. 책임은 모든 사람들의 조화도, 합의도, 신중도 미리 전제하지 않는다. "자신의 책임을 진다"는 표현이 분명히 의미하는 바는 고통·대결 또는 모순이 있을 수 있다는 것이다. **대답**이라는 양태 자체가 이 방향으로 간다. 책임의 개념 자체가 전제하는 것은 우리가 책임지기를 원하는 가능한 선택들이 존재한다는 점이다. 책임은 외부적 구속 요소들이 단 하나의 유일한 해결책을 결정한다는 관념과 유일 사상에 대항해 확립된다. 도덕적 개념과 더불어 책임은 감수된다. 다시 말해 그것은 요구되는 것이다.

이와 같은 도덕적 개념은 옳다고도 그르다고도 인정하지 않는다. 그것은 사변적인 진실의 범주에 속하지 않는다. 그것은 결정이나 활동과 같은 선택들과 관련한 하나의 자세를 나타낸다. 그것은 대면과 대화를 야기한다. 대면과 대화는 그것들이 제안하는 탈중심화를 통해서 진실의 요소들을 제공할 수 있고, 결정에 영향을 미칠 수조차 있다. 원칙적으로 책임은 결정들에 필연적으로 영향을 미치는 다양한 판단들 및 전망들을 드러내지만, 타자 앞에 대답하는 과정은 도덕적인 유효화의 과정이지 진실 확인의 과정이 아니다. 우리가 세계의 흐름이 도덕적이라는 점——이는 엄밀하게 이데올로기적인 원칙이다——을 전제하지 않는다면, 진실한 것이 반드시 선한 것이 아니고, 적절하게 행동한다는 것이 진실들을 시사하는 것은 아니다. 도덕도 의무도 사물들에 대한 이해로 축소될 수는 결코 없다. 그래서 파스칼의 문장이 '진정한 도덕'을 이야기한다면, 이 진실을 사회적·정치적·이데올로기적 조작들을 통해서 도덕적 담론이 경험했던 타락에 비추어 되찾은 진실성으로 이해해야 한다. 이러한 조작들은 도덕적 담론을 이미 만들어진 기존 표현들과 기성복 같은 해결책들 속에 고정시켜 왔다.

영역과 권한

책임의 도덕적 개념은 법률적 유형의 규정들에는 적합하지 않다. 이러한 규정들은 무엇보다도 개인적이든 집단적이든 법적 주체를 일어날 수 있는 책임 전가로부터 보호해 주기 위해 쓰여지는 것들이다. 반면에 도덕적 책임은 제한될 수 있는 **일정한 영역**을 넘어서는 생각될 수 없다. 그것은 이 영역이 공허한 전체를 구성하거나 무한할 경우에는 취소된다. 내가 모든 것에 책임이 있다면, 나는 아무것에도 책임이 없다. 마찬가지로 내가 권한을 행사할 수 있는 어떠한 영역도 없다면, 나는 아무것에도 책임이 없는 것이다.

책임의 감수는 맹목적인 결정이 될 수 없을 것이다. 그것은 하나의 필요 조건, 다시 말해 자유의 여지를 전제한다. 이 자유는 책임의 **선험적** 조건으로 규정된 형이상학적 자유가 아니라 주어진 공간 속에서의 실질적 자유, 다시 말해 일정 영역에서의 선택 능력을 말한다. 바로 이러한 의미에서 권한이라는 말을 이해해야 한다. 이 권한은 반드시 타자에 대한 권한이 아니다. 그것은 타자가 나의 활동에 관련될 수 있도록 결정하거나 행동하는 권한이다. 책임은 하나의 위계 질서──'대표,' 따라서 책임자──를 거쳐 갈 수 있지만, 나의 행위들이 야기하는 일련의 인과 관계는 그 자체로서 수직적이지는 않다.

이 인과 관계가 수직적일 수 있는데, 이러한 점은 권한 자체에 보다 큰 가시성과 보다 큰 자의식을 부여한다. 확실한 것은 우리가 살고 있는 민주적인 맥락이 권한을 책임과 연결시키도록 유도하고 있다는 점이다. 그러나 그것들의 관계를 분명히 하는 것이 바람직하다. 사실 책임의 도덕적 개념은──이 점과 관련하여 법률적 개념도 그렇듯이──분석적으로 비롯되는 권한의 관념 자체를 포함하고 있다. 권한이 책임의 본질적 요소라는 것 말이다. 반면에 권한의 개념은 책임의 개념을 거의 포함하지 않는다. 권한은 강자의 법처럼──이 표현에 대해 루소는 그것이 법의 관점에서 '설명할 수 없는 모호한 말'을 구성한다고 정확히 말했다──사실상의 권한일 수 있다. 아니면 정글의 법칙처럼, 또는 사회 생활의 많은 시간과 장소들에서 자행되는 그 압제처럼 사실상의 권한 말이다. 힘의 관계는 이러한 사실상의 권한을 표현하는 것이다. 그러나 토크빌이라면 그렇게 말했을 테지만, '민주적인 세기'에서 '평등의 진보'는 책임의 요구를 만들어 내고 있다. 이러한 요구가 어떤 식으로든 평등의 원리를 표현하는 것이다. 평등은 하나의 원리에 다름아니다. 왜냐하면 그것은 현상에서는 어떤 면에서도 존재하지 않지만, 책임의 도덕적 개념에서 특히 주장되기 때문이다. 타자 앞에서 대답을 하겠다는 의지는 이와 같은 역사적 사실을 나타낸다. 책임의 개념은 권한의 개념으로부터 분석적으로 추론되지 않는다. 그러나 그것은 도덕에 대한 우리의 표상을 심층적으로 변모시키는 지적이고 역사적인 과정 속에서 권한의 개념과 종합적으로 결합된다.

따라서 우리는 권한이 책임을 거부한다는 것을 점점 덜 인정한다. 만약 권한이 책임을 거부한다면, 대답의 요구는 법률적인 양상을 띤다. 어떤 식으로든, 이것이 빌 클린턴에게 일어난 일이다. 또한 이것이 대기업들에서 벌어지고 있는 일이다. 이런 일은 대기업들 내에서 회장들의 권한을 여전히 특징지을 수 있는 독재를 거부하면서 이사회에 기업 관리(법인 관리)를 강제하려는 움직임이 있을 때 일어난다. 달리 말하면, 법과 사법은 정상적으로 기대된 도덕적 책임을 거부하는 권한들에 대항한 수단을 구성한다.

따라서 우리는 오늘날 타자에 대한 권한을 가지고 있는 사람이 책임의 도덕적 개념에 부딪치는 것을 거부함으로써, 책임의 법률적 책임에 속하는 사법 절차에 빠져드는 현상을 보게 된다. 타자의 요구가 책임자에게 없는 의지를 대체하고 있다. 이것은 바람직한 상황이 아니다. 왜냐하면 이런 상황은 책임의 법률적 개념에 특유한 타락의 행렬을 끌고 다니기 때문이다. 그러나 동시에 그것은 불가피하다. 왜냐하면 논리적으로 볼 때, 책임은 책임이 감수되지 않을 때 요구되기 때문이다. 바로 이 점에서 책임의 법률적 개념과 도덕적 개념은 모순될 뿐 아니라 또한 상호 보완적이다. 하나의 개념 부재는 다른 하나의 현존을 끌어들인다. 이런 현상이 그만큼 더 두드러지는 것은 책임자들의 도덕적 개입에 대한 좌절된 기대가 하나의 결점으로, 다시 말해 오늘날 전제되고 있는 것으로 보이는 자질의 결여로 나타나기 때문이다.

"책임은 있지만 죄는 없다"

"나는 책임은 있지만 죄는 없다"라고 주장하는 것만으로는 오늘날 더 이상 충분치 않다. 우리가 이 표현을 가장 긍정적으로 해석하여 받아들인다 할지라도 말이다. 이 경우 집행자는 재앙적 사태가 자신이 권한을 가지고 있었던 영역에서 발생했다는 사실을 인정하지만, 잘못은 저지르지 않았다고(**죄의식이 있는**, 유죄의) 생각한다. 그러나 훨씬 더 부정적인 해석으로 이끌게 될지도 모르는 의도적 소송을 제외하고는 자신이 책임이 있다고 말하는 것으로는 충분치 않다. 사법이 당신에게 책임지라고 명령하는 것을 기다리지 않고, 방어와 부인의 논리에 빠지지 않고 책임지기를 원해야 한다. 엘프사의 회장, 피에르 기요마가 정찰기 사건 때 보인 몸짓, 앞서 인용한 그 몸짓이 필요하다. "나는 대표였고, 따라서 책임자였다. 나는 내 부하들 가운데 어느 누구도 기소되는 일을 용납하지 않을 것이다."

책임지지 않을 수 없도록 강요받는 것보다는 책임지기를 원하는 것, 이것은 예상적인 선택이 아니다. 그것은 도덕적 선택이고, 책임 원리의 적용이다.

그렇기 때문에 조르지나 뒤푸아의 그 문제적 문장은 그토록 잘못 인식되었던 것이다. 그것은 표명에서 이미 방어의 논리에 위치했다——비록 형법에서는 그것이 매우 논박의 여지가 있다 할지라도 말이다. 책임의 도덕적 개념은 의지의 관념을 거쳐 가고, 그래서 그것은 뒤푸아의 표명과 대립된다. 권한이 주어진 영역이 하나의 행정 부처라면, 우선적으로 문제의 행위, 다시 말해 감염된 혈우병과 관련된 사람들 앞에 특별히 책임지겠다는 의지를 장관으로부터 기대하는 일은 당연하다.

그러나 조르지나 뒤푸아의 경우, 우리는 앞으로 다루게 될 다음과 같은 하나의 문제와 다시 부딪친다. 그것은 다름 아닌 위임된 권한들이 누적되는 문제이다. 한 사람이 동시에 보건복지부 장관, 정부 대변인, 가르라는 도(道)의 도의원, 사회당지도위원회 위원, 님의 국회의원 후보(1986)가 되면서 이러한 직무들이 초래하는 부수적인 일련의 모든 책임들을 감당할 수 없는 것이다. 그는 이 모든 직무들을 다 겸할 수 없으며, 각각의 직무에서 실질적인 책임을 인정할 수 없다. 이것이 바로 권한과 영역의 문제이다. 책임자가 하나의 주어진 영역에서 하나의 권한을 가져야 한다면, 그는 너무 많은 영역들에서 너무 많은 권한들을 가질 수 없는 것이다. 몇몇 문제 제기들——우리는 이것들이 특히 타자들의 신분 확인에 있어서 항상 단순하지 않다는 점을 보았다——을 전제하는 도덕적 책임은 시간의 배당과 실질적인 여유로움에 동시에 달려 있다.

빈 영역으로부터 무한한 영역으로

비어 있는 하나의 전체가 되어 버린 영역은 모든 권한과 자유의 모든 여지를 무효화시킨다. 이것이 바로 일부 기업들에서 너무도 자주 벌이지는 일이다. 이들 기업들은 경영의 원직으로서 책임을 지나치게 강조하고 있지만, 사실 봉급 생활자들은 연쇄적인 생산라인에서 또는 관리적 기능들에서 어떠한 제한된 권한도 갖고 있지 못하다.

그렇다고 무한 책임의 주제가 더 가치 있는 것은 아니다. 어느 누구도 결코 모든 사람들 앞에서 모든 것에 대해 책임을 질 수는 없다. 타자는 불확정적일 수 없으며, 영역도 권한도 마찬가지이다. 이 점은 우리가 멀리 있는 불행들에 대해서는 무심함을 의미하는 것이 아니다. 그것은 우리의 책임이 아무한테나, 아무 곳이나 관련되는 것은 아니라는 사실을 의미한다. 책임의 도덕적 개념은 자기 기만을 수단으로서 사용하지 않는다. 자기 기만은 이 개념이 좋아하는 취향이 아니다. 자신의 영역에 따라서, 자신의 권한에 따라서 각자에게 책임이 있다. 나는 마음에 드는 레스토랑, 소말리아, 보앙블렝, 그리고 보스니아에 동시에 편재할 수 없다. 내가 위치해 있지 않은 곳에서 일어나는 일, 내가 분명 다른 곳에 있기 때문에 아무것도 나에게 달려 있지 않은 곳에서 일어나는 일, 어떤 것, 혹은 어떤 누군가가 나에게 종속되어 있는 곳에서 일어나는 일에 동시에 내가 책임을 느낀다는 것은 의미가 없다. 그런데 이것이 바로 **타자는 누구인가**?라는 질문에 의미를 부여한다. 이 질문은 결코 타자를 불확정적인 상태로 남겨두고 싶지 않은 것이다. 무한 책임은 엄밀하게 말해서 **생각할 수 없는** 것이다.

무한 책임이라는 이 관념은 불행한, 그것도 불필요하게 불행한 의식의 모습을 만들어 낸다. 《야만인》에서 아누이〔20세기 프랑스의 극작가·영화 감독〕는 여주인공을 통해 이렇게 말하고 있다. "나의 행복을 막는 길 잃은 개가 어딘가에는 항상 있을 것이다." 죄의식을 불러일으키는 이와 같은 표현은 책임 원리와 정반대이다. 그것은 절망하게 하고, 슬프게 하고, 허약하게 만든다. 책임은 그 반대이다. 그것은 의지이고, 의지의 즐거움이고, 참여이고, 행동이다.

자연적 책임과 계약적 책임

한스 요나스는 내가 부분적으로 채택하고 싶은 구분을 하나 제안하고 있다. 파스칼처럼 내가 어떠한 철학자도 엄밀하게 자기 자신의 철학을 다른 사람들에게 가르칠 수 없었다는 점을 인정한다면, 나는 동시에 모든 철학에 앞서 책임의 즉각적인 직관이 존재한다는 사실을 전제해야 한다. 이러한 직관의 특수한 대상을 나는 '자연적 책임'이라 부른다. 이 책임은 모든 사색에 앞서 당연한 것으로 강제되는 책임이다. 비록 내가 그것을 저버릴 가능성이 항상 있다 할지라도 말이다. 이러한 직관의 모델은 내가 나의 젖먹이 아이를 팔에 안고 있을 때 느끼는 매우 생생한 감정이다. 어떤 식으로든 이 신생아는 그의 현존과 존재 자체를 통해서 나에게 책임을 강제한다. 이 직관은 아이의 잉태와 탄생을 주재했던 모든 고려를 뛰어넘는다. 아이의 잉태와 탄생이 우연·계산 착오, 혹은 경솔의 결과라는 점은 중요하지 않다. 부모라는 지위는 그와 같은 직관 속에서 구축되는 것이다.

계약적 책임은 하나의 결정에 종속된다. 다시 말해 그것은 내가 무언가가 과거와는 달라질 것이라고 결정하는 중대한 순간에 종속된다. 나는 이러한 책임을 지겠다고 결정하지 않을 수도 있다. 그러나 내가 책임지겠다는 적극적 결정을 내리자마자, 모든 것은 마치 그 책임이 자연적인 책임인 양 이루어지게 되어 있다. 책임을 진다는 것은 무언가를 하겠다는 약속이고, 미래의 의무들을 이행하겠다는 결심이며, 타자 앞에서 책임을 지겠다는 의지이다. 이것들은 모두 내가 책임을 짊어지는 순간부터 내 의사에 따라 강제되는 요소들이다.

구체적으로 말해서, 내가 선거에 나가기로 결정해서 한 도시의 시장이 된디면, 네가 이 직위의 책임을 짊어지자마자 나는 나의 유권자들 앞에서 나의 행위와 결정에 대해 책임지기를 원하는 것이다. 이 순간부터 나는 더 이상 정상 참작의 대상이 아니다. 책임은 도덕적이다. 왜냐하면 나는 사법의 소관 사항이 될 위법적 혹은 범죄적 사실들 이외에는 법률적으로 계산해야 할 것이 없기 때문이다. 더구나 내가 법에 대해 전혀 무지하다 할지라도 나는 내가 정실, 불법적인 이권 개입, 수뢰와 같은 사실들에 대해 타자 앞에서 책임을 질 수 있음을 안다. 나는 이것을 법으로 알기 전에 의식으로 먼저 안다. 지역 당선자에게 '대답을 한다는 것'은 "그건 나야"라고 항상 말하는 것이다. 그러나 도덕적 책임은 문제 자체를 예상하는 것이고, 그것을 알아맞힐 수 있다는 확신을 하는 것이다. 이때 이전의 가족적인 문제들이나 어린 시절의 문제들 뒤로 피신하는 일은 불가능하다. 이 점에서 계약적인 책임은 이 책임을 짊어지겠다는 결정이 내려지자마자 자연적인 책임과 분명히 유사하게 된다. 당선자로서 나는 이에 따른 결정들과 활동들이 어떤 사람들은 만족시키고, 또 어떤 사람들은 만족시키지 못할 것임을 안다. 내가 어떤 장소에 임대 주택을 건설케 한다면 지역 환경가들, 강가에 사는 사람들, 그리고 집단 노동자들 사이에 모순들이 나타날 수 있다. 이런 결정에 직면하여 책임은 시의 영역에 관한 지역 당선자의 권한으로부터 비롯되는 만큼 분명히 경계가 정해진다.

책임에 있어서 주체의 위치

도덕적 책임은 결코 집단적이 아니다. 그것은 언제나 한 사람의 주체에 의거한다. 이 주체는 자신의 행위를 의식하고, "나는 원한다"라고 말할 수 있고, 타자나 타자들의 신분을 확인할 수 있는 자질이 있고, 일정 영역에 대한 권한을 즐기는 자이다. 개인으로서의 인간은 책임의 지주이다. 우리는 그를 어떠한 집단적 인격체로도 대체할 수 없다. 이상한 일이지만, 법은 하나의 조직체를 환기시켜 이것을 자연인과 대립시키기 위해 '법인'의 관념을 인정하고 있다. 그리하여 새로운 형법은 ‘법인들의 형사적 책임’ 의 개념을 도입했는데, 이는 다른 유럽 국가들에서 이미 이루어진 것이다. 게다가 이러한 형사상 책임은 하나의 조직체——예를 들면 하나의 기업——에 대한 범죄 기록부를 만드는 일을 함축한다.

법률적으로 볼 때, 이 점은 이해될 수 있다. 법인들은 자연인들이 망한 뒤에도 살아남는 경우가 흔히 있다. 그래서 피해 보상 문제들이 제기될 때 법인들에게 청원하는 것은 필요한 일이다. 뿐만 아니라 법인들 사이에 체결된 많은 계약들이 있으며, 이 계약들은 지켜져야 하고 위반을 억제해야 하는 것들이다.

책임의 도덕적 개념은 다른 성격을 띤다. 문제의 조직체가 무엇이 되었든, 개인은 조직체의 의미와 반대되는 의미까지 포함해서 언제나 책임자로서 행동할 수 있다. 나치 독일 군대의 병사는 명령에 복종하지 않을 수 있고, 비시 정권하의 공무원은 런던으로 가버릴 수도 있다. 그렇기 때문에 예를 들어 유대인들의 강제 추방에 있어서 프랑스의 책임을 환기시키는 일은 언제나 기만적으로 생각된다. 프랑스 국가가 입법에 의해서, 그리고 복종적인 공무원들에 의해 저질러진 과오들을 보상하고 인정해야 한다는 것은 도덕적인 태도이다. 그러나 프랑스는 그 자체로서 도덕적 책임이 있는 것이 아니다. 왜냐하면 프랑스는 의식 있고 의지가 있는 주체가 아니기 때문이다. 드골은 프랑스에 대한 하나의 관념을 품을 수 있었다. 그러나 프랑스는 관념도 의지도 없다. 프랑스는 원리상 책임이 없는 실제이다.

시에 있는 유대인 어린이들을 보호하기로 결정하는 샹봉 쉬르 리뇽〔프랑스의 도시〕의 남녀들은 대단한 도덕적 책임감을 개인적으로 나타내는 것이다. 그러나 그들의 결정은 그것이 집단적이라 할지라도, 각각의 의지적인 개인과 관련되어 있다. 이러한 예가 분명히 보여 주는 바는 개인적 책임과 집단 사이에는 많은 관계가 확실하게 존재한다는 점이다. 그러나 집단은 집단을 구성하는 개인들의 총체 이외의 고유한 다른 인격체를 지니고 있지 않다. 시의회 내에서의 토론은 물론 시를 끌어들이지만, 도덕적으로 볼 때 중요한 것은 개인들이다.

모든 집단에는 다수와 소수가 존재하지만 이것들의 합산이 의식적이고, 의지적이며, 책임 있는 개인을 구성하지는 못한다. 나쁜 결정에 직면하여, 이 결정이 다수에 의한 것이라 할지라도 책임의 도덕적 개념은 집단이 스스로에게 부여하고자 했을 도덕적 인격을 분해시키거나 폭발하게 만드는 불복종의 의무를 종종 만들어 낸다. 드골 장군의 불복종은 이에 대한 좋은 예이다. 그의 개인적 책임이 그로 하여금 프랑스 국가에 반대하도록 만든 바로 그 순간부터, 그가 하나의 주체에 대해 이야기하듯이 프랑스에 대해 그토록 이야기했다는 사실 자체가 이와 같은 사용이 얼마나 여전히 주관적이고 임의적인 것인지를 잘 보여 주고 있다.

사람들은 흔히 사회가 하나의 인격체인 것처럼 '사회'에 대해 이야기하면서, 그리하여 사회를 하나의 책임 있는 주체로 만들면서 이렇게 추론했다. '사회'가 잘못이야라고 말이다. 또한 때때로 사람들은 '시장'이나 '시장들'에 대해서도 마찬가지 생각을 했다. 그것들이 결정하고 행동하는 것이며, 가격의 상승과 하락에 대해 책임이 있다는 것이다. 내가 생각하기에 그들은 마르크스주의적 추론 도식에 상당히 젖어 있다. 사실 마르크스와 그의 후계자들이 볼 때 부르주아 계급은 언제나 의도와 전략을 가졌었다. 그러나 트로아 파이장 호텔에서 웃음거리가 되는, 자크 브렐 작품에 나오는 자들과 같은 부르주아들만이 존재한다. 아무도 결코 부르주아지라는 계급을 만나 보지 못했다. 마르크스가 프롤레타리아 계급이라는 유사한 용어로 사유한 것은 사실이다. 그리고 조레스는 이 계급에서 구원적이고 책임 있는 계급 속에 하나의 이상이 구현된다는 아름다운 관념을 보았다.

내가 확신하는 것은 책임의 도덕적 개념이 포스트 마르크스적 개념이라는 점이다. 책임의 개념이 마르크스주의적 영감을 지닌 모든 사회주의들이 무너진 시기에 떠오른 도덕적 개념이라는 사실은 별로 놀라운 일이 아니다. 책임은 개인에게 너무나도 고상하고, 특히 엄청나게 중요한 역할을 부여했기에 마르크스주의 사상이 사유를 지배했던 시기들에는 출현할 수가 없었던 것이다. 둑을 무너뜨리고 책임 문제에 대한 좌파/우파의 균열을 멈추게 한 것이 역사라는 사실은 이론의 여지가 없다.

고등사범학교 당시 나의 스승이었던 알튀세는, 마르크스가 일반적인 경험과 인식론적 단절을 확립하면서 새로운 학문을 세웠던 개념들의 구축물들——부르주아 계급, 프롤레타리아 계급, 계급 투쟁, 생산 방식 등——을 '학문적인 추상적 관념들'이라 명명했다. 알튀세에 따르면, 어느 누구도 부르주아 계급이나 프롤레타리아 계급을 손으로 만져 보지도, 눈으로 보지도 못했다. 착취하거나 착취당하는 남자들과 여자들만이 있는 것이다. 그러나 부르주아 계급이나 프롤레타리아 계급의 개념 자체는 추상적인 관념이다. 게다가 엄밀하게 말하면, 어느쪽도 역사의 주체들이 아니다. 역사를 주체 없는 소송으로 만드는 것은 그것들의 대립 관계이다. 그렇다면 정치적 설명의 카탈로그에서, 부르주아 계급과 프롤레타리아 계급은 전적으로 별도의 주체들이 분명하게 되었고, 이 추상적인 관념들은 각자가 볼 때 하나의 의식, 자의식, 그리고 의지를 부여받고 있었다. 이 요소들이 구체적 현실에서는 실제적으로 만날 수 없기 때문에, 그것들의 자의식을 표현하고 나타냈던 조직들이 형성되었다. 프롤레타리아 계급을 위한 공산당과 같은 것이 그러하다. 알튀세의 사유를 따르자면, 게다가 이 점은 가난한 자의 개념과 무산자의 개념 사이에 이루어진 커다란 진보였다. 가난한 자는 스스로를 의식하지 못하는 다수 속에, 수동적인 다양성('가난한 사람들') 속에 그대로 있었던 것에 비해, 무산자는 무엇보다도 하나의 총체('프롤레타리아 계급')를 구성하는 요소로 규정되었다. 공산당은 이 총체 의식을 표현했고, 특히 매우 확실하게 규정된 구원적 소명을 수반하는, 이 총체의 이익을 표현했다. 또한 이 총체는 무산자의 경우 개인에 앞서 존재하는 것이었지만, 가난한 자는 비효율적인 원자 상태에 머물러 있었다. 이러한 범주에서는 도덕적 책임의 개념은 생각할 수 없다. 이 개념은 하나의 지배적인 이데올로기, 민중이라는 아편만이 개선시킬 수 있는 비효율적인 역할과 총체적 절망 속에 개인을 몰아넣은 그런 지배적인 이데올로기와 다분히 관련지어졌다.

오늘날 우리는 다양한 재앙 속에 무너져 내린 이러한 준거체들을 버렸다. 프롤레타리아 계급이라는 '강요 사항'은 나쁜 추억이다. 제외라는 말이 프롤레타리아라는 말을 대신했다. 두 용어 사이의 비교는 그것들의 차이를 잘 드러내 준다. 제외된 자들은 가난한 자들과 동일한 다양성 속에 머물러 있다. 왜냐하면 제외는 하나의 과정을 지칭하는 것이지, 하나의 사회 계급이나 총체를 가리키는 것이 아니기 때문이다. 그러나 가난한 자들과 부자들의 관계는 어떠한 인과 관계도 함축하지 않았다. 그것은 동일한 사회 내에서, 아니면 서로 다른 사회들이나 국가들 사이에서 일어나는 묘사적인 관점이고 비교일 뿐이다. 반대로 프롤레타리아 계급과 부르주아 계급으로 구축된 개념들의 힘은 착취·지배·소외를 통해서 이 두 계급을 상호 유지시켜 주었던 그 본질적인 인과 관계 속에 있었다. 마르크스는 사회주의 혁명으로 끝난다는 변증법적인 상호 발생 과정을 드러내기 위해 "부르주아 계급은 자신의 무덤을 파는 계급이다"라고 하였다. 제외의 개념과 더불어 하나의 인과 관계가 분명하게 다시 나타난다. 제외된 자는 전적으로 홀로 제외되지 않는다. 제외된 자의 개념은 하나의 과정·거부 운동·격리를 표현한다. 그는 어떤 인간이 가난을 미덕으로 삼을 수 있듯이, 자신의 소외를 결정할 수 있는 소외된 자가 아니다. 그는 이단적 공산주의자나 반항적인 학생이 '밖으로 내쫓길 수' 있었던 것처럼 내쫓긴 자이다. 그는 거리로, 혹은 문명 사회와 경계에 있는 힘든 교외로 내쫓긴 자이다. 이와 같은 제외의 개념은 통합의 전통이라는 위대한 공화주의적 전통과 근본적으로 대립된다.

우리는 이 과정을 주거에 있어서 사회적 혼합(베송법 참고)이나, 고용 및 연대(마르틴 오브리의 반(反)제외법 참고)와 같은 정책들을 통해 정치적으로 쳐부술 수 있다. 그러나 제외는 노동의 가치화 사이클을 완수한다. 몽롱한 정신을 지닌 몽상가들이 '노동의 종말'을 환기하는 시대에, 우선적으로 제외를 야기하는 것은 실업, 다시 말해 직업의 부재이다. 실업자들에 대한 지원, 최소한의 사회 보장, 혹은 최저 생계 보장과 더불어 취해진 유용한 조치들은 제외 속에 있는 가난과 궁핍과 싸우지만 제외 자체를 쳐부수는 것은 아니다.

그런데 클로드 알팡데리의 주도하에 실현된, 배제된 자들의 자기 환각을 검토하고, 유럽 극빈자 구호 단체나 마르틴 오브리가 세운 재단(FACE)의 작업을 검토할 때, 우리가 확인하는 바는 책임의 도덕적 개념의 새로운 중요성이다. 제외는 우선 책임의 부재에 의해 특징지어지는데, 여기에는 이 부재가 권한의 결여처럼, 영역의 결여처럼, 또 타자와의 대면의 결여처럼 전제하는 모든 것이 수반된다. 기 베도스와 파스(FACE) 재단이 보앙블랭(도시)의 젊은이들과 《자유로운 거리》라는 연극을 무대에 올렸을 때, 제외는 극의 주요 개념들 가운데 하나였다. 각각의 젊은이는 집단에 대해 자신이 책임이 있다는 사실을 알았다. 그가 아침에 일찍 일어날 수 없었기 때문에 연습에 늦게 도착했다면 자신이 전체에 누가 될 것이라는 점을 말이다. 모두가 관중 앞에서 연극에 대한 책임이 있었고, 동시에 이 관중 앞에서 보앙블랭에 대한 책임이 있었다. 모순적인 많은 측면들이 있었던 이러한 경험을 이상화시키지 않으면, 우리는 제외로부터 벗어나는 데 있어서 무엇보다 주요한 요소를 그 속에서 간파한다.

책임이 우리 사회에서 떠오르는 도덕적 원리로서 불가피하게 되면 될수록, 책임을 부여하는 책임화는 더욱더 통합의 과정으로서 규정될 수 있다. 게다가 최저 생계 보장의 주요한 한계들 가운데 하나는, 그것이 통합 및 책임화의 순간이나 그런 운동보다는 필요한 자선으로 더 인식되었다는 것이다. 로카르——흔히 망각되고 있지만, 최저 생계 보장이 만들어진 것은 그의 업적이다——정부 내에서 이 문제에 대한 토론들은 결국 사회 편입 운동보다는 최소한의 소득을 우선시하는 방향으로 결론이 났다.

따라서 책임의 도덕적 개념은 하늘에서 떨어지듯 뜻밖에 나타나는 것이 아니다. 그것은 결정적인 역사적 배경 속에 위치한다. 집단주의적 이데올로기의 종말, 세계 시장의 출현, 낡은 도덕의 붕괴, 공적 공간에서의 도덕적 담론의 부재에 의해 야기된 고독, 기성복 같은 전통과 처방의 불충분함, 평등의 요구, 경영의 변모, 정치적 효율성의 한계, 자유주의의 승리에 의해 야기된 불만 등, 이 모든 것들이 설명을 이루는 요소들이다. 바로 각 개인에 현존하는 도덕적 의식에 의지함으로써 이 요소들은 책임의 도덕적 원리의 출현에 기여하고 있다.

위 험

위험은 책임과 불가분의 관계에 있다. 그것은 책임의 으뜸가는 요소들 가운데 하나를 구성하기까지 한다. 책임을 짊어진다는 것은 위험을 무릅쓴다는 것을 항상 받아들인다. 그렇기 때문에 어떤 사람들은 이런 움직임을 거부하고 회피하는 것이다. 이 책임이 피해·희생자·고소에 따라서 법률적으로 생각되지 않는다 할지라도, 그것은 위험을 구성한다. 왜냐하면 그것은 타자나 타자의 시선과의 대면을 요구하기 때문이다. "나는 원한다"는 말은 하나의 위험이다. 다시 말해 그것은 자유의 시험이다.

권한은 욕망을 만들어 내고 그것을 타락시킬 수 있다. 그것은 욕망을 조건 없이 차지하는 자에게 가능성들을 열어 준다. 그러나 그것이 책임을 수반하게 되면 모든 것이 변한다. 그때 권한은 권한으로서 더 이상 비판되어서는 안 된다. 그것은 하나의 입구이고, 경험의 영역이고, 결정적 장소이다. 우리가 "나는 권한을 갖고 싶다"라고 말하기보다는 "나는 이 책임을 짊어질 준비가 되어 있다"라고 보다 기꺼이 공표하는 것은 당연하다. 물론 증거를 가지고 확인해야 한다. 왜냐하면 순전한 수사에 불과한 경우가 종종 있기 때문이다. 권한(권력)의 논리는 도덕과 정치를 정확하게 분리시킨 마키아벨리에 의해 완벽하게 묘사되었다. 책임을 권한에 연관시키는 일은 카드의 분배를 완전히 바꾸는 것이며, 이때 마키아벨리의 개념들은 더 이상 적용될 수 없다. 이 피렌체인의 강력한 추론에 반박하는 것은 민주주의의 야망이다.

사실 권력자는 자신의 존재를 지킬 만큼 충분히 지혜롭지 못하고, 교활하지 못할 수 있는 그런 위험 이외의 다른 위험을 감수하지 않는다. 그가 자신을 건드릴 수 없고 법 위에 군림하고 있다고 생각하는 한, 그는 법률적 책임조차도 헤아릴 수 없다. 그러나 책임 있는 인간은 위험을 본질적인 사항으로 받아들인다. 이 위험은 여러 형태들을 취할 수 있다. 즉각적으로 우리는 법률적 위험에 대해, 그리고 우리가 감수해야 한다고 미리 말한 책임을 수행하는 도중에 일어나는 피해들로부터 발생되는 그 모든 것에 대해 생각한다.

공공성

그러나 주요한 본질적 위험은 타자의 시선이고, 우리가 타자에게 **노출되기**로 결정했을 때 노출되는 그 움직임이다. 왜냐하면 위험은 전장에서 이야기되듯이 무엇보다도 노출이기 때문이다. 이러한 의미에서 책임자는 분명히 공인이다. 다시 말해 그는 자신의 사적 영역, 자신의 내면, 자신의 새침한 태도로부터 빠져 나오는 인간이다. 이러한 요소는 자연적 책임과 계약적 책임 모두에게도 들어맞는다. 공화국은 어린아이가 태어나 호적에 올라가자마자 이러한 사실을 신성하게 인정한다. 나는 어린아이를 받아들이고, 국적으로서 그를 인정하는 국가 앞에서 그에 대해 책임을 진다. 좀더 멀리 나아가면서 공화국이 주는 세례〔공화국의 시민권을 주는 것〕의 관행은 이런 의미를 강화시키고자 했던 것이다.

따라서 위험과 공공성을 책임에 입각해 서로를 만들어 내는 인접한 두 개념처럼 찬양해야 한다. 나는 매우 매체화된 사회에서 이런 추론을 뒤집는 데까지 갈 수 있다. 공공성——여기서 공공성은 공적인 인물이 된다는 사실을 의미한다——은 오늘날 책임을 요구하는 중대한 권한을 구성한다. 공인은 즉각적으로 반향을 일으키는 말들을 하거나 이미지들을 보낸다. 그러나 책임 있는 인간이 그가 공인이 된다는 것——공공성은 책임과 동일체를 이루는 그 위험이기 때문이다——을 아는 만큼 공인이 자신의 책임에 대한 의식을 항상 하고 있는 것은 아니다. 왜냐하면 그의 공공성의 기원은 전혀 다른 이유, 아니면 다른 접근으로부터 도출될 수 있기 때문이다.

특히 텔레비전 뉴스의 기자들인 정보 제공자들, 텔레비전 쇼 프로 진행자들인 오락 공급자들, 혹은 영상 잡지의 소개자들이 그런 경우이다. 그들의 공공성은 권력의 현대적 형태를 구성한다. 그러나 스포츠로부터 철학에 이르기까지 자신의 영역에서 권위가 있는 남녀들이나 저명한 과학자들도 마찬가지이다. 나는 이 경우에 있어서 누구나 본보기의 가치가 있어야 한다는 점을 주장하는 것이 아니다. 그러나 이러한 공공성이 나타나는 분명한 분야에서 영향력은, 그것이 책임에 초연할 때 끔찍하게 위험하게 된다. 그렇기 때문에 책임의 도덕적 개념은 이와 같은 새로운 권한 형태에 직면하여 매우 특별한 적절성을 획득한다. 또한 그로 인해서 그들 각자의 책임에 대한 특수한 고찰이 필요하다. 나는 이러한 고찰이 그들을 제외하고 이루어질 수 있다고 생각지 않는다. 왜냐하면 항상 책임은 개인적인 자기화(내 것으로 만드는 것)의 문제이기 때문이다. 책임의 도덕적 개념이 지닌 모든 이점은 분명히 다음과 같다. 즉 이 개념이 의식의 개입 없이 발견된 해법들을 외부로부터 단호하게 의식에 강요하지 않고도 의식들을 부추길 수 있다는 것이다.

정치적 책임

앞에서 나는 당선자, 다시 말해 일정 영역에서 권한을 지니는 자의 책임을 상기했다. 이 권한은 그에게 시민 유권자들이 부여한 직위에 의해 구체화된다. 이 경우의 모습은 상대적으로 투명하다. 왜냐하면 책임의 모든 요소들이 현존하고 분명하게 있기 때문이다. 그러나 동시에 시민 자신의 정치적 책임이 존재한다. 저지당하고 말았지만, 나는 고등학교 3학년에 다니는 젊은이들이 선거인 명부에 자동적으로 기록될 때, 시민이 된 이들에 대한 교육 프로그램에 이 주제를 집어넣고 싶었다. 시민의 정치적 책임이라는 이 개념은 분명하지 않다. 왜냐하면 우리는 시민이 누구 앞에 책임이 있는지 자문할 수 있기 때문이다. 물론 시민은 사람들이 당연하게 '선거의 의무'라고 명명하는 것을 수행할 때, 비록 제한되었지만 일정한 권한과 영역을 지닌다. 그러나 정치적 책임은 이 점에 국한될 수 없다. 분명 그것은 몽테스키외가 **미덕**이라 부른 바에 부합한다. 그는 이 미덕이 공화국의 원리·수단·지배적인 정열이고, 나아가 영혼이라고 말했다. 이 미덕은 무엇보다도 사적인 이익보다 공동체적 이익을 우선시하지만, 항상 그런 것은 아니고 중요한 순간들에 그렇다는 말이다. 몽테스키외는 미덕이라는 말이 그토록 강한 도덕적 함축을 가진 것을 유감스럽게 생각할 정도였다. 그러나 그가 이 말을 사용한 것은 옳았다. 그는 그후로 모든 공민적이고 도덕적인 교육 교과서들에 자극을 주었다. 그는 공화국이 공민적 도덕 없이는 지탱할 수 없다는 사실을 잘 설명하고 있다. 미덕이라는 말이 오늘날 더 이상 잘 이해되지 않고, 낡아빠져 쓰이지 않게 된 까닭은 분명 그것을 책임의 개념으로 대체하는 것이 적절하기 때문이다.

미덕은 하나의 태도·인연·초월을 표현했고, 현재 책임이란 말 속에 잘 나타나 있는 타자들과의 관계를 표현했다. 공화국과 뗄 수 없는 것은 정치적인 것의 도덕적 차원이다. 우리가 공화국에서 태어나고, 그 속에서 성장하고, 그 속에 통합될 때, 이 책임은 거의 자연적이다. 그것은 우리가 루소나 칸트처럼 명료하거나 암묵적인 사회 계약을 전제한다면 계약적이 될 터이다. 그것이 확실하게 표현하는 것은 우리가 공화국에서 혼자가 아니라는 것이고, 각자는 그 속에서 하나의 역할을 할 수 있고 또 해야 한다는 뜻이며, 그 속에서는 어떤 도덕적 의식이 필요하다는 말이고, 개인은 공동체로부터 결코 고립될 수 없다는 것이다.

이 경우 책임의 도덕적 개념이 지닌 이점은 그것이 정치적 책임의 영역을 확대한다는 사실이다. 정치적 책임은 반드시 정치적 삶 속에서만 짊어지는 것이 아니다. 정치적 책임으로 변화된 미덕은 우리가 타자에 대해 내리는 규정들에 따라 단체, 인도적인 것, 가정(家庭), 국가에서, 나아가 기업에서도 체험될 수 있다.

책임자가 된다는 것

우리는 책임자로 태어나는 것이 아니라 책임자가 되는 것이다. 이 점은 모든 인간의 삶에 있어서 분명하다. 따라서 책임은 가정과 학교에서 교육의 본질적 과제이다. 또한 그것은 어려운 문제이다. 왜냐하면 부모들에게나 교육자들에게나 교육은 과거보다 더 복잡하게 되었기 때문이다. 어린아이들은 그들이 존재한 이래로 지금처럼 다양하고 모순적인 영향의 그물에 강요당한 적이 없다. 그들은 학교와 가정의 목소리만을 듣는 것이 아니다. 그들은 소리와 이미지로 넘치고 있으며, 밀려오는 말·소리·음악·유행가·슬로건·스파트 광고·단발 뉴스 등 속에서 항상 방황하고 있다. 어떤 것은 폭발하고, 어떤 것은 금속성의 소리를 낸다. 어떤 것은 달콤하게 속삭이고, 어떤 것은 외친다. 어떤 것은 여행을 하고, 어떤 것은 순환한다. 더 이상 어느 누구도 교육을 통제하시 못하는 것 같다. 어린아이는 자신으로부터 벗어나면서, 또 당신으로부터 벗어나면서 청년이 된다. 그는 단 한 명의 보호자에 의지하여 성장하지 않는다. 그는 온갖 방향과 지평으로부터 오는 유혹들에 대해 행동하고 반응한다. 교육은 다루어지지 않은 문제, 새로운 문제가 되고 있다. 우리가 방금 나타나고, 나오고, 태어난 자를 규정하기 위해 새로 태어난 자라고 말하듯이 말이다.

달리 말하면, 책임이라는 문제에 대한 가정과 학교의 집중은 오늘날 가장 중요한 것이 되었다. 책임이 결여된 경우가 종종 있다. 그래서 어린아이들과 청년들의 점증하는 자율이 그들의 책임 진보에 항상 부합한다는 점은 별로 확실하지 않다. 자율과 책임은 다른 개념들이다. 아마 그것들은 어떤 순간들에 교차할 것이다. 왜냐하면 책임은 책임을 지겠다는 의지의 어떤 자율을 전제하기 때문이다. 그러나 그 반대는 사실이 아니다. 자율은 책임지지 않는 행위들에도 완전히 만족할 수 있기 때문이다.

책임을 가르치는 일이 전적으로 교훈적일 수만은 없다. 물론 중학교가 2학년의 공민 과목 프로그램에 책임의 개념을 집어넣은 것은 좋은 일이다. 그러나 이 개념이 충분히 개진되지 않은 채 다른 개념들 가운데 하나의 가치로서 제시되고 있다. 책임은 실제 생활에서 배워지고, 때로는 유희적 활동에서도 배워진다. 우리는 "책임지우다"는 동사를 제공하는 책임의 상황 속에 아이들을 집어넣지 않고는 책임을 가르칠 수 없다. 이와 같은 교육은 책임을 경험하게 만드는 모든 상황에서 그렇듯이 과오를 저지를 수 있는 권리의 인정을 거친다. 상황은 책임의 의미·중요성·목적·요소들을 보여 주는 좋은 기회이다. 교육의 이러한 부분이 교사들의 임의에 맡겨지는 경우가 너무도 자주 일어난다. 중학교에서 많은 교사들이 학생들에게 역할들을 부여하는데, 이것들은 비록 작은 것이긴 하지만 그들이 학급 앞에서 짊어진 그만큼의 책임들이다. 고등학교에서는 이와 같은 경우는 드물다. 이러한 태만이 1998년 가을에 일어난 고등학생 운동을 부분적으로 설명한다. 그렇기 때문에 중요한 것은 법률적 책임이 불러일으키는 습관적인 두려움으로부터 벗어나, 교사들과 학교장들이 문화적 활동·여행·야외 수업 등의 영역들에서 학생들이 취할 수 있는 주도적 솔선을 최대한 장려하는 일이다. 물론 초등학교에서는, 특히 비트뤼브학교에서 개발되었던 바와 같은 계획 교육 방법이 중요하다. 이 학교는 어린 학생들이 저마다 자신의 책임을 가장 잘 자각하도록 하고 있다.

가정과 학교에서 책임의 관념은, 책임을 부여하고 인정하는 사람들의 실천이 그러하듯이 과오를 저지를 수 있는 권리와 제재──긍정 또는 부정, 상 또는 징벌──를 동시에 함축한다. 따라서 제재는 임의적 권한의 초월적인 개입이 아니라, 타자의 존재와 대면해 이루어지는 행위·활동 또는 결정의 논리적 결과로서 인식되어야 한다. 정상 참작이나 사회적 결정 요인들을 내세우는 대중 선동은 결국 모든 아이들과 청소년들을 책임으로부터 벗어나게 만들고 있다. 분명히 자율과 책임의 주요한 차이는 책임이 강제하는, 타자와의 관계를 요구하는 데 있다. 그런데 자율은 타자와의 어떠한 관계도 무시할 수 있다.

그러나 책임을 수련하기 위한 결정적인 시기는 없다. 흔히 상황이나 형편이 책임지는 것을 가속화시킨다. 그래서 내가 도덕적 책임에 대해 부여한 표현도 갑자기 획득된 것이 아니다. 전제적 운동으로서의 "나는 원한다"는 관념은 항상 최초의 직관은 아니다. 흔히 타자와의 대면이 미래의 경험들을 위해 보다 완벽한 표현을 가져오게 된다. 도덕적 개념으로서의 책임의 개념은 특수한 자질을 요구하지 않는다. 특수한 자질은 차지되는 영역의 유형과 행사되는 권한의 유형에 달려 있게 된다. 책임의 개념은 분명한 지적 내용을 가지고 있지 않다. 일부 도덕철학사들은 '무식이 악행의 어머니'라는 주제를 바탕으로 지식과 도덕성과의 내밀한 관계라는 관념을 전개시켰다. 이는 책임 도덕의 경우에는 맞지 않는다.

책임의 도덕은 지적 능력이나 지식의 축적보다는 염려에 달려 있다. 이 염려는 무엇보다도 타자에 대한 염려이고, 미래에 대한 염려이고, 나의 행위나 결정의 결과에 대한 염려이다. 그렇기 때문에 지적인 경쟁이나 업적에 대한 숭배, 공화국의 학교에서 전개되었던 그 숭배는 흔히 모든 공민적 도덕과는 거리가 매우 멀다. 본서의 서두에 인용된 장 자크 골드만의 텍스트가 분명히 보여 주는 바는 각자가 존재하고 있는 곳, 저마다 의식(儀式) 행사를 치르는 곳, 또는 누구나 타자들과 대면하는 곳에서 짊어질 수 있는 책임이다.

지적인 교육이 책임을 갖게 만들어 주는 것은 전혀 아니다. 그것이 우리의 경제와 사회적 관계를 흔히 지배하는 지식과 권력과의 실질적 관계에 의거할 때, 그것은 심지어 책임에 완전히 모순될 수도 있다.

나는 무엇에 대해, 누구에 대해 책임이 있는가?

나는 무엇에 대해 책임이 있는가? 나는 누구에 대해 책임이 있는가?라는 질문들에 대한 대답은 법률적 의미에서는 자명하다. 법률적 의미에서는 모든 것이 나의 책임 '아래' 있는 사물들과 존재들이 야기시킬 수 있는 피해에 따라 언제나 규정된다. **아래**라는 전치사는 권한·종속 혹은 소유를 분명하게 말하고 있다. 화분, 애완 동물, 또는 어린아이는 법률적으로 나의 책임 아래 위치하고 있다. 과오와 위험은 피해를 보상하기 위해 그 대가를 지불한다.

그러나 도덕적 의미에서는 조건들이 변한다. 그래서 권한이나 영향과 실질적으로 관계될 수 있는 그 중요한 면을 개진하지 않는 것은 책임의 도덕을 지나치게 단순화시키는 일이 될 것이다. 하지만 두 문제가 동등한 가치가 있는 것은 아니다.

"무엇에 대해서?"라는 질문은 내가 간직하고 있는 사물, 다시 말해 책상·금고·조각상·건물·배와 같은 사물로 귀결될 수 있다. 흔히 일상 언어는 조직체들의 책임자들을 공장에서 품질 책임자나 텔레비전 방송국에서 프로그램 책임자로 규정한다. 따라서 이 문제는 곧바로 책임의 영역으로 귀결되어 이 영역의 한계를 정하는 일이 된다. 그러나 그것은 다른 야심들을 가질 수 있다. 왜냐하면 우리는 또한 주어진 영역을 통해서 보다 방대하고 보다 중요한 다른 것의 대변자가 될 수 있기 때문이다. 많은 기업들이 샐러리맨들에게, 특히 외부와 접촉하는 사람들에게 이 점을 강조하고 있다. 이들은 기업을 대변하고, 그렇기 때문에 기업의 이미지에 책임이 있다는 것이다. 이러한 지적은 아마 공공 서비스의 경우에는 더욱 맞는 말일 것이다. 공무원의 책임은 공공 서비스의 본질 자체, 즉 고유한 정체성과 연결되어 있다. 언제나 공무——특히 이 공무가 독점일 경우——의 존재는 어떤 임무의 긍정으로부터 비롯되기 때문에, 이 임무를 수행하는 개인의 책임은 그가 일하는 조직의 공무 정체성 자체를 위태롭게 한다. 달리 말하면, 어떤 상황들에서 책임 있는 개인이 "타자 앞에서 자신의 행위나 결정 그리고 이것들의 결과에 대해 책임지기를 원할 때" 그는 단지 자기 자신을 위해서만 답변하는 것이 아니다. 그의 대답 내용은 그가 권한을 행사하는 영역에 의해 결정될 뿐 아니라, 그가 소속되고 대변하는 전체에 의해 결정된다. 왜냐하면 그는 자기 자신만을 대변하는 데 그칠 수는 없을 터이기 때문이다. **나는 무엇에 대해 책임이 있는가?**라는 실문은, 그 자제로서는 도덕적 책임의 접근을 별로 수징하지 못한다. 그러나 그것은 행위와 결정이 순전히 개인적인 차원에 머물 수 없다는 점을 강조함으로써 이 행위와 결정의 내용을 분명히 한다. 또한 그렇기 때문에 우리의 개인적인 삶에서 우리는 책임의 여러 경험들을 체험할 수 있고, 이 경험들이 항상 동일한 존재 양태들만을 나타낼 수 없다. 어떤 것들은 개별적이고 개인적이고, 또 어떤 것들은 집단적이다. 우리가 개입할 때, 우리는 우리 자신만을 끌어들이는 것이 아니라, 우리가 소속되어 있거나 우리가 몸담고 일하거나 싸우는 집단 전체를 끌어들이는 일이 일어난다.

나는 누구에 대해서 책임이 있는가?라는 질문은 법률적이 아니라 도덕적인 면에서 접근될 때 훨씬 더 미묘하고 한층 더 무거워진다. 그것은 타자에 대한 권한 관계를 표현한다. 전통적으로 그것은 군사 조직들, 특히 선박에서 제기되었다. 선장은 배뿐만 아니라 선원들에 대해서도 책임이 있다. 영역과 권한은 투명하고 분명하다. 타자는 피보호자일 수도, 국가일 수도 있다. 하지만 상관없다. 왜냐하면 선원들과의 관계는 동일하기 때문이다. 이 관계는 승객들에게 확대될 수 있다. 선장이 승객들에 대해 책임을 지고 있다는 점에서 말이다. 이런 경우는 한 개인이 자신의 책임 '아래' 다른 개인들을 채용하는 모든 상황에 확대될 수 있다. 누구에 대해 책임이 있는가?라는 말은 교사가 한 학급을 책임지고, 여러 시간 '책임 있는' 봉사를 해야 하고, 야외 수업시 '자신의 책임 아래' 학생들을 지도해야 하는 교육에서 흔하게 사용된다. 권한, 그리고 최상의 경우 권위는 필요한 조건들로서 언제나 현존한다. 그것들은 나의 책임 '아래' 있는——따라서 내가 책임을 지는——사람들에 '대해' 행사된다. 보다 단순하게 말해서, 어린아이들에 대한 부모들의 경우가 이에 해당되는 것은 당연하다. 왜냐하면 책임의 즉각적인 직관——앞서 나는 자연적인 책임의 개념과 함께 이것을 환기시켰다——은 다음과 같은 표현 자체로 표명되기 때문이다. 즉 나는 갓태어난 이 아이에 대해 책임이 있으며, 그것도 오랫동안 책임이 있다.

이러한 관념은 새로운 어려움을 나타나게 한다. 사실 내가 어떤 사람에 대해, 그리고 동시에 그 사람 앞에서 책임이 있는 경우가 아주 흔하게 일어난다. 타자는 내가 책임이 있는 바로 그 사람인 경우가 자주 있다. 이 타자는 최초의 타자로서 나는 그 앞에 책임이 있다. 다음과 같은 표현은 타자를 보호적 입장에 갖다 놓는 것처럼 보일 수 있다. 타자가 나의 책임 '아래' 있는데, 어떻게 내가 타자에 **대해** 권한을 가질 수 있고, 타자 **앞에서** 책임을 질 수 있는가?

　바로 이것이 도덕적 책임의 가장 강력하고 가장 중요한 역설들 가운데 하나이다. 이 역설은 타자의 다양성에 근거한다. 그것은 책임의 도덕적 개념과 권한 관계 사이의 연관이라는 문제를 다시 제기한다. 선박의 예를 다시 보자. 선원들에 대해 책임이 있는 선장은 또한 자신 앞에서도 책임이 있다. 그러나 자연인들로 구성된 선원들이 유일한 이타성을 구성하지는 않는다. 선장 자신에게 명령을 내리는 자들이 있으며, 선장은 이들 앞에서 자신의 행로·성과·신박 자체에 대해서 책임이 있다. 사실 그는 상품들을 인도해야 하고, 승객들을 운송해야 하고, 혹은 군사적 성격의 개입을 떠안아야 한다. 선박과 마찬가지로 해양업체에도 우두머리가 있다. 이 대표는 선장에게 하나의 임무를 주었으며, 이 임무의 책임을 부여했다. 그는 사람들이 종종 '임무의 명령'이라 부르는 것을 갖고 있다. 불복종은 책임이 아니다. 왜냐하면 우리가 본 바와 같이 책임은 불복종으로 이끌 수도 있기 때문이다. 이러한 측면은 드골 장군이나 비시 정부하의 공무원의 경우와 같은 정당한 반란과 관련해서도 맞는 말이다. 따라서 우두머리는 책임자가 자신의 행위에 대해 책임을 지는 유일한 내상이 결코 될 수 없다.

　책임의 도덕적 개념이 언제나 함축하는 것은 임무의 명령들을 위반하게 할 수 있는 자유의 여지와 이타성의 모습들이다. 책임자는 결코 '시체처럼 한결같이' 복종할 수는 없다. '시체처럼 한결같이'라는 말은 예수회의 회원들에게 강요되었다. 이들은 복종을 겸손의 미덕으로 매우 확고하게 만들었기에 테야르 드 샤르댕(20

세기 프랑스 철학자이자 신학자)은 장 기통(20세기 프랑스 철학자)
앞에서 다음과 같은 놀라운 고백에 빠지게 되었다. 즉 복종은 우
두머리가 어리석은 자일 때 진정한 하나의 미덕이다라는 것이다.
왜냐하면 지적이고 분별 있는…… 우두머리에게 복종하는 것은 별
로 어려운 일이 아니기 때문이다. 책임 있는 인간은 그런 식으로 추
론하지 않는다. 그리하여 책임에 관한 글을 쓴 최초 인물들 가운
데 한 사람인 《인간 현상》의 작가 테야르 드 샤르댕은 자신의 규
율 부족을 통해, 복종에 대한 자신의 추상 같은 맹세의 한계를 보
여 주었다.

그러나 선장의 위치는 우리 모두가 알고 있는 구체적 상황들을
단순화시킨다. 왜냐하면 이 상황에서 책임의 요소들은 분명하게
확인될 수 있기 때문이다. 하나의 기업에서 기획 그룹들을 가동시
킬 때에도 유사한 범주에서 이루어진다. 즉 위계 질서를 흔든다 할
지라도, 지휘부는 기획팀장에게 팀과 함께 일정한 기간 동안에 어
떤 목표들을 달성해야 하는 책임을 부여한다. 하나의 은행에서
'유러' 또는 '2천년' 기획팀장은 선박에 있는 선장과 같다. 그는
자신의 팀에 대해, 팀 앞에서, 이러한 임무를 부여한 사람 앞에서,
그리고 그가 실패하면 조직 전체에 해가 된다는 점에서 기업 전체
앞에서 책임이 있는 것이다.

책임의 도덕적 개념이 강렬하게 체험되는 때는, 개인이 자신의
행위나 결정에 대해 책임지기로 약속한 대상들——이타성의 모습
들——사이에 모순들이 나타날 때이다. 이때는 의무들이 갈등을
일으키는 순간이다. 또한 그것은 때로는 타협의 순간이다. 따라서
내가 우선적으로 책임져야 하는 대상으로서의 결정적이고 확고한
타자가 누구인지를 알아야 한다. 때로는 타협이 없는 순간도 있다.
그때는 의무가 이타성의 모습 하나를 무시하도록 강요한다고 생
각하고, 이를 무시하면서 단호하게 결정을 내리는 순간이다. 우리

로 하여금 거울을 쳐다보도록 밀어붙이는 **반사** 운동 속에서 책임
이 최대한의 위험처럼 느껴지고, 타자는 거의 우리 자신이 되어 버
리는 어려운 순간도 있다. 일반적으로 말해서, 타자는 결정의 이
순간에 우리가 책임져야 하는 자가 되고, 이타성의 모든 다른 모
습들보다 우선하는 자가 된다. 그것은 불복종의 순간이고, 결정적
인 순간이며, 과거와 미래를 갈라 놓는 순간이다. 그것은 키에르케
고르가 매우 적절하게 썼듯이, 시간의 원자적인 찰나가 아니라 영
원의 원자이다.

우리 이외의 타자들에 대해 책임을 지는 그런 경험은 우리가 주
기적으로 겪는 일이기에 해군 제독이 될 필요는 없다. 우리는 어딘
가로 이동하기 위해 자동차에 사람들을 태우고 갈 때, 내가 내 아
이들의 친구를 데리고 바캉스를 갈 때, 내가 한 학급을 맡을 때 그
런 경험을 한다. 이런 예들은 책임의 다양한 측면들을 보여 준다.

첫번째 경우, 나는 내 자동차의 주인이다. 나는 이 자동차의 모
든 도구들을 제어한다. 한 엉터리 운전자가 비탈 위에서 추월하다
가 나와 부딪치는 것은 나에게 달려 있지 않지만, 내 차의 속력,
음주 상태, 자동차 상태, 그리고 전반적으로 나의 신중함은 나에
게 속해 있다. 또한 각자가 안전 벨트를 매도록 하거나, 어린아이
들을 보호하기 위해 뒷문을 안에서 잠그도록 하는 것을 강제하는
일은 나에게 달려 있다. 물론 안전하게 인도했다고 해서 내가 축
하를 받는 것은 아니다. 그러나 이런 행동은 이미 앞서 언급된 모
든 요소들과 함께 책임을 실전하는 일이다.

두번째의 경우, 내가 청소년 한 명을 데리고 바캉스를 떠난다면,
그의 부모가 나에게 그를 맡긴다면, 어떤 것이 그에게 허용되고
어떤 것이 허용되지 않는지 합의하는 일은 나에게 달려 있다. 나
는 사고가 날 경우 그의 부모가 불안해할까 두려워 순전히 법률적
책임의 입장에서만 추론할 수도 없고, 그에게 자전거를 탄다거나

외출하는 것을 금지할 수도 없다. 반면에 그의 바깥 출입·쇼핑·흡연·음주 등에 대해서 주의를 기울이는 것은 나의 책임이다. 왜냐하면 그는 나의 책임 아래 있기 때문이다. 이러한 도덕적 책임은 전적으로 실질적이며, 나는 아이와 그의 부모 앞에서, 내가 이 아이와 함께 보내게 될 그 모든 시간에 대해 책임지기를 원한다. 그가 자신의 자율을 잘못 사용했기 때문에 사고가 났다면——예를 들어 도로에서 자전거를 지그재그로 타고 가는 놀이를 하다가——나는 아마 법률적으로 책임이 있을지 모르지만 도덕적으로는 책임이 없다. 이 아이에 대해 책임을 진다는 일이 그에게 모든 자유를 박탈하는 것을 의미하지는 않는다. 자유를 빼앗는 것은 자유를 주는 것과 마찬가지로 언제나 위험하다.

세번째 경우, 책임은 보다 복잡하지만 분명히 현실적이다. 그것도 여러 이유로 말이다. 우선 교사는 하나의 학급 앞에서 결코 혼자가 아니다. 다음으로 이 학급에서는 다른 책임들, 특히 가정의 책임 아래 있는 학생들이 공부를 하고 있다. 또한 이 경우의 책임 속에는 이타성의 다양한 모습들이 공존하고 있기 때문이다. 이러한 상황에 추가되는 어려움이 있는데, 그것은 교사가 자신의 일을 평가하기가 어렵고, 자기 임무의 범주에서 책임을 측정하기가 힘들다는 점이다. 뿐만 아니라, 공식적 평가 기관들이 그의 책임을 판단할 수 있는 능력을 가지고 있다는 것은 분명하지가 않다. 일반적으로 그것들은 그의 실질적인 책임보다는 그들이 참관하는 강의 때 나타나는 그의 성과에 더 관심을 기울인다. 이 점이 아마 이 직업의 위대함을 만드는 것이리라. 자신의 직업에서 책임을 도덕적 원리로 삼는 교육자는 이 원리와 긴밀하게 연결된 여러 실천들을 수행하도록 유도된다. 우선 그는 그가 모르고 있는 바를 알려고 시도하고, 책임지고 있는 학생들이 있는 모든 사람들을 서로 만나게 하려고 애쓴다. 이러한 점은 교육팀들의 토대인데도, 교직이라는 직업은 이 팀들에 시간을 너무도 적게 할애하고 있다. 또한 그것은 부모들을 만나게 유도하고, 학교와 가정 사이의 책임 분담이 어떻게 이루어지는지를 이해하도록 이끄는 이유이다. 마지막으로 그것은 학생들 자신이 수강하는 강의들에 대해 갖는 견해·생각 그리고 인식을 알아보겠다는 관심을 나타낸다. 오늘날 교육에 존재하고 있는 모든 두려움, 모든 거리, 모든 후퇴는 책임의 도덕적 개념과 어긋난다. 이 개념은 하나의 임무 수행에 대응하는 매우 다양한 실천들을 통합하는 기능을 한다. 그렇지만 대단한 과단성이 필요하다. 왜냐하면 인정(認定)은 약하고 순간적이기 때문이다. 학생들과 감독관들은 그런 개념에 속하는 일들을 범사로 흘려보내게 할 뿐이다. 따라서 우리가 옛제자들을 만날 때, 그들이 우리로부터 얻었다고 생각하는 모든 것을 자각하고 이야기하고 감사하는 것을 보면 강렬한 만족감을 얻는데, 이는 우연이 아니다.

따라서 교육자라는 직업에서 책임은 서로 다른 여러 얼굴들과 대면하게 된다. 우선 우리가 책임지고 있는 자들, 즉 학생들이 있는데 어느 날인가 이들의 의견과 판단을 더 이상 무시할 수 없게 된다. 다음으로 아이들을 우리에게 맡기는 가정들이 있다. 또 일반적으로 국가가 있다. 왜냐하면 우리는 미래의 시민들을 양성하고 있고, 이런 점이 공무가 존재하는 이유이기 때문이다. 마지막 지적은 **우리는 무엇에 대해 책임이 있는가?**라는 질문과 만난다. 공무를 수행하는 교육자로서 우리는 또한 이 공무의 정체성 자체를 책임지고 있고, 우리에게 양성과 교육의 사명을 부여하는 공화국에 이 공무를 통합시키는 책임을 지고 있다. 교육은 홀로 수행하는 고독한 과제가 아니다. 이러한 확인은 동료들이나 가정들이 있다는 데 단지 기인하는 것은 아니다. 또한 그것은 우리만이 규정할 수 있는 것이 아닌, 그 자체가 집단적인 임무이다. 바로 이러한 의미에서 프로그램·도서관·학교·행정 등이 존재한다. 이것들은 자유와 책임이 아무리 크다 할지라도 여전히 한정되어 있는 하나의 직업을 둘러싸고 있다.

물론 책임의 도덕적 개념은 국민 교육을 담당하는 교육자에게만 관련되는 것은 아니다. 그래서 내가 확신하고 있는 바이지만, 국민 교육은 교육자들뿐만 아니라 중앙 행정 기관들, 대학의 총장들, 중고 학교장들에게도 활기를 불어넣게 되어 있는 이 원리로부터 출발할 때만 효율적이고 실질적으로 개혁될 것이다. 책임의 도덕적 개념이 더욱더 토론의 중심에 놓인다면, 부문별한 요구들의 다양성과 조직들 사이에 존재하는 분열들은 완화될 수 있거나 개선될 수 있을 터이다. 개혁을 하고자 하는 부처와 제안된 변화에 저항하는 조직들, 혹은 직원들 사이에 나타나는 지나친 긴장이 생기는 일차적 원인은, 이미 취해졌거나 구상된 결정들이 공립 학교 사명의 틀 속이나 각 교육자에 고유한 책임의 틀 속에 충분히 통합되고 있지 않다는 점이다. 이 점은 의사 소통의 문제가 아니라, 방향과 전망의 문제이다.

동등한 사람

내가 책임의 도덕적 개념에 대한 나의 주장을 설명하기 위해 채택한 예들에서, 나는 책임자들이 타자들에 대해 행사되는 권한을 지닌 경우들을 우선시했다. 물론 그들은 이 권한을 가지고 있다는 이유 자체로 타자들 앞에 책임이 있다. 내가 《책임자들의 시대》를 집필했을 때, 미셸 세르는 나로 하여금 타자에 대한 나의 고찰을 분명히 하도록 만든 이런 반박을 했다. 나와 동등한 사람이고, 내가 행사할 어떠한 권한도 없는 타자에 대한 책임에 관해서는 무엇을 이야기할 수 있는가?

그래서 우리가 권한이 있는 경우들에 근거하여 볼 수 있었던 사실은 문제의 이타성이 드러내는 모습의 다양성에는 때로는 우월하고, 때로는 열등하고, 또 때로는 동등한——이 표현들은 사회적·경제적 혹은 정치적 힘의 의미로서만 사용되었다——매우 다른 신분들이 뒤섞여 있다는 점이다.

그러므로 책임의 도덕적 개념에서 권한의 위상을 분명히 하는 것이 필요하다. 이 권한은 '……에 대한 권한'이기에 앞서 '……의 권한'이다. 그러나 우리 사회에서는 흔히 한쪽이 다른 한쪽을 표현하거나 다른 한쪽에 의해 표현된다. '……의 권한'은 어떤 영역에 '관한' 권한이고, 이 영역에서는 대개 다른 사람들이 소란을 피우고 있다. 그러나 동시에 책임의 도덕적 개념은 평등 원리를 현대적으로 표현한 것이다. 동등한 자는 우리가 그에 대해 어떠한 권한도 가지고 있지 않다 할지라도 대답을 기다린다. 책임의 도덕적 개념은 나와 동등한 자인 타자의 정당한 요구를 함축한다. 내가 이러한 요구를 미리 알고 있으므로 분명 책임은 그의 앞에서 대답하기를 원하는 데 있다. 나의 아내, 나의 남자 친구들, 나의 여자 친구들, 나의 형제들, 나의 누이들 앞에서 나는 책임이 있을 수 있다. 내가 그들과 어떠한 권한 관계도 가지고 있지 않더라도 말이다. 모든 것은 상황들과 활동들에 달려 있다. 이것들 가운데 어떤 것들은 그들과 관련이 있고, 어떤 것들은 관련이 없다.

성생활의 예

이 문제는 특히 성적인 관계에서 제기된다. 도덕은 섹스에 의해 혼미해져 가치가 떨어졌다는 점을 내가 강조할 때, 이것은 성생활이 모든 도덕적 개념을 벗어났음을 의미하지는 않는다. 우리가 성희롱이나 권한 남용의 경우들을 제외한다면, 성적인 관계는 동등한 사람들 사이에 일어나는 관계의 전형 자체이다. 그것을 모든 책임으로부터 따로 떼어 놓고 생각한다는 일은 몰상식하다고 할 수 있다. 나는 《야수의 밤들》과 같은 영화에 대해 약간 화가 났었음을 고백한다. 이 영화는 소설보다 훨씬 더 성적인 관계에서는 책임이 없음을 찬양하고 있는 것처럼 보이는데, 일부 의미심장한 순간적 장면들에서 파시즘과 나치즘의 참을 수 없는 쉰냄새들이 나타나고 있다. 성생활이 **인간이 없는 나라**에 위치하는 것은 아니다. 그것은 어떤 다른 인간 활동과 마찬가지로 문제를 제기할 수 있다. 그것은 다른 활동보다 더 문제를 제기할 수도 있다. 왜냐하면 그것은 대부분의 경우 타자와 관계되어 있기 때문이다. 즐거움·쾌락·고통·아픔·죽음을 야기하는 일이 그것과 무관하지 않다. 우리 시대에는 성관계, 쾌락, 그리고 욕망에 전적인 의미를 확실하게 부여할 필요가 있다. 실질적으로 문제가 되는 것은 **관계**이다. 최근에 내가 대학생들과의 한 토론에 참여했을 때, 나는 일부 학생들이 자신들은 길을 잃고 방황하는 저주받은 세대, 실업으로 고통받고 있고 모든 자유로운 성관계를 위태롭게 하는 에이즈로 고통받는 세대라고 푸념하는 것을 귀담아들었다. 나는 다음과 같은 점을 지적하면서 강하게 반응했다. 즉 인류의 역사가 시작된 이래 성관계는 피임약과 에이즈 사이에 아주 작은 자유의 창만을 경험했을 뿐이라는 사실이다. 우리는 언제나 성관계에 의무들을 연관시켜야 했었다. 물론 이 의무들은 사실 대부분 자연적인 구속들(임신), 또는 병리적인 구속들(에이즈)이다. 그러나 그것들은 성관계와 언제나 연관되어졌다. 성적 자유는 책임감과 떨어져서는 의미가 없다. 성생활은 각자의 인격·존재·변화의 근본적 요소이다. 그런데 이와 같은 작은 자유의 창에서 **관계**는 과소 평가되었고, 성생활은 마치 모든 관계가 단순한 자위와 동일한 **관계**인 양 격상되었다. 사실은 전혀 반대이거나 전혀 다른 것이다. 최초의 교접은 최초로 피우는 담배가 아니다.

우리는 정서적인 삶에서 성생활에 큰 중요성을 인정하면서도, 성생활이 아무런 의미도 함축하지 않는 것처럼 행동할 수는 없다. 성관계가 완전히 평범하게 되는 경우는 드물다. 그것은 아마 다양한 담론들에도 불구하고 그렇게 될 수는 없을 터이다. 단지 전염적 결과나 임신의 위험에 대해서는 말할 것도 없고, 책임은 개인에게 미치는 파장에 있어서 문제가 된다. 각자가 성관계에 투자하는 정서적 인연·의미·희망·실망, 이 모든 것이 두 인간 존재 사이의 그 어떤 관계에서보다 더 많이 작용한다.

자연 앞에서, 혹은 자연에 대해 책임이 있는가?

타자는 자연이 될 수 있을까? 이것은 미셸 세르가 그의 저서 《자연계약론》에서 제기하는 근본적 질문이다. 그의 주장은 많은 사람들에게 충격을 주었다. 심지어 정신이 빈약한 자들은 그 속에서 페탱파의 냄새를 맡았다. 그러나 미셸 세르가 결투자들이 '진흙탕 속에 무릎을 꿇을 때까지' 대결하는 고야의 한 그림을 설명하면서, 책의 서두에서 우리에게 제시하는 이야기는 매우 계몽적이다. "저마다 사기 일에 선넘한나. 이것이 바로 호전적인 주제이다. 두번째로 투쟁적 관계가 있다. 이 관계는 매우 뜨겁기 때문에 꽃밭을 불타오르게 하고, 꽃은 매혹되어 울부짖고 금화처럼 번쩍이는 모습을 띤다.

그런데 지금 우리는 유사(流砂)·물·진흙·늪의 갈대와 같은 사물들 자체의 세계들을 망각하고 있는 것은 아닌가? 활동적인 적들이며 불건전한 성도착자(남의 성교를 엿보는)들인 우리는 어떤 유사 속에서 함께 쩔쩔매고 있는가? 그리고 이 글을 쓰는 나는 여명의 고독한 평화 속에 있는 것인가?"

전쟁이 되었든, 사회 계약이 되었든, 혹은 인권 선언이 되었든 추론은 여전히 동일하다. "우리는 세계를 모르고 있고, 세계를 묵과하고 있다. 우리는 세계를 더 이상 알지 못한다. 왜냐하면 우리는 세계를 정복했기 때문이다. 누가 희생자들을 존경하는가? (…) 한 번 더 우리는 권리가 없는 존재들의 권리를 기술하면서 패배자들에 대해 결정을 내려야 한다."

시와 철학 사이에 위치한 매우 강력한 이 글은 새로운 이타성에 관한 고찰을 야기하는데, 이 이타성은 그동안 무시되고 모욕받은 것이다. 기생적 존재들인 우리는 공생적 존재가 되어야 한다. ──"기생자는 모든 것을 차지하면서 아무것도 주지 않는다. 주인은 모든 것을 주면서도 아무것도 차지하지 않는다. 지배와 소유의 권리는 기생 상태로 떨어지고 있다. 반대로 공생의 권리는 상호성에 의해 규정된다. 자연이 인간에게 주는 만큼 인간은 자연에게 돌려 주어야 한다. 자연은 권리의 주체가 되었다." 자연이 권리의 주체가 되고 있다는 이 발상은 가장 활발한 비판의 대상이 되어 왔다. 그것은 책임의 도덕적 개념의 범주에서 자연을 이타성의 한 모습으로 만들게 해준다. 우리는 서명할 능력도 없고 자유롭게 서명할 수도 없는 어떤 것과 계약을 맺을 수 있다고 생각하기가 어렵다. 위의 아름다운 발상은 아마 철학적이라기보다는 더 시적이라 할 것이다. 그렇다고 이 점이 이러한 발상을 덜 필요하고 덜 중요하게 만들지는 않는다. 책임의 도덕적 개념에 대한 우리의 분석 범주에서, 우리는 이 발상을 발상으로서 채택해야 한다. 한스 요나스가 이미 그랬듯이 말이다. 결국 사회 계약은 결코 어느 누구에 의해서도 체결된 적이 없었다. 그러나 칸트는 "마치 체결된 것처럼 행동해야” 한다고 말했다. 마찬가지로 자연 계약은 어느 누구에 의해서도 체결되지 않을 테지만 “마치 체결된 것처럼 행동해야” 한다. 인류 전체는 우리가 자연에 기생하고 있다는 사실과 관련되어 있다. 모두가 자연의 어떤 요소와 관계되어 있는 이타성의 모습들을 통해서, 자연에 대해 결코 통합되지 않은 분산된 표상들을 갖는 것보다는 마치 자연이 그 자체로서 이타성의 한 모습인 것처럼——여기에 포함된, 특히 미래의 세대들에서——다시 말해 책임의 넘을 수 없는 한 지평인 양 행동하는 편이 아마 더 나으리라. 우리가 다양한 활동으로 자연을 변모시키고 그것에 영향을 주는 한, 자연이 우리의 책임 아래 있고 우리의 권한 안에 있는 한 우리는 그것에 대해 책임져야 한다. 우리는 또한 자연 앞에서 책임지는 방법들에 대해서도 고찰해야 한다. 왜냐하면 단편적인 접근들의 전파는 우리를 돌이킬 수 없는 오류와 과오로 이끌 수 있기 때문이다. 아마 이 점이 우리가 환경 운동에 부여할 수 있는 가장 중요한 의미일 것이다. 이 의미는 단번에 자연이라는, 인간의 그 타자 쪽에 위치함으로써 우리로 하여금 자연을 이타성의 독특한 모습으로 삼도록 만든다.

뿐만 아니라 우리가 알고 있는 바는, 우리의 행위들이 만들어 내는 일련의 인과 관계들을 아주 멀리 내다봄으로써 우리는 자연이 이것들로부터 영향을 받을 것인지 아닌지 예견할 수 있다는 사실이다. 그것들(이타성의 모습들)이 자연의 어떤 부분과 맺는 특수한 관계에 따라 우리가 책임을 지고 대면하고자 하는 이타성의 모습들에 대해서도 마찬가지 이야기를 할 수 있다. 자연이 언제나 고려해야 하는 이타성의 한 모습이라는 점을 원칙으로 삼는 것은, 유포된 서로 다른 명령들에 따라서 매번 실행된 우리 행동들의 결과에 대한 값비싸고 요원한 탐구를 어떤 식으로든 절약하는 일이다. 미셸 세르의 발상은 지나치게 분산된 사항들을 결정적인 요약

속에 통합하게 해준다.

그러나 동시에 자연은 아타성의 지배적 모습일 수는 없을 것이다. 내가 이미 설명을 시도했던 바와 같이 종종 책임의 도덕적 개념은 의무의 갈등이라는 범주 내에서 선택을 한다. "자신의 책임을 짊어진다"는 그 행위는 타자들과의 모든 관계보다 우선하는 자연 계약을 체결하는 일을 금한다. 이것은 매번 판단 및 사색의 문제이다.

책임과 거짓

일반적으로 책임의 도덕적 개념은 거짓과는 거의 화합하지 못한다. 과연 자신의 행위들이나 결정들에 대해 타자 앞에서 책임지기를 원한다는 사실은 명백한 진실의 요소를 만들어 낸다. 우리가 책임지기를 원한다면 우리는 숨지 않고, 둘러말하지 않고, 숨기지 않는다. 그러나 칸트의 추론과는 반대로 거짓이 절대적인 이유들 때문에 단죄되지는 않는다. 우리가 콩스탕과 칸트 사이의 논쟁을 야기한 예를 들자면, 우리의 판결은 칸트 편이 아니다. 내가 경찰에 쫓기고 있는 사람을 숨겨 주고, 그의 요구에 따라서 그렇게 하기로 받아들인다면, 나는 그가 우리 집에 있는지에 대한 경찰들의 질문에 긍정적으로 대답하지 않을 터이다. 나는 부끄러워하지 않고 거짓말을 할 것이다. 왜냐하면 그는 나의 책임 아래 있고, 내가 그를 숨겨 주기로 한 약속에 대해 그 앞에서 책임이 있기 때문이다. 삶은 그렇게 이루어지는 경우가 대부분이다. 한쪽에게 거짓말을 하지 않기 위해서 때로는 다른 한쪽에게 거짓말을 해야 한다. 딱 잘라 결정을 내릴 수 있는 것은 책임 원리이다. 정치인은 이 점을 잘 알고 있다. 그가 화폐를 평가 절하해야 한다면, 그는 과정에 가속도가 붙는 것을 피하기 위해 이 점을 절대적으로 숨겨야 한다. 그가 그 반대의 행동을 했다면 책임이 없을 테지만 말이다.

그렇기 때문에 책임 원리가 반드시 유지하는 진실과의 관계는 일방적이 아니다. 그것은 이타성의 모습들——나는 이 모습들 앞에서 책임을 지고 싶은 것이다——의 테두리 내에서만, 아니면 내가 '나의 책임을 짊어질' 때 이 모습들 사이에 내려야 하는 결정적 선택들의 테두리 안에서만 강제된다.

책임들의 겹침

많은 조직체들에서 이를테면 책임이 겹치는 현상이 나타나고 있다. 형식적인 위임 때문이건, 멀리 떨어져 있기 때문이건, 혹은 분권화의 의지 때문이건, 최고위 책임자에게 알리지도 않은 채 결정들이 내려지고 있다. 사법은 책임의 몫들을 결정하는 데 커다란 역할을 한다. 기업들에서 노동 사고·부패 또는 오염과 같은 문제들이 주기적으로 제기된다. 이것들은 사법적 절차를 거칠 수 있는 부정적 예들에 불과하다. SNCF〔프랑스 국유철도공사〕는 철도 종사원의 과오에 대해 이른바 책임이 있을 수 있는가? 기업이 책임을 져야 하는가, 기업의 사장이 책임을 져야 하는가? 운송 회사의 사장은 자기 회사 운전사들의 과속에 대해 책임이 있는가? 대그룹의 회장은 지사가 저지른 잘못에 대해 책임이 있을 수 있는가? 동일한 질문들이 행정 기관들과 협회들에서도 제기된다. 그것들은 법률적이고 도덕적인 관점에서 동일한 방식으로 제기되지 않는다. 법에서는 판례가 대부분의 경우 결정을 내렸다. 일부 분명한 유형 사례들에서는 책임을 이를테면 기계적으로 전가하는 경우까지 있다. 도덕적인 입장에서는 처리가 필연적으로 다르다. 두 개의 다른 전망이 교차하고 대립한다. 한쪽에서는 최고위 책임자에게 책임을 지우는 현상이 조직 내의 다른 모든 사람들은 책임이 없고, 나아가 무책임한 것으로 생각케 하는 경향을 나타낸다. 이러한 확인은 불명예스럽거나, 조직의 현실에 부합한다. 다른 한쪽에서는 최고위 책임자가 목표들을 한정할 수 있는데, 이 목표들은 휘하의 다른 사람들이 그것들을 달성하기 위해 실수나 과오를 저지르지 않을 수 없게 만든다. 예를 들어 상사 직원들이 적극적인 부패 행위를 실행하거나, 운전사들이 안전 규칙을 위반하지 않을 수 없게 되는 경우가 그러하다. 위임의 법률적 제도들이 이러한 요소들을 항상 설명하는 것은 아니며, 법률적 평가는 도덕적 평가와 매우 다를 수 있다.

책임의 개념과 큰 미덕들

책임은 우리 시대의 떠오르는 도덕적 원리이다. 이러한 단언은 시간·역사·전통을 통해 확고하게 인정된 다른 미덕들이 낡아빠져 실효성이 없어진다는 사실을 의미하지는 않는다. 의무·선·악의 역사에서 절대적이거나 급진적인 단절은 존재하지 않는다. 도덕 의식은 혁명적인 변화들에 잘 따르지 않는다. 앙드레 콩트 스퐁빌이 그의 작은 개론서에서 인내심을 갖고 분석한 미덕들의 리스트를 다시 보자. 그는 '아직 도덕은 아닌' 예의에 관한 훌륭한 텍스트로 시작해서, '이미 더 이상 도덕이 아닌' 사랑으로 끝을 맺고 있다. 18개의 미덕을 다루고 있지만 보다 숫자가 많다면 좋았을 것이다. 자크 뒤케슨은 철학적이기보다는 문학적인 그의 에세이에서 36개의 미덕을 열거하고 있는데, 스퐁빌보다 27개가 많다. 왜냐하면 스퐁빌이 분석한 9개의 미덕은 그의 텍스트에 없기 때문이다. 문제는 미덕들의 열거에 있는 것이 아니라 도덕적 문제에 대한 이론적 접근에 있다. 스퐁빌의 개별적 텍스트는 매력적이다. 문체가 그것의 성공을 정당화시키는 데 기여하고 있는데, 단지 몇몇 질투자들만이 이 성공을 경멸할 만하다고 생각한다. 철학자가 아닌 많은 사람들이 이 작은 개론서를 읽으면서 철학에 흥미를 느꼈다거나 다시 느끼게 되었다는 사실 자체가 좋은 소식이다. 이러한 즐거움은 효율성을 보장한다. 그것은 루크레티우스가 자신의 철학을 말하기 위해 시를 쓰면서, 쓰디쓴 음료가 담긴 컵의 가장자리에 발라 놓고자 했던 꿀과 같은 것이다. 콩트 스퐁빌은 가장 교육적인 본질적 한 가지 점에서 옳다. 즉 그가 분석하는 미덕들이 하나의 전통에 속한다는 점이다. 그것들은 즉시 미덕들로서 이해된다. 철학자로서의 그의 역할은 그것들을 잘 표현하고 있는 것이고, 그것들의 본질 자체를 재현하는 일이다. 나는 언제나 그의 역할에 찬성한다.

　나는 이 책을 정당화시키는 단 하나의 비판만을 가지고 있다. 그는 미덕들이 모두 역사적이라고 쓰고 있다. 신생아는 그것들을 모른다. 문명은 그것들을 발견하고 수정한다. 따라서 말은 시간이 흘러도 여전히 남을 테지만, 내용들은 변한다. 이 점은 분명히 옳다. 왜냐하면 그의 책에서 내가 부인할 수 있을 미덕은 단 한 개도 없고, 내가 비판하지 않을 수 있는 단 하나의 반대되는 악덕도 없기 때문이다. 게다가 나는 이 미덕들을 나의 아이들에게 가르치려 애쓰고 있나. 또 말들은 이미 냉확히 구분되지는 않더라도 투명하게 존재하고 있다. 이 말들, 이 미덕들은 단번에 일종의 도덕적 세계화 운동을 창출한다. 그렇지 않다면 누가 자기 아이들에게 무례하다는 것을, 너그럽지 못하다는 것을, 배은망덕하다는 것을 환기시킬 것인가? 따라서 그것들은 통용되고 있고, 기능을 수행하고 있다. 그것들은 바로 우리가 지표라고 부르는 바이고, 오늘날 각자가 성취를 빌어 마지않는 것처럼 보이는 바로 그것이다. "인류가 인류 자신과 우리를 가지고 이룩한 것을 받을 만한 자격을 갖추기 위해서" 말이다.

그러나 내가 보기에 이러한 명백한 미덕들은 오늘날 보다 강하고, 보다 보편적이고, 보다 새로운 원리 속에 포섭되어야 한다──오늘날이 문제이기 때문이다. 책임 원리는 모든 미덕들을 단 하나의 미덕으로 귀결시키는 것이 아니다. 게다가 나는 책임 원리를 결코 '미덕'이라고 명명한 적이 없다. 아마 사람들은 책임 원리가 지닌 내용이 보다 덜 투명하고, 접근하기가 덜 쉬우며, 지나치게 보편적이고, 도덕과 법 사이에 (이러지도 저러지도 못할 정도로) 지나치게 끼어들어 있다고 말할 터이다. 그러나 이러한 조건들은 절대적 세계로 가면 결코 좋은 것이 아닌 모든 미덕에 유효한 것이다. 왜냐하면 충실은 어리석을 수 있고, 순수함은 다른 것들을 절멸시킬 수 있고, 겸손은 비겁한 것일 수 있기 때문이다. 뿐만 아니라 콩트 스퐁빌은 그의 분석 하나하나에서 역설도 모순도 회피하지 않는다. 이 모든 미덕들은 또한 일종의 지배적 말들을 형성하고 있기──이 미덕들이 그것들의 진술 자체에서 긍정적으로 나타난다는 의미에서 말이다──때문에, 이 지배적인 말들을 특징짓는 혼동들의 희생물이다.

그렇다면 책임의 도덕적 개념을 이러한 미덕들과 관련해 어떻게 위치시킬 것인가? 책임 원리는 도덕적 담론에서 이 미덕들을 넘어서 실질적으로 무엇을 가져다 주는가? 왜 그것을 콩트 스퐁빌은 빠뜨렸고, 뒤케슨은 언급했는가?

책임은 많은 미덕들 가운데 하나로 분석될 수 없다. 그것은 고전적 전통에 속하는 것이 아니다. 그것은 철학적 역사가 없다. 그것의 오래 된 성격을 보여 주기 위해 오이디푸스나 욥 또는 고대의 다른 인물들을 환기시키는 일은 잘못일 것이다. 해석이 틀렸다.

사람들은 책임과 죄의식을, 죄지은 무고함과 책임을 뒤섞고 있다. 이것들 사이의 관계는 모호한 형이상학적 원리들 속에서만 자리 잡고 있다. 사실 책임은 숙명이나 운명과 양립할 수 없다. 또 자유는 책임과 가장 가까운 관념이라는 것도 사실이다. 이것들은 다만 모험적인 어림치기들에 불과하다. 왜냐하면 책임의 원리는 새로운 것이고, 내가 앞서 보여 주려고 했던 바와 같이 새로 태어난 것이기 때문이다. 내가 종종 그것의 법률적 기원을 한탄하고, 실생활과 인식에 미치는 변질들의 파장을 한탄해 보았자 소용 없는 일이다. 이와 같은 무거운 상속성 자체가 동시에 설정적이다. 우리는 말들을 가지고 생각하지만, 또한 말들을 가지고 행동한다.

나는 콩트 스퐁빌의 견해에 찬성한다. 도덕책이란 언제나 실천적 도덕책이다. 나머지는 허영에 불과하다. "어떤 책 속에서 왕자가 자신의 의무를 제대로 배우지 못한다" 할지라도, 그리고 "살아 있는 생생한 예들이 또 다른 힘을 발휘하고 있다" 할지라도, 도덕책은 실천적이어야 한다. 책임의 도덕적 개념은 실천적 개념이다. 그것은 모든 활동에 들어간다. 그것은 모든 결정과 모든 행동의 원리를 제공한다. 큰 미덕들도 역시 그렇다고 사람들은 말할 것이다. 그것들은 많은 경우에 있어서 진정한 축약을 구성한다. 내가 예의가 무엇인지, 그것의 가치, 그리고 그것의 한계를 이해한다면, 나는 일상 생활에서 길을 건널 때, 지하철을 탈 때, 아는 사람을 만날 때 행동을 잘할 수 있다. 나는 나 사신에게 문제들을 별로 제기하지 않는나. 왜냐하면 나는 에의라는 미덕을 니의 행동에 통합시켰기 때문이다. 이 미덕은 내가 지나친 문제 제기를 하지 않고 행동하도록 도와 준다. 그것은 나에게 의무들을 지시한다. 겸손과 충실도 많은 상황에서 같은 일을 한다. 나는 준거들을 되찾음으로써 편안해짐을 느낀다. 이 준거들은 나로부터 시작된 것도, 나의 동시대인들로부터 시작된 것도 아니다. 나는 시간에 대한 지혜를 지니고 있고, 때로는 내가 받은 좋은 교육도 내 뒤에 간직하고 있다. 이러한 덕목들은 실질적으로 살아 있는 힘이다. 그것들은 지속적으로 나를 도와 준다. 그것들은 책임의 개념에 의해 지워지지도 대체되지도 않는다.

그렇지만 우리 모두가 그것들을 분석하거나 설파하자마자 강조하듯이, 그것들의 내용은 여전히 모순적이거나 양면적이다. 우리는 어리석은 하나의 관념에, 또는 탕아로 드러나는 인물에 **충실할** 수 있다. 우리는 기만과 위선일 정도까지 **예의바를** 수 있다. 우리는 무관심 상태라 할 정도까지 **관용적**일 수 있다. 우리는 표면에 나서지 않을 정도까지 **겸손할** 수 있다. 또 인종적 청소를 할 정도까지, 혹은 무력할 정도까지 **순수할** 수 있고, 자기를 맡겨 버리거나 수동적이 될 때까지 **부드러울** 수 있다. 무위에 이를 정도까지 **신중할** 수 있고, 무의식적이거나 허풍적 상태가 될 정도까지 **용기가 있을** 수 있다. 매번 나는 내가 이해하기 어렵거나, 그 진실성을 생각해 내지 못하는 하나의 미덕에 기만적으로 준거하여 나 자신을 정당화시킬 수 있다. 많은 미덕들이 그 자체로 가치 있는 것이 아니라 그것들의 대상에 의해 가치가 있다. 예를 들어 콩트 스퐁빌이 충실에 대해 매우 적절히 말하고 있는 것처럼 말이다. "충실은 가치 있는 것으로만 향해야 하고, 그리고 이와 비례하여 가치 있는 것의 가치로만 향해야 한다."

그래서 책임의 개념은 큰 미덕들과 이것들의 그릇된 사용이나 어설픈 해석들을 판별해 주는 새로운 형태로서 나타난다. 그것은 오늘날 하나의 원리이다. 전통적인 큰 미덕들은 언제나 실천적인 행동들과 관련된다. 지나간 예시들이나 본보기들은 우리가 오늘날 우리 자신에게 제기하는 도덕적 문제들이나, 점점 더 놀라워지는 세계가 우리에게 강제하는 도덕적 문제들에 이 미덕들을 적응시키는 데는 충분치 않다. 책임의 실천적 원리는 이러한 문제들을 독특한 시험을 통해 구조화시켜 준다.

　우리 시대는 책임자들의 시대, 다시 말해 동요되고 기복이 많은 시대이다. 책임의 개념이 도덕 속에 침투하고 있다. 왜냐하면 우리는 어떻게 결정해야 하고, 어떻게 행동해야 하는지를 알아야 하기 때문이다. 미덕들은 힘을 주지만, 또한 우리는 그것들을 흔히 일정한 방향으로 잘 이끌어야 한다.

막　간

　나는 요리법을 믿지 않는다. 그러나 나는 요리가 어떤 원칙들을 요구하고 있다는 것은 확신한다. 내가 원칙들이라 하는 것은 우리가 피할 수 없고, 결국은 원하게 되기까지 하는 시험들을 말한다. 책임은 은유가 아니다. 그것은 완전한 모습으로 있다.

　제품의 질은 내가 책임지고자 하는 최초의 순간이다. 요리는 감추기 위한 것이 아니라 표현하고 과시하기 위해 만들어진다. 온갖 색조의 향미, 냄새, 특별한 맛, 향기를 말이다. 조리를 함으로써 다른 사람이 인정하도록 해야 한다. 물론 이런저런 여러 가지 조절들은 문외한을 혼란스럽게 할 수 있지만, 내용물을 감추는 소스는 그것을 죽이는 소스가 아니다. 만들어 내야 할 요리——야채·고기 혹은 생선——의 질은 그것의 가격이나 화려함과는 아무 관계가 없다. 질은 라틴어 qualis로, **상태가 어떤가**를 나타낸다. 물건의 질은 물건이 가능한 최상의 상태로 그것의 본래적 존재 모습이 되는 데 있다. 질 좋은 돼지 고기는 아키텐산 백포도주의 가치가 있다. 둘 다 그것들의 본래적 존재를 나타낸다면, 다시 말해 그것들이 마땅히 되어야 할 본래적 존재를 나타낸다면 말이다. 요리는 기적을 일으키지 않는다. 플라톤은 잘못 생각했다. 요리는 기만의 기술도, 상투적인 것의 기술도 아니다. 그것은 열광시키고 베푸는 기술이다.

　나는 소테른 지방산 백포도주를 두른 렌즈콩을 밑에 깔아 증기로 익힌 브레스산 닭을 준비했다. 그런 나, 알랭 에슈고엔은 요리와 관련된 사람들 앞에서 나의 행위와 결과에 대해 책임을 지고 싶다. 바로 이들을 위해 나는 세심히 살피는 기쁨을 느끼며 일을 했다. 그들은 바르삭과 퓌 지방의 향토 빛깔이 뒤섞여 노랗게 된 흰 고기를 맛보게 될 것이다. 내가 요리를 하는 것은 내가 책임지고 싶기 때문이다. 이것은 절대적이고 형식적이고 보편적인 원칙이다. 나는 행위——타자가 맛을 보는 행위——와 이 행위의 결과——타자의 즐거움, 소화, 위장에 가스가 차는 일 등——를 책임지는 것이다.

나는 샤토 드 파르그 포도주를 곁들여 거위간 요리와 녹색 반점이 있는 카를산 치즈를 내놓았다. 그런 나, 알랭 에슈고엔은 내가 선택한 것을 먹게 될 남녀들 앞에서 이 선택에 대해 책임을 지고 싶다. 부드러운 보산 올리브 기름은 고수(미나리과의 일년초)씨 분말을 입힌 생 피에르(달고기류 생선)를 튀기는 데 쓰인다. 이 기름과 오렌지를 압착해 만든 유제(乳劑)에 대해 나는 책임을 지고 싶다.

요리는 약간의 지식과 많은 감식적 능력을 전제한다. 책임을 지고 싶다는 것, 그것은 부분적으로 내가 행하는 것, 내가 노력하고 있는 바를 안다는 것이고, 모든 사람들을 위해 이를 표명하는 일이다. 이것은 아키텐산 백포도주이고, 저것은 랑드산 오리간입니다. 이것들은 만(灣)에서 나온 생선들로 만든 요리입니다. 이것은 로스코프산 양파입니다라고 말이다. 나는 나의 행위와 이 행위의 모든 요소들에 대해 책임을 진다. 그리고 변화들을 가져오는 나의 결정들에 대해서도 말이다.

우두머리는 나이다. 요리에서 주방장이 책임을 지듯이——책임자는 나이다. 피에르 기요마가 한 말은 이와 다르지 않다.

6

책임의 시험

진정한 도덕이 도덕을 우롱한다면, 아마 그 이유는 우리 시대 또한 도덕을 조롱하기 때문일 것이다. '교화적인 담론' '도덕의 교훈들'은 세평이 좋지 않다. 미국인들의 지나친 태도는 우리에게는 우스꽝스럽게 보인다. 그들의 비난은 가소로운 것처럼 나타난다. 그러나 어느 누구도 의무의 개념을 거부할 수 없다. 우리들 각자는 힘든 싸움을 통해 정복된 권리들이 의무들, 이 권리들을 존재케까지 해주는 그런 의무들을 함축한다는 사실을 알고 있다. 그러나 오래 된 낡은 준거들은 더 이상 통하지 않고, 권위 있는 논지들은 전진을 못하고 있다. 도덕적 담론이 도덕적 담론으로서 확인되든 인정되든 효력이 없기는 마찬가지이다. 원칙의 개념이 오늘날 매우 설득력이 있을 수 있는지는 확실치 않다. 그것은 '원칙들이 있는' 사람들에 의해 우롱당해 왔다. 따라서 사람들이 책임의 도덕과 시대에 뒤진 전통을 혼동하고, 나아가 '원칙들을 가지고 있나'는 총칭적 사실과 원칙을 혼동하는 일을 피하기 위해서 원칙의 개념을 설명해야 한다.

그렇다고 우리가 우리 자신에게 의문들을 제기하고, 깊이 생각하고, 의식의 문제들을 갖는 것을 거부하지는 않는다. 지금 도덕의 원리에 대해 이야기해야 하지만, 이 원리를 규범이나 규약과 구분해야 한다. 도덕의 원리는 우선 그 목적이 의식에 호소하는 것이고, 새로운 질문들을 하도록 의식을 일깨우는 것이다. 모든 행동이나 결정에는 추론 원리들이 존재해 작용하고 있다. 효율성의 원리, 경제의 원리, 전략의 원리 등이 말이다. 책임 원리가 우리 시대의 떠오르는 도덕적 원리라고 주장하는 일은 무엇보다도 그것을 많은 결정 요소들 가운데 하나로 제시하는 것이다. 그러나 그것은 별도의 역할을 수행한다. 왜냐하면 그것은 행동이나 결정에 도덕적 차원을 부여하기 때문이다. 그것은 유일한 원리일 수는 없다. 왜냐하면 행동이 단 하나의 원리에 의해 결정될 수는 없기 때문이다. 모든 활동은 단지 도덕적 성격을 띤 것만은 아닌 구속 요소들에 따른다. 그리하여 기업의 사장이 기업의 미래와 관련된 어떤 결정을 내려야 한다면, 그는 시장·전략·경쟁·원가 등을 걱정하지 않을 수 없다. 도덕적 차원은 이러한 고려 사항들 쪽에 위치하고 있는 것이 아니다. 그것은 행동의 차원들 가운데 하나를 구성하며, 이 차원은 결정의 요소로서 유념해야 하는 의식의 차원이다.

책임의 시험

책임의 도덕적 개념이 지닌 **형식적**이고 동시에 **보편적**인 성격은 그것을 추상적인 것으로 간주하게 할 수 있다. 이러한 비판이 들어맞는 것은 우리가 도덕적 문제 제기에 대한 제한된 비전을 가지고 있을 때이고, 구체적 제안은 언제나 구체적 해결책이라고 생각할 때이다. 그러나 책임의 경우는 그렇지 않다.

우리가 앞서 본 바와 같이, 도덕적 책임이 타자 앞에서 자신의 행동이나 결정 그리고 이것들의 결과에 대해 책임지기를 원하는 것이라면, 도덕적 원리는 결정에 앞서는 심사숙고에 특별한 형태를 부여한다. 진정한 도덕이 도덕을 우롱하는 이유는 그것이 단 하나의 유일한 해결책을 제안할 수 없기 때문이다. 진정한 도덕은 유일한 사고가 아니라 다양한 사고이다. 하나의 행동이나 결정의 도덕적 차원이 모든 행동이나 결정의 으뜸가는 차원이고, 시작이고, 결정적 인자라고 생각하는 것은 순진하다 할 터이다.

우리의 결정들은 이것들이 적용되는 분야들에 달려 있는 인과 관계의 망들 속에서 내려진다. 지방 자치단체 당선자의 결정은 가장의 결정이나 조합 책임자의 결정처럼 내려지는 것이 아니다. 불필요한 환상들을 품어서는 안 된다. 각자는 단기와 동시에 장기에 관련된 요소들을 고려해야 한다. 내가 여기서 결정 이론을 제안하지 않고, 강조하고자 하는 바는 자신의 행동이나 결정을 도덕적으로 시험하면서도 실질적 활동에 있어서는 이러한 차원의 역할을 과장하지 않는 일이 항상 가능하다는 점이다. 내가 생각하기에 요체는 도덕적 차원을 부차적인 판단으로 고립시키지 않고, 그것을 결정과 실질적인 활동에 있어서 중요한 요소로 삼는다. 어떤 식으로든 책임의 시험은 다른 결정 요인들 전체를 테스트하게 해준다. 그것은 실질적 활동으로 이끄는 과정들 전체에 대한 매우 풍요로운 사색을 강제한다. 그것은 이 과정들에 새로운 차원, 나아가 여러 차원들을 부여하는데, 이 차원들은 그것이 강제하는 사색이 없다면 망각되거나 혼란한 상태로 남아 있을 것들이다.

책임의 시험은 그와 같은 독특한 경험에 있다. 내가 취해야 하는 어떤 결정이나 어떤 행동이 있다고 하자. 나는 이 결심의 특수성에 고유한 기준들에 따라 잠정적으로 내린 결심을 명료하게 표명하려는 노력을 한다. 그러한 표명은 언제나 특별하다. 왜냐하면 그것은 내가 일정한 영역에 대해 지닌 특이한 그 권한에 달려 있기 때문이다. 책임 원리에 의해 활기를 띤 나는 결심을 책임의 시험대에 올려 놓음으로써 이 결심, 다시 말해 그것의 내용을 다시 점검한다. 그리하여 다음과 같은 문제 제기라는 결과에 이른다. 즉 **나는 이**

결심과 그 결과에 대해 타자 앞에, 다시 말해 이 결심과 결과에 관련된 사람들 앞에 책임지고자 하는가?

내가 주목하는 바는 이러한 시험이 언제나 표명될 수 있다는 점에서 보편적이라는 것이다. 그러나 그것은 칸트적 의미에서가 아니다. 그것은 모든 사람들에게 효력이 있는 것이 아니라, 내가 타자와 관련된 상황에서, **지금 여기에서**, 나에게 효력이 있다는 말이다. 이 시험에서 모든 말들은 중요하고, 그것은 사색을 심화시킬 정도로 충분하다. "나는 책임지고 싶다"의 '나'는 위임할 수 있고 대체할 수 있는 '나'가 아니다. '나'는 주체의 도덕적·육체적 참여를 표현한다. 여기서 주체는 도덕적 책임을 하나의 의지로 간주하고, 책임지기 위해서 외부적 힘에 의해 강제된 구속을 기다리지 않는 그런 주체이다. 이 '나'는 책임 원리가 **사실상** 함축하는 용기를 표현한다. 비록 단순한 분석을 통해서는 이 용기가 책임 원리로부터 추론되지 않는다 할지라도 말이다. 바로 책임 원리의 시험 자체 속에서 필요한 용기가 **구체적으로** 나타나는 것이다.

"나는 원한다"에서 "원한다"가 표현하는 의지는 책임의 도덕적 개념을 법률적 개념과 구분시켜 준다. 도덕적 개념이 의미하는 바는 내가 책임을 지기 위해 재판관도, 보험 회사도, 기자의 조사도 기다리지 않는다는 것이다. 실제 이러한 외부적 행위자들은 나의 실제적 활동을 **사후적으로** 평가할 수 있다. 그러나 이 평가는 어떤 면에서도 결정을 하는 데 참여하지 않는다. 물론 때때로 나는, 특히 내가 공인일 때, 나의 태도를 논평하게 될 그러한 외부적 행위자의 있을 수 있는 반응들에 따라 행동할 수도 있다. 그러나 이러한 결정 요인은 모든 결심에 영향을 미치는 결정 요인들에 속하며, 어떤 면에서도 이 결정에 도덕적 차원을 부여하지 않는다. 여기서 타자는 논평하고 분석하고, 또는 비판하는 사람이 아니다.

물론 '책임진다(répondre)' (프랑스어에서 책임진다는 말은 répondre

de이다. 전치사 de를 생략함으로써 어떤 문제에 대답한다(répondre)는 말을 함축시켜 놓고 있다]란 동사는, 그것의 결정적인 어원을 통해서 책임의 본질을 표현한다. 책임지겠다는 의지는 예상적 보증이다. 그것은 행동하는 주체로 하여금 자신의 행위가 가져올 결과를 가능한 가장 멀리까지 생각하도록 한다. 그것은 그가 막연한 추상 속에서 행동하지 않게 해준다. 여기서 내가 '추상'이라 부르는 것은 타자의 현존이 구성하는 실질적인 현실로부터 빠져 나와, 타자의 존재를 제외한 매우 구체적인 많은 요소들과 원칙들(경제·효율성·전략·전술 등)을 통해 결정들을 취하거나 활동들을 개시하는 운동을 말한다. 실제 어떤 결정이나 활동의 구체적인 차원을 달성하는 것은 책임의 시험 속에 있는 타자의 현존이다. 책임의 시험에 고유한 이와 같은 성격을 이해하기 위해서는 자기 중심주의가 추상적 태도라는 점을 생각하면 충분하다. 왜냐하면 자기 중심주의는 언제나 타자와의 관계에 초연하기 때문이다. '책임진다'는 관념은 타자의 구체성을 언제나 미리 재도입한다.

대답은 언제나 대화, 즉 교환의 시작이다. 책임의 시험도 마찬가지이다. 비록 그것이 미래의 대답, 다시 말해 미래의 대화를 예상하게 할 뿐이고, 현재 시점에서 이 대화를 약속하도록 구속한다 할지라도 말이다. 이러한 시험에 대비하는 가장 좋은 방법은, 가능하다면 취해야 할 결정의 근원에서 타자에게 귀를 기울이는 일이다. 그렇기 때문에 책임 원리는 일정 순간에만 타자를 염려하는 그런 원리가 아니다. 그것은 결정 과정의 모든 순간 속에, 혹은 실질적인 활동을 수행하는 모든 순간 속에 타자를 통합하도록 유도한다. 그렇지 않다면 필요한 답변의 기대는 중대한 오류의 위험을 수반한 순전히 상상의 산물이 될 것이다. 책임의 시험은 우리가 활동의 문턱에서 결정하거나 행동하려고 하는 순간에 위치한다. 그러나 이 명백한 시험은 결정의 과정을 심층적으로 수정한다. 어떤 내밀한 것이나 비밀이 외부적 정황에 의해 강제되는 예외적인 경우들을 제외하면, 책임의 시험은 행동 주체를 유아주의로부터 벗어나게 한다. '자신의 영혼과 의식'으로 생각하는 일만으로는 더이상 충분치 않다.

책임지겠다는 의지가 계획하는 그 예상은 타자에게 아양을 떨어야 하거나, 타자에게 어떤 즐거움을 가져다 주면서 그의 동의를 미리 확보해야 하는 그런 선동적 과정을 의미하는 것이 전혀 아니다. 책임지겠다는 의지는 흔히 대결과 모순에 대한 진정한 준비를 함축한다. 타자의 동의는 대답 과정을 줄여 준다. 책임 원리는 반대 논리들에 직면하여 철저히 저항하겠다는 결심을 표명한다는 점에서 분명 하나의 시험이다. "자신의 책임을 감수하겠다"는 표현은 이러한 결심을 잘 표현하고 있다. 행동 주체는 '버티고' '완강히 저항할' 준비가 되어 있다. 때로는 어려운 이와 같은 상황 속에서 "나는 원한다"는 의지가 집요하게 표명된다. 책임 원리는 즐거움에 의해 지배되는 것이 전혀 아니다. 그래서 책임 원리라는 말을 두 개의 주요한 의미로 받아들여야 한다. 그것은 타자에게 주는 즐거움에 지배되지도 않고, 타자의 가정적(假定的) 동의에 의해 지배되지도 않는다. 타자가 자연 발생적으로 즐거움을 느끼거나 어떤 결정에 동의할 때, 책임의 과정은 위험 없이 시작된다.

가장 중요한, 어쩌면 가장 어려운 문제가 하나 남아 있다. 그것은 책임의 도덕적 개념 분석에서 환기된 것으로 이타성의 문제이다. 달리 말하면 **타자는 누구인가?**라는 문제이다. 이 문제는 부분적인 대답들로는 결코 완벽하게 규명될 수 없다. 그러나 그것은 책임의 법률적 개념과 도덕적 개념의 차이를 분명하게 해준다. 사실 법률적 개념에서 타자는 쉽게 분간될 수 있다. 타자는 공격하는 자이고, 피해 보상을, 책임지기를, 민사상 책임으로 변상하기를 요구하는 자이다. 형사 소송 절차의 경우에 타자는 일반적으로 사회를 대변한다. 두 경우(형사상·민사상) 문제는 신속하게 해결된다. 책임의 도덕적 시험은 경우가 전혀 다르다.

사실 타자는 막연한 개념이 아니라 변화하는 개념이다. 이타성의 모습은 불안정하다. 그것은 다음과 같은 의지를 본질로서 간직하고 있다. 즉 유아주의를 단념하고, 그로부터 벗어나고, 내가 실행하고자 하는 실질적 활동에 대해 다른 관점이나 다른 전망을 고려하겠다는 의지 말이다. 그러나 타자가 유일하지 않다면, 타자가 단순하게 간파될 수 없다면, 타자가 다양하다면, 나는 여러 타자들과 대면하는 상황에 처할 수 있고, 이때 이 타자들의 관점은, 다시 말해 대답들의 요구들은 상호 모순적일 것이다. 그래서 자의상 표현으로는 단순하게 보였던 책임의 시험은 두렵고 복잡하게 된다.

어떤 결정을 내리거나 실질적인 활동을 시작할 때, 나는 한쪽은 만족시키고, 다른 한쪽은 만족시킬 수 없게 될 수 있다. 이런 과정에 특이한 점은 전혀 없다. 흔히 이런 말이 자주 들린다. "우리가 모든 사람들의 마음에 들 수는 없다." 그건 분명하다. 왜냐하면 현상 자체에서 어떤 결정이 단 한 사람이나 한 유형의 행위자들과만 관련되는 경우는 드물기 때문이다. 타자들의 다양성, 모순적 이해 관계, 대립은 일상적 생활의 운명이다. 때때로 우리가 고심하여 협상한 타협이 아무도 만족시키지 못하는 경우가 있다. 그러나 이러한 복잡성은 책임의 시험에 영향을 주지 못한다. 시험은 하나의 경험이고 테스트이다. 책임의 시험은 우리가 타자의 반대를 예상할 수 있으므로 그만큼 더 견디기 어렵다. 이때 시험은 책임 원리에 본질적인 위험, 우리가 타자 앞에서 감수하는 그런 위험이다. 우리는 이 타자가 결정이나 실질적 활동의 수행에 동의하지 않을 것이라는 점을 모른다. 책임 원리는 합의로 성립된 원리가 아니다. 그것은 관점들의 조화를 토대로 확립되지 않는다.

그렇기 때문에 책임의 시험이 이타성의 모습들을 다양하게 하면서 실현될 수 있다면, 시험의 질은 어떤 특수한 인물한테는 보다 특별하게 나타날 것이다. 시험은 고통의 매저키즘적 실행이 아니다. 그것은 현실적 차원에서의 테스트이다. 각각의 결정이나 실질적 활동의 개시는 여러 명의 타자들과 관련되어 있기 때문에 행동의 도덕적 차원을 테스트하는 가장 좋은 방법은, 이 행동과 관련이 있기에 아마 가장 까다롭게 대답을 요구하게 될 그런 타자에게 해야 할 대답을 예상하도록 하는 것이다.

물론 이러한 시험에서 이타성의 모습들이 드러내는 다양성은 부여받은 권한의 유형들과, 이 권한이 실행되는 영역의 유형들에 달려 있다. 이러한 지적이 의미하는 바는 책임 원리가 이타성의 다양한 모습들이 밀어붙이는, 의무들의 대결도 타협도 배제시키는 것이 아니라는 점이다. 책임 원리는 언제나 이타성의 다양한 모습들을 고려하도록 유도되기 때문에 그것은 결코 추상적이 아니다. 그것의 **명백하고 보편적인** 특징들은 그것을 세계의 흐름으로부터 떼어 놓지 않고 작용하도록 만든다. 이타성은 그 다양성이 어떠하든 언제나 구체적인 요구이다. 반면에 책임의 시험은 본 텍스트에서 아직은 매우 추상적인 상태로 있기 때문에 몇몇 예들을 드는 것이 필요하다고 생각된다. 이 예들은 서로가 매우 다른 영역들과 권한들의 경우에 속하는 것들이다.

그러나 앞으로 다시 다루겠지만 하나의 전제가 불가결하다. 그것은 책임 원리가 고발 원리가 아니다라는 것이다. 니체의 주장에 따르면, 책임 원리는 도덕적 담론의 본질 자체를 구성한다는 그 원한도 증오도 채택하지 않는다. 따라서 성급한 판단들을 경계해야 한다. 책임 원리는 행위자들 스스로가 자기 것으로 만들거나, 다시 자기 것으로 만들어야 한다.

공장을 폐쇄하는 결정

기업의 사장은 권한을 가지고 있고, 이 권한에 대해 자신이 "책임을 지겠다"고 말한다. 이 권한은 구조적으로 매우 특수하다. 그것은 이타성의 가변적 모습들과 의무들의 갈등, 그리고 필요한 타협들의 전형적 예를 구성한다. 모든 기업은 네 개의 주요 파트너, 즉 이타성의 네 모습을 포함하고 있다. 이들은 샐러리맨·고객·주주 그리고 납품업자이다. 내가 이들의 이해 관계가 즉각적으로 조화롭다는 것을 주장하는 바보 같은 담론을 제외하고 이들과 기업 사이의 모든 중재(재정분석가·경제 전문지·조합 조직 등)를 제외한다면, 나는 이들 사이의 힘의 관계에서 변화들을 확인한다.

이러한 확인은 가치의 판단이 아니라 경험적 확인이다. 10여 년 전부터 고객과 주주의 모습은 납품업자와 샐러리맨의 모습보다 우위에 있다. 과정은 논리적이다. 사실 내가 고객에 가치를 부여할 때, 나는 스스로 고객인 납품업자의 가치를 하락시킨다. 나는 납품업자가, 내가 나의 고객에 대해 행동하듯이 나에 대해 행동해야 한다고 생각한다. 각자 차례가 있는 것이다! 마찬가지로 금융 시장·연금 기금의 변화, 자본 수익률의 점증하는 요구는 전에는 소홀히 취급되었던 주주들이 기업가의 정신 속에서 흔히 샐러리맨을 대체하게 만든다. 이런 현상은 기업가의 임냉과 권한이 자본에 달려 있기 때문에 더욱 두드러신나. 비록 장기직으로 이리한 이해 관계가 모순적이지 않더라도——이 점은 세계의 흐름이 도덕적이라고 생각지 않는 한 입증하기가 매우 어렵다!——각각의 결정은 책임 원리의 시험을 받을 수 있다.

따라서 자주 제기되는 두 개의 현실적인 경우를 들어 보자. 우리는 이 경우들이 프랑스에서, 특히 산업 생산에서 어떻게 나타나는지를 모두 알고 있다.

첫번째 경우를 보자. 세계 시장에 나타나는 하나의 기업은 생산 비용에서 커다란 불평등이 있음을 확인한다. 사장은 자신이나 전임자가 저지른 투자 오류를 알아차린다. 여러 가지 다양한 고려 끝에 그는 공장을 아주 최근에 지었더라도 닫아야 한다고 생각한다. 생산은 다른 곳에서 확보될 수 있고, 기업의 전체적 결과는 그로 인해 개선될 것이다. 이러한 결정은 주주들에게는 좋은 일이다. 그들은 결정이 발표되자마자 주가가 상승하는 것을 보게 될 터이기 때문이다. 또한 이 결정은 소비자들에게도 유리하다. 그들은 보다 낮은 원가의 혜택을 누릴 것이기 때문이다. 미시 경제·거시 경제·산업 전략은 이러한 결정을 뒷받침하기 위해 협력한다. 사회 운동은 전통적으로 볼 때 실패할 수밖에 없는 투쟁 단계 이후에 쇠약해질 것이다. 사장의 사회적 이미지는 영향을 받을 테지만, 그의 스톡 옵션은 재평가될 것이다. 사회 보장적 플랜들은 풍습으로 넘어갔고, 종업원을 해고할 줄 모르는 고용주는 더 이상 진정한 고용주가 아니다. 따라서 결정은 취해질 수 있고, 발표될 수 있다.

그러나 기업의 대표는 이러한 두뇌적 결정이 도덕적이 아니라고 생각할 수 있다. 하지만 그런 건 별로 중요하지 않다고 반박이 나올 것이다. 세계의 흐름이 도덕적이 아니라면 기업가는 세상의 흐름에 대해서도, 세계 시장의 작용에 대해서도 책임이 없다는 말이다. 이것이 기업가들을 탈책임화시키는 유일 사상의 토대이다. 그런데 기업가는 자신의 권한 역시 책임을 함축하고 있다고 생각할 수 있다. 따라서 그는 자신의 결정에 책임의 시험을 겪게 하고자 한다. 이 시험은 이타성의 동의하는 모습들인 주주들이나 고객들로 향한 진정한 시험이 아니다. 물론 이들의 동의는 의심할 여지가 없다. 따라서 이러한 시험을 통한 책임 원리의 적용은 이렇게 표현된다. **나는 이 폐쇄 결정과 그 결과에 대해 관련 타자들 앞에서**

책임을 지고자 하는가? 이 타자들은 즉각적으로 샐러리맨들이고, 납품업자들이고, 이들 업자들의 샐러리맨들이다. 이들 모두는 그들의 일자리와 기업의 경제에서 영향을 받는다.

이러한 질문은 구체적으로 무엇을 의미하는가? 그것은 구상된 답변의 가장 구체적인 성격을 뜻한다. 책임지기 위해 답변을 한다는 것은 논증하는 일만이 아니다. 답변을 한다는 것은 대면하기이다. 그것은 질문들을 받기 위해 마주 대하는 것이다. 언제나 그것은 타자의 현실을 정면으로, 어쩌면 어려운 소통 속에서 바라보는 일이다. 이 소통은 텔레커뮤니케이션이 결코 아니다. 답변을 한다는 것은 공장장·언론·팩스·웹에 답변을 위임하는 게 아니고, 대답을 보내는 것이 아니다. 그것은 타자의 **얼굴을 바라보는 일이**다. 레비나스가 타자의 얼굴에 대해 말했듯이 말이다. 그러나 또한 답변을 한다는 것은 **맞대면하고** 있듯이 타자가 나의 **얼굴을 바라보도록** 놔두는 것이다. 그것은 신중한 거리없애기이다. 그것은 결정의 위험을 받아들이는 일이다. 그것은 어려운 단련이다.

이때 결정이 단순한 비겁함 때문에 취해지지 않을 수도 있다고 반박이 제기될 수 있을 것이다. 격분한 노동자들과 대면하기가 두려워, 불법 감금되거나 욕을 얻어먹을까 두려워 사장은 후퇴할 수 있고, 기업에 나쁜 결정을 내릴 수도 있다는 말이다. 이 결정은 기업의 실적에 무거운 부담을 지우면서 몇 달 후에는 훨씬 더 중대한 사회 보장적 플랜으로 귀결될 수도 있다는 점에서 다른 공장들의 모든 다른 노동자들에게 피해를 줄 수 있는 결정이다. 따라서 우리는 이와 같은 거의 물리적인 요소가 결정 과정에서 나쁜 영향을 피하기 위해서 고려되어서는 안 된다고 주장할 수도 있을 것이다. 이같은 논지는 상당히 강력하고 설득력도 있다. 그러나 그것은 두 측면에서 반박되어야 한다.

첫째로 이타성의 모습들은 다양하기 때문에 기업가는 결정이 내려지지 않을 경우 다른 타자 앞에서, 예를 들면 주주의 모습 앞에서 자신의 결정과 그 결과에 대해 책임지려고 하지 않을 수 없다는 점이다. 그리고 비록 주주의 관행이 물리적으로 보다 조용하다할지라도, 그것은 기업가의 직무에 대해서 더 이상 호의적이지 않다. 다음으로 특히 이와 같은 공장 폐쇄의 경우에 있어서 책임의 시험은 구체적 세계의 시험을 구성한다. 이러한 시험을 겪지 않는 결정은 여전히 추상적이며, 따라서 도덕적으로 나쁜 결정이다. 비록 그것이 지적으로는 적절하다 할지라도 말이다. 결정 과정이 이와 같은 차원을 통합하지 않는다면 그것은 불완전하다. 따라서 책임의 도덕적 시험은 결정을 내리는 행위 자체에 외적인 것으로 남아 있을 수 없을 터이다. 그것은 결정 행위의 한 차원을 구성해야한다. 이러한 전략적 결정은 그 자체에는 도덕적 함축성을 띠지 않는다. 그러나 책임의 시험을 거부하거나 그것이 부재하는 것은 결정의 도덕적 차원에 대한 좋지 않는 신호이다. 이 시험이 결정 행위의 유일한 결정 요인을 구성할 수는 없다. 그것은 경제적이고 전략적인 결정의 적절성에는 매우 난처할 수도 있을 것이다. 바로 이 점에 있어서 비겁함이나 용기의 부족은 결정 자체를 동시에 무효화시키지 않고는 결정적인 요인들로 간주될 수 없다.

따라서 책임의 시험은 결정 행위의 한 요소로 통합되어야 한다. 그것이 결정 행위의 흐름을 반드시 변화시키는 것은 아니지만, 변화시킬 수는 있다. 왜냐하면 그것은 인지되지 못했거나 소홀히 다루어졌을 수 있는 요소들, 결정을 추상적으로 만들 수 있을 그런 요소들을 고려하도록 만들기 때문이다.

현실적인 경우들에서 매우 가변적인 행동들이 확인될 수 있었다. 여기는 그 어느 누구를 비난하는 자리가 아니다. 그러나 권한과 책임의 상호간 균형은 기업에 따라, 그리고 기업을 경영하는 사람들에 따라 다르다.

책임 원리의 적절성을 확립하기 위해 보충적인 두 가지 지적을 하고자 한다.

나는 책임의 근본적 시험이 지닌 매우 작용적이고 구체적인 특징을 강조하고자 한다. 나는 지난 10년 동안 재계 그룹들, 또는 일반적으로 기업들의 중앙 경영진과 생산 공장들 사이에 깊은 구렁이 파였음을 확인했다. 내가 보기에 이것은 이 시기의 괄목할 만한 사실들 가운데 하나이다. 나는 여러 명의 대학 졸업생들이 결정 권한이 위치해 있는 중앙 본부에 뚫고 들어간 후, 기업의 생산성을 향상시키기 위해 '회사 직원들의 목표'로서 결정된 성과에 매달리는 모습을 보았다. 내 생각으로 이러한 구렁은 오늘날 간부들과 비간부들 사이의 간극보다 훨씬 더 중요한 것 같다. 종종 재간 있게 자신들의 경제적 임무를 완수하는 이 젊은 경영자들은 실제적 생산에 대해서는 아무것도 모르고 있다. 다시 말해 그들은 단지 기껏해야 관광적 성격의 방문밖에 하지 않는 공장들에 대해서는 아무것도 모른다. 그들은 회계 감사실에 의존하고 있고, 감사실이 그들에게 주는 급료는 그들이 제출하는 종업원의 경제 활동에 의해 정당화된다. 중앙 본부 내에서 구상되는 자문들 전체는 순전한 추상적 작업 속에서 구상된다. 이 젊은 경영자들에게는 그들의 활동에 구체적 국면을 부여하기 위한 책임의 시험이 결여되어 있다.

두번째 지적을 하자. 내가 환기시킨 바 있는 공장 폐쇄의 결정이 내려질 경우, 책임의 도덕적 개념을 역시 풍요롭게 해주는 이타성의 또 다른 모습이 나타난다. 그러나 이 모습이 책임의 노력적 개념을 그렇게 단순화시키는 것은 아니다. 앞서 나는 네 개의 '자연적인' 모습들을 환기시키고 이들 사이에 나타나는 최근 힘의 관계를 환기시키면서, 공권력이나 지방 관청의 역할을 언급하는 것을 빠뜨렸다. 사실 어떤 결정이 고용의 기반에 영향을 미치자마자 선거에 당선된 자들은 이 결정과 관련되게 되며, 고려되어야 할 또 하나의 모습(이타성)을 구성한다. 이 또 다른 모습은 대개 결정 과정에 밀접하게 결합되어 있다. 모두는 그가 어떤 무게를 가지고 있다고 전제하고, 그에게 결코 무시할 수 없는 역할을 부여한다. 때때로 그들(당선된 자들)은 결정 행위에 관계가 없을 때에도 그들이 짊어져야 하는 책임을 지니기조차 한다. 그래서 그들은 결정에 대해 충분히 영향을 미치지 못했고, 자신들의 역할을 하지 않았다고 비난받는 것이다. 그들의 실질적 존재는 책임의 시험을 왜곡하는 게 아니라 때로는 이 시험을 보다 복잡하게 만들고, 때로는 보다 단순하게 만든다. 르아브르 항구의 조선소를 폐쇄하겠다고 최근 발표된 예에서 보듯이, 결정은 매달 수억 프랑에 달하는 보조금을 중단하고자 하는 정부에 의해 내려졌지만, 샐러리맨들의 공소의 대상이 된 것은 지방자치단체장인 앙투안 뤼프나슈이다. 얼굴에서는 흰 페인트가 뚝뚝 떨어지고, 윗옷에는 노란 페인트가 칠해진 채 계란 세례를 받은 이 인물의 이미지는 사람들이 글로 쓴 바와는 달리 전혀 모욕적이지 않다. 나는 그 모습에서 놀라운 용기와 탁월한 책임 감각을 보았다.

적자 상태에 있는 공장의 보존

앞의 예는 피해와 희생자들을 낳는 결정을 보여 주고 있다. 사람들은 여전히 법률적 책임의 전통적 틀에 머물러 있는 것 같다. 이 법률적 책임은 부정적 결정과 피해를 가져오는 행동에만 관련된다. 따라서 나는 책임의 시험에 흔히 영향을 미치는 부정적 측면을 향한 그 굴성(屈性)을 설명해 줄 또 하나의 예를 들겠다.

세계 시장에서 싸우면서 평균 10억 프랑에서 40억 프랑 사이의 이익을 얻는 중공업 회사에서, 한 지사의 공장이 3년 전부터 약 5

억 프랑의 손실을 매년 보고 있다. 따라서 기업가는 어려운 결정에 직면하여 있다. 그는 공장 폐쇄를 발표함으로써 업적의 기계적 상승을 예견케 할 수 있고, 따라서 주주를 만족시키게 될 주가 상승을 미리 알 수 있다는 사실을 안다. 또한 그는 세계적인 구속 요소들, 투자자들의 이탈, 보다 큰 부가 가치를 낳는 기본 분야들에 재집중, 나아가 적자 사업의 유지가 전체 그룹에 미칠 수 있는 위협과 같은 것들을 환기시킴으로써 자신이 유일 사고의 추론을 지지할 수도 있다는 것을 알고 있다. 모든 논지들은 다른 곳에서 취해진 일련의 유사한 결정들에 의해 평범해져 이미 준비되어 있다. 그는 어찌되었든 이러한 적자 사업이 그룹에 끝까지 남아 있지는 못할 것임을 알고 있다. 왜냐하면 세계 시장에서 모든 큰 조정자들은 현실적인 프로패셔널리즘과 의미 있는 규모의 경제를 보장해 주는 생산 유형에 재집중하고 있기 때문이다. 금융분석가들, 경제 신문, 주주들, 고객들, 모든 평론가들 전체가 이구동성으로 그에게 찬사를 보낼 것이다. "아픔이 있지만 살을 도려낼 줄 아는 대단한 기업인이야" 하고 말이다. 그러나 또한 기업가는 자신의 훌륭한 자질이 다음과 같은 확신임을 알고 있다. 즉 고유한 논지들의 소리에 대항해 선택을 할 수 있는 자유 의지가 유일 사고에 존재한다는 것과 동시에 책임 원리는 권한의 견고한 확립보다 우월하다는 것 말이다. 그는 관련 공장의 사회적·경제적 현실과 자신의 전략——그 자신이 끼여 있는 고용 기반은 말할 것도 없고——에 따라 문제의 모든 사항들을 연구한다. 그는 궁극 목표가 인원 감축으로 귀결되지 않는 조직화들을 통해서 공장에 대한 인식을 개선하려고 시도한다. 구체적인 삶을 고려하는 이러한 순전히 지적이고 전략적인 탐구를 한 후, 그는 두 가지 가능한 결정들에 책임의 시험을 받게 하도록 결정한다.

첫번째 가능한 결정은 공장 문을 닫는 것이다. 이 결정은 그를 무섭게 하지 않는다. 그는 이미 유사한 결정들을 내렸던 것이다. 뿐만 아니라 그는 직원들 앞에서 이 결정에 대해 책임지기 위해 공장을 방문했다. 그의 모든 자문역들이 말렸는데도 말이다. 주주들과 고객들 앞에서 이와 같은 폐쇄 결정에 대해 책임지는 것은 문제를 제기하지 않을 터이다. 그들의 동의는 당연한 것이기 때문이다. 앞의 경우와는 반대로, 지방 선거에서 당선된 자들과 공장 직원들 앞에서는 그는 책임지기를 원치 않는다. 이것은 비겁함이 아니다. 그러나 그는 상당한 노력이 진행중이고, 공장을 2년 안에 균형 상태로 가져다 줄 관리 이익이 가능하다는 사실을 알고 있다. 논의를 한다는 것이 인간적으로 견디기 어려울 수도 있다.

두번째 가능한 결정은 공장을 유지하는 것이다. 직원들과 지방 선거 당선자들 앞에서 이러한 결정에 대해 책임지는 것은 어려움을 제기하지 않는다. 왜냐하면 그들의 근거 있는 현실적 불안은 가라앉을 터이기 때문이다. 반면에 특히 주주들 앞에서 그는 책임을 져야 할 것이다. 금융분석가들은 공장 폐쇄가 증권 시장에서 주식의 급등을 가져올 것이라고 주주들에게 되풀이하여 말한다. 그리하여 주주들이 사장의 직무를 문제삼을 가능성은 언제나 있다.

그러나 기업의 대표는 두번째 결정이 책임의 시험을 겪게 한 뒤 이 결정을 취한다. 그렇다, 나는 이 결정과 그 결과에 대해 관련 주주들 앞에서 책임지고자 한다. 그는 책임을 지고, 주식 시장의 흐름은 움츠러든다. 그러나 이 책임의 시험은 사람들의 정신을 설득시켰다.

결론은 3년이 지난 뒤 공장의 수지는 균형을 되찾았고, 사장은 공장을 다른 운영자에게 팔아 더 많은 부가 가치를 낳는 보다 적은 수의 분야들에 그룹을 재집중하기로 결정내린다. 여기서도 그는 책임의 원리에 따라야 한다. 시험은 변한다. 왜냐하면 이타성의 모습이 변하기 때문이다. 이제 가장 관련된 사람들은 직원들이다. 왜냐하면 그들은 위와 같은 처신을 할 줄 알았던 사장이 있는 그룹을 떠나는 일을 애석하게 생각하기 때문이다. 그러나 그는 대처해야 하고 대처한다.

재계 그룹들의 통상적인 활동에서 빌려 온 이러한 현실적인 두 예들에서 우리가 지적할 수 있는 바는 결정의 부정적 성격이 가장 중요하다는 점이다. 그것이 책임의 법률적 개념에서 전통이듯 말이다. 그렇다면 법률적 개념과 도덕적 개념 이 둘은 어떤 면에서 계속적으로 구분되고, 나아가 대립되는가?

이 질문에 답하기 위해 나는 앞서 말한 하나의 설명으로 되돌아가야 한다. 구체적인 결정들이나 활동과 관련된 도덕적 책임과 책임 원리의 시험은 부정적인 면에 의해 흐려지지 않는다. 그 반대이다. 언제나 중요한 것은 작용된 의지이지 두려움이나 도피가 아니다. 흔한 일이지만 책임 원리는 이타성의 여러 모습들과 대면한다. 그것의 적용은 타자의 질문들이 보다 집요하고 보다 공격적일 때, 단지 보다 어렵거나 견디기 힘든 일이다. 그러나 책임 원리는 취해야 할 결정이나 실행해야 할 활동의 긍정적이고 부정적인 모든 축들 위에서 전개된다. 어려운 일들이 나타날 때 후퇴하는 위험은 보다 크고, 이때 책임의 시험은 책임자가 흔들릴 위험에 빠질 제한적인 경우들을 제안한다. 따라서 사람들은 책임 원리의 힘과 적절성을 보여 주는 이러한 제한된 경우들을 예로 채택하는 경향을 당연히 보인다. 이 섬은 반대로 책임의 도덕직 개념이 부정적 측면에 의해 흐려진다는 점을 의미하는 것이 아니다. 모든 도덕적 문제가 그렇듯이 책임도 마찬가지이다. 우리의 이익이 연루될 때보다 문제되지 않을 때, 우리는 우리 행동의 도덕적 차원을 보다 덜 느낀다. 그렇기 때문에 의무를 장기적 이해타산으로 격하시키는 일은 행동 자체에서 모든 도덕적 차원을 제거하는 것이다. 게다가 모든 사람들이 어떤 사회에서 도덕적으로 행동한다면, 도덕은 그것의 의미조차 상실할 것이다. 왜냐하면 그럴 경우 도덕은 더 이상 아무런 위험을 포함하지 않을 테고, 각자의 행동은 완전히 예측 가능하게 될 것이기 때문이다. 진정한 도덕은 도덕을 우롱한다라는 말이 또한 의미하는 바는 진정한 도덕은 타자의 도덕적 행동을 괘념치 않고, 그 예측 가능성 밖에서 명령을 한다는 뜻이다. 사르트르가 "모든 사람이 도덕적이 될 때 나도 도덕적이 될 것이다"라고 표명했을 때, 그는 모든 도덕의 의미 자체를 제거해 버린 것이다.

직무들의 겸직

정치 세계는 흔히 책임 실행의 예와 반증의 예를 제공한다. 일상적인 언어로 말하자면, 정치인은 "책임에 동의한다"이다. 우리가 정치인의 역할을 불신하는 것은 잘못이다. 한 남녀를 국민 앞에서 책임을 지는 책임자로 만드는 일은 훌륭한 운동이다. 물론 우리는 개인적인 야심이나 권력에 대한 취향을 항상 환기시킬 수 있다. 그러나 권력은 그것이 책임 원리를 갖추는 한 결코 그 자체로서 비난할 만한 것이 아니다.

우리가 상기해야 할 것은 이러한 점이 우리 공화국에서 분명한 사실이 아니라는 점이다. 이러한 환기를 위해 우리는 베르나르 마냉이 《대의 정부의 원리》에서 전개한 분석에 의존해야 한다. 프랑스 공화국은 정치적 엘리트들의 원리 위에 전적으로 구축되었다. 루소, 몽테스키외, 그리고 해링턴을 함께 읽을 때 분명하게 보여지는 것은 아테네의 민주주의와 우리의 민주주의 사이에 존재하는 전적인 차이이다. 책임의 개념이 그리스 언어에 존재하지 않는다 할지라도, 정치적 실천은 이른바 '결산 제시'라는 형태로 이 개념을 표현했다. 사실 당시의 민주주의는 우리의 것과 같은 방법들을 사용하지 않았다. 그것은 추첨에 의존함으로써, 모든 사람들이 권력에 접근할 수 있는 동일한 가능성을 본질이라고 판단했다. 이러한 사실로 인해 추첨으로 정해진 사법관은 어떤 순간에도 자신의 직무로부터 해임될 수 있었다. 그는 갱신할 수 없는 위임된 직무를 수행했다. 하지만 특히 그는 직무가 끝날 때 결산 보고를 해야 했다. 우리의 대의 제도에서는 모든 사람이 권력에 다다를 수 있는 동등한 가능성은 사라졌다. 보통 선거나 선거 제도는 평등과 책임의 개념을 변모시켰다. 평등은 '한 사람이 한 표'라는 표현 속에 있으며, 정치 권력은 국민이 선거를 통해 부여하는 동의로부터 나온다. **엘리트**(élite)와 **선거**(élection)의 공통된 어원이 말하고 있듯이, 우리 공화국은 사실 반은 귀족주의적이다. 게다가 그것은 결산 제시 개념을 완전히 잊어버렸고, 국회의원들은 매우 드문 경우들에만 철회되는 면책 특권에 의해 보호를 받고 있다. 보통 선거는 엘리트를 산출한다. 왜냐하면 당선되기 위해서는 달라야 하고, 다시 말해 '특출나야' 하고, 사실상 여타 시민들과 같지 않아야 하기 때문이다. 정치적 엘리트는 권력을 가지고 있지만, 이 권력이 책임의 구속 요소들에 종속되지는 않는다. 기껏해야 이 책임은 당선된 자가 다음 선거에 출마할 때에 한해서 사실적으로 느껴질 수 있다. 이러한 점은 그로 하여금 시민들이 그가 수행한 직무에 대해 내릴 소급적인 판단을 예상하지 않을 수 없게 만든다. 그러나 우리의 대의 제도가 강제 위임을 배제한다 할지라도, 책임의 요구는 책임의 도덕적 원리가 확실해짐에 따라 증가하고 있다. 사실 우리의 민주 제도는 감수하기 어려운 모순을 체험하고 있다. 한편으로 그것은 엘리트주의적인 대의 과정을 말없이 정착시켰다. 다른 한편으로 그것은 우리 사회에서 권력이 있는 사람들이 자신들을 책임 있는 자들로 생각지 않는 것을 인정할 수 없다. 우리가 본 바와 같이 그만큼 권력의 내용은 책임의 도덕적 개념으로부터 분석적으로 추론되는 것이다. 그리고 그만큼 책임의 내용은 종합적으로 권력(권한)의 개념에 한덩어리가 될 수밖에 없다. 마찬가지로 책임의 도덕적 요구는 정치 권력의 도덕적 요구에 첨가된다. 정치 권력의 논리는 책임의 도덕적 요구를 배제하면서 구축되었지만 말이다.

이러한 상황이 분명하게 설명하는 바는 한편으로 프랑스 같은 나라에서 직무들의 겸직이 자연스럽게 전개되었다는 점이고, 다른 한편으로 새로운 도덕적 요구가 이러한 겸직에 이의를 제기한다는 점이다. 사실 권한들이 추가된다는 것은 언제나 책임들이 줄어든다는 것을 말한다. 책임은 시간의 문제이다. 나는 이 점을 충분히 강조하지 않았다. 그러나 모든 인간 존재는 책임이나 책임들의 문제를 시간의 할당에 따라 제기해야 한다. 경쟁과 대항의 논리에서 정치인들이 정평이 난 모든 성공 수단들을 사용하면서 선거인단과 대결하는 일은 정상적이다. 분명 '특출나야' 하는 것처럼, 하나의 직무는 언제나 다른 하나를 위한 발판이다. 그러나 책임들은 따라갈 수 없다. 직무들의 겸직은 책임자가 진정으로 책임지는 것을 막는 위임들을 한꺼번에 쏟아지게 만든다. 감염된 피 사건의 한복판에 있었던 게오르지나 뒤푸아의 겸직들이 되었든, 총리였던 알랭 쥐페가 겸직으로 맡은 의장직들이 되었든 문제는 여전히 동일하다. 많은 권한을 가진다는 것은 그만큼의 많은 책임들과 양립할 수 없다는 의미이다.

이 점은 정치적 책임들이 개인적 존재에서 유일한 책임들이 결코 아니기 때문에 더욱더 맞는 말이다. 이러한 객관적 상황이 설명하는 바는 여자들이 정치에 참여하기가 어렵다는 점이다. 가정의 책임이 제기하는 요구들을 불행하게도 남자들보다 더 의식하고 있는——따라서 다양한 권력에 덜 목말라하는——여자들은 직무들의 겸직이 성공의 조건이라면 정치적인 일들에 참여할 수 없다.

따라서 직무들의 겸직이 폐지되어야 하는 것은 정상적인 민주 정체들에 대한 단순한 동조에 기인하는 이유들이나, 엄격하게 정치적인 이유들 때문이 아니다. 그것이 없어져야 하는 까닭은 그것이 책임 원리와 모순되기 때문이다. 원래 여러 직무들을 겸직하는 인간은 자신이 스스로의 행동이나 결정, 그리고 그 결과들에 대해 관련 당사자들 앞에서 책임질 수 없다는 것을 안다. 왜냐하면 그는 이들 행동이나 결정 그리고 그 결과들이 자신의 것이 아니라는 사실을 알고 있기 때문이다. 또 그는 자기의 시간 사용이 책임지고자 하는 그 의지와 양립할 수 없음을 알고 있기 때문이다. 그렇기 때문에 직무들의 겸직 문제는 제도의 기능 작용의 관점보다는 정치적 도덕의 관점에서 훨씬 더 접근되어야 한다.

부패, 또는 수뢰

우리의 정계를 부패시킨 사건들에서 책임 원리는 정치인들이 자신들의 행동을 평가하기 위해, 그리고 시민들이 그들로부터 기대하는 바에 일치하는 선택들을 실천하기 위해 충분히 사용되지 못했다. 그러나 책임의 시험이 있었다면 이것이 판별해 주었을 것이다.

정치인들은 형법의 관점인 법률적인 엄밀한 관점에 만족하기 때문에, 자신들이 어떤 부패 과정에서 잘못을 한 공범자였다고 생각했다. 그리고 그들은 수동저 부패의 개념에 의존하면서, 프랑수아 미테랑이 설명했듯이 자신들이 그들을 타락시키는 자들에 의해 둘러싸여 있다고 판단하는 경향을 보였다. 우리가 이러한 점에 최상의 경우 개인적인 축재는 없었다는 것을 덧붙여 주면, 사건들에 연루된 정치인들은 정당들의 재정·문제와 민주적인 삶을 내세워 연루된 것을 변명했다. 그들이 한 일은 자신들을 위해서가 아니라 그들의 조직을 위해 하였다고 말이다. 나는 폭넓게 문제가 될 수 있을 이러한 차별의 적절성은 따지지 않겠다.

그러나 우리가 책임 원리와 이로부터 비롯되는 시험을 적용하자마자 추론은 필연적으로 바뀐다. 사실 내가 보여 주려고 시도했던 바대로 책임은 언제나 우리가 지니고 있는 권한에 비례한다. 그리하여 모든 부패 과정의 논리적 분석은 부패한 자, 다시 말해 정치인이 훨씬 더 큰 책임을 누리고 있다는 것을 보여 주는 도덕적 분석을 끌어낸다. 이러한 책임이 오로지 부정적인 성격만을 지닌 것은 아니다. 사실 긍정적 책임은 청렴한 사람의 모습을 유지하는 것인데, 이 모습은 모든 공화적이고 민주적인 발상에서 필요 불가결하다.

1994년의 개혁이 우리에게 제시하는 바와 같은 엄밀하게 형사적인 차원을 제외하면서 권한들의 불균형을 검토해 보자. 하나의 기업이 공공 시장에서 공급자가 될 작정이라면 그 기업은 수단들을 지니고 있다. 이 수단들은 중요할 수 있지만 결코 결정의 권한을 구성하지는 못한다. 지방 선거의 당선자는 이중의 권한을 가지고 있다. 한편으로 공급자를 정하는 권한과, 다른 한편으로 자신의 결정을 돈으로 만들기로 정하는 권한 말이다. 현실적 시간에서 B급 시리즈의 시나리오에서처럼 발동을 걸고 제안을 하는 자는 부패를 부추기는 자일 수 있다. 그러나 과정의 논리적·도덕적 분석의 관점에서 보면, 이런 측면은 대개 거의 중요하지 않다. 실제 제일 큰 책임을 만들어 내는 것은 가장 큰 권한이다. 그래서 지방 선거에 당선된 자가 자신의 부패한 결정을 책임 원리의 시험을 받게 한다면, 그는 자신이 이 결정과 그 결과에 대해 관련된 사람들 앞에서, 다시 말해 자신의 유권자들 앞에서 책임을 질 수 없다는 사실을 안다. 따라서 그는 자신의 결정을 돈으로 만드는 결정이 비도덕적이라는 것을 안다. 그는 책임지고 싶지 않고, 그렇기 때문에 오직 사법만이 그로 하여금 책임지지 않을 수 없게 만들 수 있을 것이다. 다만 어떤 용역을 사는 대신에 자신의 결정을 팔겠다는 결정을 내리는 자는 부패 과정에서 최우선적인 책임을 진다. 그러나 다른 방식으로, 이 이중의 결정 권한을 가지고 있는 지역 당선자가 어떤 부패도 거부한다면, 이 거부는 긍정적으로 책임의 시험을 겪는다. 왜냐하면 청렴한 사람의 모습을 만들어 주는 것은 바로 이 시험이기 때문이다.

이러한 분석은 엄밀하게 법률적인 분석과는 다르다. 게다가 샤르팡티에 부검사가 카리뇽 소송 사건 때 이 분석을 채택했을 당시, 카리뇽의 변호사들은 재판관에게 훈계를 하지 말고 정확히 형사법의 관점에 만족하라고 요구했다. 다시 말해 그들은 법의 관점에서 부패하게 한 자와 부패한 자가 동등하다는 사실에 만족할 것과, 형법이 한편으로는 적극적 부패(부패하게 한 자)와 다른 한편으로는 수동적 부패(부패한 자)에 대해 말하면서 만들어 내고 있는 어휘적인 불균형에 만족할 것을 요구했다.

법률적 책임과 도덕적 책임 사이의 이와 같은 차이는 여기서 부분적으로 형법의 내적 구속 요소들에 기인한다. 형법은 그것의 개혁자들에도 불구하고 부패와 수뢰의 경우에 있어서 과오의 공범들에 대한 관념을 떨쳐내지 못했던 것이다. 그러나 이 차이는 또한 책임의 법률적 개념이 모든 법률적 전통에서 그렇듯이 여전히 부정적이라는 사실에도 기인한다. 우리가 당선된 자들의 도덕적 책임과 약속을 고려하고, 자신들의 행동과 그 결과에 대해 그들을 뽑아 준 시민들 앞에 책임지겠다는 의지를 고려하면, 우리는 이 책임이 지닌 매우 적극적인 차원을 채택하는 것이다. 이 차원은 매번 공화국의 본질 자체를 위태롭게 한다. 왜냐하면 바로 이 점에 대해 그들은 시민들 앞에서 책임을 져야 하기 때문이다. 그렇기 때문에 도덕적 책임의 관점에서는 횡령된 돈이 개인을 위해 횡령되었든 어떤 정치 조직을 위해 횡령되었든, 그런 행동에 대해 시민들 앞에서 책임지는 일이 불가능하다. 우리는 형벌을 최소화하기 위해 법정에서, 법률적 관점에서만 책임을 지게 한다.

이민법

1996년 8월에 파리의 18구에 있는 성 베르나르 교회는 불법 체류자들에 의해 점령되었다. 점령자들은 쥐페 정부에 의해 강제로 교회로부터 나와야 했다. 그러나 사건이 어떻게 결말이 날지 알 수 없었던 관망 기간 동안, 프랑스 민주연합당의 국회의원인 질르 드로비앵은 의원들의 책임과 직접적으로 관련된 새로운 발상을 제안했다. 그는 국회의원들이 법률안을 가결하는 것으로 만족할 수는 없다고 단언했다. 법률들은 모든 프랑스인들에게 불가피한 결정들이다. 그는 불법 체류자들을 만나 보기로 결정했고, 헌법적인 측면이 전혀 없는 역할에 몸을 맡겼다. 그는 우리가 앞서 상기한 바와 같이, 위법적이거나 범죄적인 사실들을 위한 법률적인 관점에서 보지 않는다면 제도들의 작용에는 사실상 존재하지 않는 책임 원리를 환기시켰다. 불법 체류자들의 경우에는 분명 이것이 문제되었던 것은 아니다. 국회의원들에게 책임 원리는 그들이 가결한 법적 조항들의 결과를 현장으로 보러 가야 할 필요성으로 규정되었다. 이것은 바로 한 훌륭한 발상의 표현이었다. 아마 오늘날 정치와 도덕의 교차는 책임 원리에서, 다시 말해 구체적으로 내려야 할 결정들에 적용되는 책임의 시험에서 이루어진다 할 수 있다. 사실 우리는 현재처럼 책임을 진 정치인들이 그들의 행동에 도덕적 차원을 부여할 수 있는 시험을 면제받을 수 있다고 생각하기가 어려울 것이다.

사실 나는 우리가 우리의 정치 제도에서 빈번하게 돌아다니고 있는 간편주의적인 비전 같은 것들에 만족할 수 있다고 생각지 않는다. 정치에 있어서 도덕은 손에 잡히지 않는 약속과 같은 선거 공약을 단순히 준수하는 데 있는 것이 아니다. 우리의 민주 제도는 정당들이나 출마자들이 일정 수의 제안들로 구성된 프로그램에 대한 약속을 하도록 유도한다. 잘될 경우 다수당은 투표수의 과반수를 약간 넘어 선출된다. 이 점은 이차 투표까지 가는 단기 투표에서는 맞지도 않는다. 따라서 다수당은 모든 프랑스인이 자기 당에 투표한 것처럼 행동할 수 없다. 뿐만 아니라 다수당에 표를 던진 사람들은 다수당의 제안들을 1백 퍼센트 지지해서 표를 던진 것이 아니다. 그러므로 어떠한 다수당도 모든 프랑스인이 다수당의 모든 제안들에 찬성표를 던진 것처럼 행동할 수 없다. 그래서 도덕은 하나의 프로그램을 순진하게 전부 적용하는 것일 수는 없다. 그렇게 된다면 반대로 그것은 거의 비도덕적이 될 것이다. 반면에 한 프로그램의 관점에서 보면 후퇴하는 듯하고, 나아가 이 프로그램과 모순적이라 할 조치들에 비해 책임 원리는 각각의 결정 속에 완벽하게 적용될 수 있다. 일반적으로 정치에서 들리는 말은 '해명해야' 한다는 것이다. 이것은 책임지라는 말이다. 일반적으로 보면, 책임의 시험은 민주주의의 만성적인 병을 낫게 한다. 내가 앞서 설명하려고 시도했듯이 말이다.

차도르

비종교성은 공화국의 학교에서 원칙의 문제이다. 여학생이 좋든 싫든 차도르를 쓰고 있다면, 그 애는 분명 비종교성에 타격을 주는 것이다. 학교장은 이러한 상황에 직면했을 때 어떤 결정을 내려야 한다. 이 점은 그에게 책임의 시험을 겪게 할 수 있다.

그러나 누구에 대해, 그리고 누구 앞에서 책임을 진단 말인가? 공립학교의 정체성을 만들어 주는 공화국의 이상에 대해 책임을 지는 것이다. 그는 국가 앞에서, 가정 앞에서, 그리고 여학생 앞에서 책임을 진다. 책임의 시험에서 행위만큼 중요한 것은 그 결과이다. 학교에서 학생은 제도의 중심에 있게 되어 있다. 따라서 타자의 일차적 모습은 여학생이다. 책임은 맹목적이고 집요한 방법으로 하나의 원칙을 적용하는 데 그칠 수는 없다. 그것은 타자의 얼굴을 바라보게 해야 하고, 타자에 대한 결과를 예견케 해야 한다.

차도르를 쓰는 것은 고립되고, 분리되고, 거리를 두는 행위이다. 이 행위는 그 자체로서 비난받을 수 있다. 비난받는 것을 되풀이하는 행위와 잉여적 행위를 산출해야 할 필요가 있는가?라는 의문이 제기되기 때문이다. 여학생을 제명하는 일은 그녀의 제명을 확대시키는 것이다. 그것은 아마 그녀를 이슬람 학교를 다니지 않을 수 없게 만들고, 광신적인 최악의 영향을 받지 않을 수 없게 만들 것이다. 공립학교가 대내외 관계와 교육에 있어서 비효율적이라는 점을 주장하는 일은 공립학교에 대해 매우 절망하는 것이다. 통합시키는 것은 제명이 승리하게 만드는 체제완전보존주의와 투쟁하는 일이다.

학교장이 자신의 결정과 그 결과에 대해 타자——여기서 타자는 우선 공립학교의 학생인 여자아이이다——앞에서 책임지기를 원한다면, 그는 그 아이를 제명할 수 없다. 왜냐하면 그는 그렇게 하여 그녀의 제명을 확대했다는 사실에 대해 책임질 수가 없기 때문이다. 그러한 결정은 복잡하다. 왜냐하면 그것은 도처에서 공시되고 표명된 하나의 원칙과 어긋나기 때문이다. 그러나 책임은 단 하나의 원리, 즉 그것이 모든 의식에 강제하는 시험만을 인정한다. 이 시험은 의식의 고독 속에서 실행될 수 없다. 왜냐하면 의식은 의식을 뛰어넘는 원리들, 의식 자체가 생각지 못한 그런 원리들에 직면하기 때문이다. 따라서 사색은 공동체적이다. 타자의 여러 모습들이 그렇게 하지 않을 수 없게 만든다. 그러나 완강한 여자아이는 학교 안에서 차도르에 의해 덮여 있고, 감추어져 있고, 심지어 부정되어 있다. 내가 과장하고 싶은 것인가? 더 이상 그 아이를 보고 싶지 않은 것인가? 단지 책임의 시험만이, 타자의 선택만이, 결과들에 대한 사유만이 대답의 윤곽을 그리게 해준다. 이것이 원리들의 적용과 책임 원리를 통한 시험 사이에 존재하는 모든 차이이다. 책임 원리는 원리들을 우롱하는 원리로 남아 있다. 왜냐하면 그것은 그것의 심층적인 휴머니티로부터 결코 벗어나지 못하기 때문이다. 반면에 그토록 많은 원리들은 그것들 스스로가 결과들을 지닌다는 사실을 망각한다. '원리들(신조)을 지닌' 사람들보다 더 고약한 것은 없으며, 그보다 더 비인간적인 것도, 더 공허한 것도 없다. 단 하나의 원리——책임 원리——만이 당신에게 없으며, 그리하여 모든 것은 타자들이 없이 비어 있고, 타자가 비어 있다. 그래서 차도르를 쓴 여학생은 그녀를 지지하는 체제완전보존주의자들을 다시 통합시키는 것이다.

이 몇몇 예들은 시사적 관심을 불러일으켰던 사건들 가운데 선택된 것들이다. 나는 이런 예들을 더 많이 제시할 수도 있다. 그러나 시사성은 도덕적인 일보다 법률적인 일에 더 관심이 많다. 그러한 측면은 좋은 것이다. 우리가 법의 공적인 위반을 제외하고는 타자에 대한 판단과 비난을 피한다는 점에서 말이다. 그러나 자신의 선택들이나 조만간의 행위들에 책임의 시험을 부과하기 위해서 반드시 대단한 '결정권자' 가 될 필요는 없다.

이혼한 부모들

　커플들에 있어서 위기의 순간들은 흔히 의미심장하다. 이때 어린 아이들에 대한 책임은 매우 혼란스럽게 되어 있다. 어떤 커플들의 고통, 또 다른 커플들의 도망가고 싶은 욕망·증오·거부, 이 모든 것이 분명한 것처럼 보였던 책임을 공중 분해되도록 공모한다. 우리가 스스로 전혀 준비되어 있지 않은 행동들을 임시방편으로 옮겨야 하는 이 어려운 순간들에 책임의 시험은 결정적이다.

　긴장이 팽배한 이별에서 조언자들은 많아지고 친구들은 도움을 준다. 때로는 혐오스런 일들과 가슴 아픈 일들이 지속된다. 한쪽은 다른 한쪽을 비난하고, 그리하여 상호 비방한다. 이런 일이 되씹어지고, 반복되고, 투쟁의 칼날을 갈게 만든다. 커플은 서로에게서 과오들, 불충한 일들, 기만 행위들, 부재들, 과도한 짓들, 비열한 짓들, 태만한 일들을 뒤집어씌운다. 어린아이들은 흔히 침묵 속에 나타나는 고통을 안고 부모들이 치고받는 타격들을 헤아린다.

　유일하게 나아갈 길을 가리킬 수 있는 책임의 시험이 남아 있다. 내가 행하는 일에 대해, 내가 말하는 바에 대해, 나는 가장 관련이 있는 자들, 즉 어린아이들 앞에서 책임을 지고자 하는가? 이런 질문은 대개의 경우 회피된다. 한쪽은 떠나고, 그에게 책임이 돌려진다. 다른 한쪽은 판사의 시선을 통해 자신은 죄가 없음을 알고 잘못을 덜어 버린다. 물론 판사는 그가 옳다고 인정하고, 잘못을 함께 나누지 않고 떠나는 배반자를 비난할 것이다. 법은, 예를 들면 과오에 대해 판결을 하게 된다. 그러나 아내에 비해 남편의 책임은 ——또는 그 반대도—— 동일한 성격이 아니다. 사법과 법은 이 중대한 순간에 책임의 개념들을 혼동한다. 왜냐하면 그것들은 피해를 당한 사람을 보상해 주는 데 관심을 보이기 때문이다. 피해자는 수당과 같은 보상적인 양육비를 받으며 아이들을 책임질 것이다.

그런데 본질적인 것은 여전히 어린아이들에 대한 도덕적 책임이다. 왜냐하면 이 책임이 부모들의 조건 자체를 규정하기 때문이다. 판사들은 말다툼, 이와 같은 갈등에 어린아이들의 자발적인 연루, 어린아이들에게 강요되는 거짓들, 부부가 서로에게 부추기려는 역정, 이런 것들에 대해 아는 바라곤 거의 없다. 그러나 책임 원리가 제안하는 시험, 우리의 행위와 태도에 대한 그 시험은 매우 분명하다. 내가 나의 행위들에 대해 책임지기를 원한다면, 나는 어린아이들을 부부의 대결에 끼어들지 않게 하고, 그들에게 나는 너희들의 엄마(또는 아빠)를 존중한다는 사실을 보여 주고, 그들에게 우리는 둘 다 너희들을 위해 남아 있을 것이라고 말하고, 그들에게 이렇게 표명할 것이다. 우리의 갈등은 우리의 것이며, 너희들은 우리가 내리는 모든 결정의 중심에 있을 것이다라고 말이다. 이런 것들은 어린아이가 이타성의 일차 모습으로서 확인되자마자 분명한 점들이다. 우리가 사법적 절차에서 개진되는 책임과 어린아이가 있을 때 떠맡는 자연적 책임을 혼동하지 않는다면, 그것은 다만 양식에 속하는 것이다.

말하기는 쉽다고 반론이 제기될 수 있다. 매우 비이성적인 그토록 많은 증오와 고통 앞에서 책임 원리가 무력하다는 것은 그야말로 분명하지 않은가? 어린아이에 대한 사랑을 그저 단순히 환기하는 일보다 더 단순한 것이 있을까? 그러나 존재의 이와 같은 어려운 국면들에서 사랑은 종종 포로가 된다. 그것은 간직하고자 하고, 박탈하고자 하며, 대가를 지불토록 만들고자 한다. 사랑으로 충분하다면 잘된 일이다. 그러나 정열들은 서로를 부추겨 최상으로 가는 것보다 최악으로 가는 경우가 더 많다. 내가 생각하기에 책임 원리는 궁극적인 해결책, 즉 최후의 수단이다. 그것을 환기시키는 일은 헛되거나 불필요할 수 있다. 모든 도덕적 원리의 운명은

모든 사람들이 항상 그것을 추구하는 것도, 존중하는 것도 아니라
는 점이다. 그러나 누구나 오늘 아니면 내일 자신의 오류를 파악
하고, 그럴 힘이 있을 경우 자신을 되찾도록 하기 위해서는 각자
앞에서 이 원리를 표명해야 한다. 우리가 어린아이들의 고통을 더
이상 보지 않을 때, 그들이 우리에게 아직은 제기하지 않지만 나
중에 제기하게 될 문제들에 대해 생각하는 일이 남아 있다. 우리
에게 책임이 없었다면, 이러한 문제들에 대해 우리는 **대답할** 줄도
모르게 되거나 그럴 수도 없을 것이다.

'도시 폭력'

스트라스부르나 보앙블랭의 거리에서 젊은 패거리들이 광기를
부리자마자, 자동차들이 맥없이 불살라지고 경찰들이 고의로 공격
을 받자마자, 우리는 도처에서 다음과 같은 동일한 주장을 듣게
된다. 이 젊은이들에게 책임을 가르쳐야 할 것이다라고 말이다. 누
가 이러한 절대적 명령에 반대할 수 있겠는가? 그러나 젊은 불량
배가 자동차를 불사르다가 동작을 멈추고 자신이 취하는 결정이
나 행위에 책임의 시험을 받게 하기 위해 책임 원리를 표명하는 일
은 별로 있을 법하지 않다. 문화파괴주의는 그 자체에 책임의 엄청
난 결핍을 함축한다. 위에서 환기한 절대적 명령은 상투적으로 통
하지만 틀린 것은 아니다. 우리가 도덕의 환기를 시작할 수 있는 때
는 불을 지르는 순간이 아니다. 그보다 훨씬 앞서야 한다. 오늘날
은 너무 늦었다.
그러나 우리는 마찬가지로 사후에 책임에 대한 논지를 편다. 우
리는 이 문화파괴자들이 대가를 지불해야 한다고 주장한다. 따라
서 그들은 배상을 해야 한다. 이것이 바로 책임의 법률적 의미이

다. 그들은 그들의 받아들일 수 없는 행위에 대해 책임져야 하고, 징벌은 그들로 하여금 자신들의 과오를 자각하도록 할 것이다. 그렇지 않으면 그들은 이 행위에 대해 더 이상 의식조차 하지 않는다. 이러한 추론은 설득력이 있지만 여전히 추상적이다. 우리는 그것이 미성년 혹은 성년인 이들 젊은이들에게 자신들의 과오를 어쩌면 자각하게 할 수도 있다는 사실을 부정할 수 있는가? 그들의 모든 행동들을 설명하려는 사회적 결정 요인들을 내세워 그들을 평범하게 용서하자는 것은 말도 안 된다. 우리는 문화파괴주의와 불안에 일상적으로 직면하지 않은 사람들이 흔히 단언하는 그 변호들에 지쳤다. 우리는 우리가 책임 원리를 부과하고자 하는 사람들에 대해 그것을 적용해야 한다. 이것은 감옥으로 몰고 가고 아주 나쁜 교제를 하도록 만드는 형사 처벌과는 정반대이다. 그것은 감옥에 있는 사람들에 특유한 재범에 대한 준(準)확신과도 반대된다. 패트 오브리언과 제임스 캐그네이가 출연하는 아름다운 영화 《더러운 얼굴을 한 천사들》을 회상해 보자. 이 두 불량배들은 도둑질을 하다가 발각된다. 경찰이 그들을 뒤쫓는다. 그 중 한 명은 너무 천천히 달리다가 붙잡힌다. 다른 한 명은 신속하게 달아난다. 나중에 한 명은 단련된 깡패가 되고, 다른 한 명은 유명한 목사가 된다. 전자가 전기의자에서 처형되게 될 때, 후자는 그들 사이에 존재했던 차이를 이렇게 설명하게 된다. "불행하게도 그는 나만큼 신속하게 달리지 못했다."

　이러한 무책임한 문화파괴주의를 막기 위해서는 책임 있는 조치들을 취해야 한다. 다시 말해 끝까지 우리 행위의 결과들을 고려해야 하고, 일련의 인과 관계에서 최초의 행위인 진압 행위에 즐거워하지 않아야 한다. 사실 우리는 복수 속에서, 벌을 주는 데서 즐거움을 느낀다. 왜냐하면 우리는 약탈자가 자신의 행위에 대한 대가를 지불하는 일은 정당하다고 생각하기 때문이다. 그러나 결

과의 끝까지 가보자. 만약에 이러한 결정을 통해서, 우리가 감옥
의 가장 공통적인 재범 효과인 약탈자를 더 나쁘게 만들고 더 공격
적으로 만든다는 것이 거의 확실하다면, 우리는 우리의 행위와 그
결과에 대해 단순히 특별한 피해를 입은 당사자뿐 아니라 사회라
는 타자 앞에서 책임을 제대로 지지 못할 것이다. 물론 피해자는
고려해야 하는 타자이다. 왜냐하면 그의 상황은 견딜 수 없는 정
도이기 때문이다. 그에게 금전적으로 피해 보상을 해주어야 하고,
그의 피해가 받아들일 만하지 않다는 점을 보여 주어야 한다. 그
러나 정치인이 내리는 결정은 이타성의 세 모습, 즉 피해자 · 사회
그리고 문화파괴자 자신이라는 이 세 모습 앞에서 책임이 있다. 책
임이 없는 사람 앞에서도 우리는 책임이 있다. 이것은 역설이지,
책임 원리의 모순이 아니다.

　그러나 이 역설은 중요하다. 타자는 그가 이미 책임이 있다는 사
실에 의해 규정될 수 없다. 어린아이는 아직 책임이 없지만, 나의
책임을 면제해 주지 않는다. 이것이 바로 본질적인 사실이다. 도
덕적으로 행동하기 위해서 우리가 모든 사람들이 도덕적으로 행동
하기를 기다릴 수는 없다. 만약 그렇게 기다려야 한다면, 도덕에는
아무런 장점도 없을 것이다. 왜냐하면 타자들의 행위들은 예측할
수 있을 테고, 책임 원리의 모든 위험은 사라질 것이기 때문이다.
이 위험이 책임 원리의 본질적인 요소인데도 말이다.

　그렇다면 어떻게 해야 하는가? 물론 사회에 대한 반항의 씨앗
인 문화파괴주의의 폭력을 찬양하면서 아첨을 떠는 민중 선동가들
의 역할을 해서는 안 된다. 이 싹은 언제나 자연 발생적으로 소멸
하고 만다. 물론 벌을 내려야 하지만, 책임에 대한 교육 계획에 충
실히 참여하는 벌을 주어야 한다. 대체 형벌은 책임 있는 적극적 위
험들을 감수하도록 해야 한다. 피해 보상을 해주어야 하지만, 그것
이 헛되지 않아야 한다. 보상을 해주어야 하지만, 그것은 또한 자

기 자신을 회복하기 위한 것이어야 한다. 감옥으로부터 비롯되는 바는 좋은 자각이 아니다. 사법이 복수가 될 때, 그것은 책임 있는 것이 아니다. 그것은 대가를 지불하게 한다. 이 한 가지 점이 전부이다. 그래서 모든 사람들이 대가를 지불한다. 우리는 파괴자를 타자와 고립시키면서, 다시 말해 모든 책임으로부터 그를 벗어나게 하면서 책임에 대한 교육을 할 수는 없다. 교육은 그를 탈사회화시켜서는 될 수 없는 것이다. 우리는 타자를 모욕하면서 책임 있는 사람이 되게 할 수 없다.

도덕철학은 무슨 소용이 있는가?

"책임은 모든 사람의 일이다." 이것은 평범한 표현이다. 우리는 이런 말을 환경·안전·자유 등에 대해서도 한다. 그것은 모든 사람들의 일이 아니라 "각자의 일이다." 이 표현 역시 더 이상 참신하지 않다.

《그는 삶을 바꾸었다네》에서 장 자크 골드만은 특별한 게 아무것도 없는 구두 수선공, 단순한 선생님, 그리고 작은 순박한 사람을 내세워 보다 훌륭히 노래하고 있다. 그들은 삶을, 다시 말해 타자들의 삶을 변화시킬 수 있다. 저마다 자신의 구두들에 대해, 자신의 교육에 대해, 자신의 색소폰에 대해 책임을 지는 것이다. 그들은 그렇게 삶을 변화시킨다고 우리는 말할 수 있다. 그들은 그들의 삶을 '우리의 시간 한가운데서' 보낸다. 그들은 '그토록 많은 시간·재주 그리고 마음'을 쏟고, '그토록 많은 시간·눈물 그리고 고통'을 쏟아 삶을 변화시키고 있다. '요컨대 약간은 실패했다' 할지라도, 그리고 '서투르고 몽상적이라' 할지라도, '매일같이 자신의 임무에 충실하면' 누구나 타자들의 삶을 변화시킬 수 있다. 그 어떤 이론적인 텍스트보다 많은 힘을 주는 음악에 맞추어 그렇게 책임을 노래하는 것은 책임을 말하는 아름다운 방식이다. 골드만은 이를 세 번에 걸쳐 반복하고 있다. 이 모든 것은 "아름다운 담화나 큰 이론들로부터 멀리 떨어져" 이루어지고 있다고 말이다. 철학에 대한 비판일까? 우리는 철학 없이 살아갈 수 있을까? 철학 없이 책임질 수 있을까? 철학 없이 삶을 변화시킬 수 있을까?

이는 철학과 도덕 사이의 관계에 대한 본질적인 역설이다. 철학이 벗어날 수 없는 역설 말이다. 물론 우리는 전혀 철학을 하지 않고도 도덕적으로 행동할 수 있다. 누구나 '아름다운 담화나 큰 이론들로부터' 벗어나 책임질 수 있다. 골드만이 노래하는 예들은 학생들이 어떤 수준에 있든, 그들을 가치 있게 만들 줄 아는 예수회 선생님들의 게임과 동등한 가치를 지닌다. 그렇다면 철학적 글을 쓰고 본서와 같은 에세이를 쓰는 일이 무슨 소용이 있는 것일까?

우리는 가수에게도 동일한 질문을 할 수 있을 것이다. 그가 구두 수선공, 선생님, 또는 순박한 사람에 대해 노래하는 것이 무슨 소용이 있는가?라고 말이다. 대답은 보다 분명하다. 말과 음악·리듬·샹송을 들으며 나누는 즐거움, 곧 대중적 즐거움이 있기 때문이다. 아마 이런 방식은 예들을 보급하는 데 더 효율적이기까지 할 터이다.

여기에 도덕철학의 그 역설이 집요하게 버티고 있음에 틀림없다. 역설을 역설로서 전적으로 떠안아야 한다. 이 역설은 환상에 대항하는 무기이다. 환상은 철학자가 다른 사람들에게 어떤 참신한 도덕을 제시할 수 있고, 그들 하나하나가 그를 따르도록 설득할 수 있다고 생각하는 것이리라. 철학적 수련을 한 일부 정치인들(레닌·마오쩌둥)은 힘을 사용하여 이를 시도했다. 그런 방법은 추천할 만하지 않다. 다시 말해 그것은 헛된 일이다. 따라서 나는 이 역설을 숨기지 않고 체험해야 한다. 이것이 철학적 사색의 운명이다. 나는 나의 담론이 나 없이도 이미 유효할 때만이, 다시 말해 도덕이 나 없이도 살아갈 수 있을 때만이 이 담론의 효율성을 믿을 수 있다. 그렇다면 나는 전혀 쓸모가 없는 것일까? 그리고 새로운 도덕적 원리가 나 없이도 떠오르고 있다면, 이 원리의 출현은 무엇을 의미하는가? 결국 구두 수선공, 선생님, 그리고 색소폰 연주자는 책임 관념에 전적으로 무심한 것인가? 그들은 책임을 실천적으로 알고 있고, 그것의 개념을 생각지 않고도 그것을 이행한다. 이 점이 가장 중요한 것이 아닌가?

도덕철학은 체험하고 생각하는 데 똑같이 어려운 두 개의 역설 사이에 옴짝달싹 못하고 있다. 첫번째는 골드만의 노래에 의해 표명되고 있다. 두번째는 '경건한 소망'을 띤 고발로서 일상적으로 나타난다. 사실 도덕철학은 어느 누구도 강요할 수 없고 강요하고자 하지도 않는다. 따라서 그것은 힘을 사용하지 않고 표현한다. 그것은 길을 가리키지만 각자는 자신이 원하는 것을 한다. 힘이 개입하면 도덕은 모든 의미를 상실하고 만다.

외관상 끔찍한 이중의 역설은 이런 것이다. 한편으로 각 개인은 철학의 도움 없이도 도덕적 행동을 자연 발생적으로 할 수 있기 때문에 철학이 아무 소용이 없다. 다른 한편으로 철학이 나쁜 행동을 하는 사람들에 대해 법에 있어서나 사실에 있어서나 어떠한 강제 수단도 가지고 있지 않다. 두 경우에도 여전히 철학은 읽혀졌거나 보급되었어야 했을 것이다.

이 이중의 역설은 철학가가 최상의 경우 행동들의 변화를 기록하는 사회학자이고, 최악의 경우 노래하는 내일을 위해 아름다운 이상들을 종이에 쓰고 있는 부드러운 몽상가라고 생각하게 할 수도 있을 것이다.

나는 철학적 신념의 형태가 존재한다고 생각한다. 그것은 이 역설들이 철학에 겪게 하는 위협들을 즐기면서 역설들을 체험하게 해준다. 철학적 신념은 철학에 대한 신뢰이다. 철학이 그처럼 유행하는 것은 무엇 때문인가?라고 질문을 받을 때, 우리들 가운데 여러 사람들은 다음과 같은 유사한 답변을 한다. 철학이 얻게 해주는 놀라움은 그것이 역사 속에 집요하게 존재한다는 사실이지, 오늘의 유행이 아니다. 기원 5세기 전에 그리스에서 탄생한 그토록 신기한 사상 형태가 오늘날에도 여전히 살아 움직이고 있다. 여기에는 분명 이유들이 있다. 그러나 유행은 우리가 개의치 않는 것이다. 오늘날 사람들이 말하듯이 "그건 이유가 아니다."

　도덕철학은 원칙상 매우 엘리트주의적인 철학의 여타 측면들과 다른 운명을 경험하고 있다. 예를 들면 존재에 관한 이론인 존재론의 경우가 그런 것인데, 이 이론의 목적은 원칙상 '대중적'이 아니다. 반대로 도덕은 우리 모두에게 관계되고 실제적인 삶 속에서만 의미를 갖는다. 이 점이 종교와 도덕에 대한 파스칼의 추론이 지닌 힘이다.

　그리하여 본질적 신뢰로서의 철학적 신념은 다음과 같은 확신으로 요약될 수 있다. 즉 개념들의 분석은 사유를 명쾌하게 해주고, 사유에 즐거움을 주며 좋은 일밖에 할 수가 없다. 사실 효율적이지만 혼돈스러운 실천은 명확한 분석을 통해 풍요로워진다. 망설이는 실천은 명쾌한 사유를 양식으로 삼는다. 또 해로운 실천은 그것이 그 자체를 의식하게 만드는 분석을 우연히 만난다. 철학자는 주변적 역할밖에 하지 않지만 그것이 바로 그의 역할이다.

　도덕 원리들은 섬세함의 원리들이다. "우리는 그것들을 가까스로 볼 뿐이다. 우리는 그것들을 본다기보다 차라리 느낀다. 스스로 느끼지 못하는 사람들로 하여금 그것들을 느끼게 하려면 무한히 힘이 든다."(파스칼) 내가 보기에 이것이 도덕철학의 사명이다.

　나는 좀더 멀리 나아가겠다. 나는 골드만의 구두 수선공이 선생님이나 색소폰 연주자처럼 다른 사람들을 행복하게 만들어 주는 것이 무척 기쁘다. 그들의 책임은 나의 것보다 작지 않다. 그런데 내가 나의 고유한 분석들로부터 벗어날 수 없다면, 철학자의 책임이란 명확히 무엇인가?

철학자의 책임

　이미 나는 본서를 시작하면서 플라톤이 철학자에게 강제하는 정당한 의무들과, 우리가 이 의무들을 현대 세계에 적용하여야 했던 방법을 언급했다.

　철학자를 말하는가, 철학 교수를 말하는가? 이것은 여러분이 하나의 글을 집필하자마자 기자들이 제기하는 질문이다. 나는 내가 철학 교수라는 사실이 자랑스럽다. 23년 전부터 교육을 한 이래로 나는 1년을 쉬었다. 나는 학생들이 그리웠다. 나는 만년필로 무장한 그들의 육체 앞에서 큰 소리로 말하는 사색이 그리웠다. 언제나 나는 교육이 나를 유지시켜 주고, 나로 하여금 독서를 하지 않을 수 없게 하고, 소란스러운 세계의 소용돌이 속에 빠지지 않을 수 있도록 만든다는 느낌을 간직하고 있다.

　나는 작업을 하면서, 또는 철학 방송에 참여하면서 다른 일을 하고 있다는 느낌을 가져 본 적이 없다. 교육은 변모의 작업이다. 경쟁 시험은 아카데믹한 자질들을 유효하게 한다. 그러나 하나의 학급 앞에 다시 서는 입상자는 변모의 진정한 작업을 수행해야 한다. 나는 텔레비전에서 다른 어떠한 차이도 보지 못한다. 시청자는 보다 광범위할 수 있고, 구속 요소들은 다를 수 있다. 하지만 나는 시간·장소 그리고 규모에 자신을 석응시키려고 노력하는 이러한 실전을 높이 평가한다.

모범의 문제

　나는 철학자에게 있어서 책임은 우선적으로 모범성에 있다고 전혀 생각지 않는다. 도덕은 모범들로부터 시작된다는 논지가 흔히 수긍이 간다. 우리가 도덕에 관한 책을 읽을 때, 우리는 일반적으로 다음과 같은 한계를 인정한다. 단지 모범만이 중요하다. 이글쓰기는 덜 효율적일 것이다라고 말이다.

모범의 미덕을 두 가지 방식으로 비판해야 한다. 우선 도덕을 다루는 철학자는 내가 여기에서 그렇게 하고 있듯이, 어떤 면에서도 모범이 아니고 또 모범이 되겠다고 주장할 수도 없다. 주관적인 완벽함에 대한 확신 속에서만 말을 할 권리가 있다고 생각하는 일은 대단한 자만일 것이다. 도덕을 생각한다고 해서 즉각적으로 도덕적이 되는 것이 아니다. 그렇게 된다면 너무나 아름답고 너무나 엘리트주의가 될 것이다. 나는 언제나 나의 어떤 행위들 때문에 반격을 당할 수도 있을 테지만, 내가 쓰는 것을 진실이라 믿을 것이다. 미덕에 대해 쓴다고 해서 덕망 있게 되는 것은 아니다. 그것은 다만 자신의 불완점함을 인식하게 할 뿐이다.

다음으로 칸트는 우리에게 전범들을 경계하라고 충고하고 있다. 전범들은 너무 경험적이고, 따라서 전적으로 불확실하기 때문이다. 전범은 도덕적 행동이 가능하다는 사실을 보여 주는 단순한 예시에 불과할 수밖에 없을 것이다. 칸트는 '복음서의 성인'을 경계하라고 말했다. 그리스도 자신이 자신의 행위들을 유효하게 해주는 원리들에 준거해서만 도덕적으로 행동하고 있는 것이다. 전범으로 제시되는 전범들을 경계하자. 그것들은 인격의 온갖 숭배, 종교상의 모든 스승들, 모든 최고의 안내자들에게 열려진 길들이다. 따라서 교육에서는 살아 있는 전범이 되는 것만으로는 충분치 못하다. 자신을 전범으로 제시하는 것 자체가 좋지 않다. 전범 자체에 외부적인 평가 기준에 따라 다른 사람들이 판단하도록 남겨두자. "우리가 다른 것들을 입증하기 위해 내세우는 전범들, 우리가 이 전범들을 입증하려면 우리는 이 전범들의 전범들이 되도록 다

른 것들을 내세워야 할 것이다."(파스칼)

전범은 신뢰·찬양 그리고 존경을 불러일으킨다. 그러나 철학자는 자신을 다른 사람들보다 더 훌륭하다고 간주할 수 없다. 직업인으로서 그는 개념들을 다루고 자신의 개입 분야들을 선택한다. 그는 자신이 말하고 쓰는 바에 대해 다른 사람들 앞에서, 교실이나 강당에서, 신문이나 대중 매체에서 책임을 지고자 하는 것이다. 토론·논쟁 그리고 대화의 역할이 그런 것이다. 모든 인간에게 그렇듯이 이러한 책임은 동시에 활동을 구성하지만, 장소에 따라서 변화한다. 어떤 경우들에 있어서는 대학입학자격시험으로 이르게 하여 이것에 대해 가능한 한 가장 효율적으로 준비해야 한다. 또 어떤 경우들에 있어서는 다만 의식들을 일깨워야 한다. 이것이 성공한다면 괜찮은 것이다.

따라서 철학자로서, 철학 교수로서, 아버지로서, 그리고 시민으로서, 나는 책임 원리가 우리 시대를 표현하고 있다고 확신한다. 이 원리는 창의적 도덕에 대한 우리의 욕망, 혁신에 대한 우리의 기호, 우리의 의무 감각, 끊임없이 즉석에서 임기응변으로 대처하지 않을 수 없는 우리의 의무, 특히 타자와 관계의 상호성을 동시에 만족시켜 준다. 왜냐하면 책임 원리는 또한 책임의 요구이기 때문이다. 나는 내가 책임지기를 원하듯이 타자에게 책임지기를 요구하는 것이다. 나는 타자로부터 이 능력과 이 관계를 기대한다. 이 기대는 비책임에 대한 다양한 고발들을 만들어 낸다. 우리는 우리를 까다로운 도덕의 고통이나 점증하는 법률주의의 변실들에 빠지게 할 수 있는 그런 경향을 경계해야 한다. **진정한 도덕이 도덕을 우롱할 때**, 그것은 타자에 대항하는 무기가 되는 것을 피하여 언제나 타자를 위한 몸짓으로 남는다.

에필로그

　식사가 끝나고, 초대받은 자들은 일어나 감사를 표한다. 의례적인 일이다. 언제나 같은 것이지만 몇몇 형용사들이 표명된다. 훌륭했다, 매우 맛있었다, 대성공이었다, 매우 마음에 들었다……. 이제 소화시키는 일만이 남아 있다. 북쪽 사람들이 말하듯이 맛있는 것들은 해로울 수가 없다. 그러나 여전히 주요한 소화, 맛의 소화가 남아 있다. 맛있는 식사들은 중복되게 되어 있다. 우리는 보다 잘 판단하여 음미할 수 있을 정도로 맛있는 식사에서 진보했음에 틀림없다.

　우리는 책 속에서 음식을 배우는 것이 아니다. 우리는 언제나 맛의 경험을 통해서 음식의 진보를 이룬다. 이 점은 특히 술과 관련해서 그렇다. 시음하는 것만으로는 충분치 않다. 우리는 결코 순수한 경험주의 속에 머물지 않는다. 기억이 필요하다. 여러 종류들이 만들어져 감각적인 것을 포착하게 해준다. 약간의 경험만 있으면, 우리는 결코 무턱대고 맛보지 않는다……. 나는 맛의 질을 찾고 또 찾는다. 이것이 바로 하나의 술로 하여금 현재 모습이 되게 해준다. 맹목적인 방법들은 가장 큰 실수들을 만들어 낸다. 나는 뮈지니〔포도주 이름〕를 맛보듯이 라투르〔포도주 이름〕를 맛볼 수는 없다. 그렇게 되면 맛은 순전히 수동적이 되어 버릴 것이다. 나는 향기, 과실, 나무통에서 우러나온 맛, 순한 맛, 가벼운 맛을 찾고 싶다. 나는 상표를 본다. 나는 상표의 특이한 치장을 좋아하고, 그것을 기억해 내려고 한다. 안다는 것은 알아본다는 뜻이다. 그것은 경험에서 시작하지만 전적으로 경험으로부터 비롯되는 것은 아니다. 그래서 단지 나는 이렇게 포도주를 평가할 수 있을 뿐이다. "포이약 포도주로 말하면 그것은 약간의 타닌이 들어 있다. 1985년산이라면, 그것은 볼 것도 없이 병을 따야 한다 등."

포도주와 마찬가지로 음식도 경험을 통해, 좀더 정확히 말하면 교육을 통해 아는 것이다. 교육이 증가하면 할수록 나는 음식의 정확한 가치를 더 잘 '평가할' 수 있다. 그러나 이에 대해 구두 수선공, 단순한 선생님, 그리고 작은 순박한 사람은 다시 발언을 요구한다. 잘된 일이다. 누구나 철학자의 책을 읽지 않고도 역시 도덕적으로 행동할 수 있다. 정말 잘된 일이다.

  오늘날 우리는 가치들이 혼재하고 중심을 잃은 이른바 '포스트모던'한 시대에 살고 있다. 다양한 가치들은 하나의 '조정적인' 절대 가치에 의해 정리되고 체계화되지 못하고, 무질서하게 병렬적으로 공존한다. 이런 다원적 현상은 풍요로 인식될 수 있으나, 역설적으로 현대인이 당면한 정신적 방황과 해체의 상황을 드러내 주는 하나의 징표라고도 할 수 있다. 자본주의의 승리와 이러한 가치의 혼란은 인간을 비도덕적으로 만들면서 약육강식적 투쟁의 강도만 심화시킬 우려가 있다. 그리하여 사회는 긴장과 갈등으로 치닫는 메마르고 냉혹한 세계가 될 수 있다.

  이와 같은 혼돈의 시대에 현대인이 의지해야 할 곳은 자기 자신밖에 없으며, 자신의 자유와 권익을 지키기 위해 모든 수단을 동원하게 된다. 내몫챙기기의 주장은 많아지고, 원칙과 정의는 한낱 허구임이 드러난다. 그러면서 모든 것이 남의 책임으로 돌려진다. "다른 사람들 모두가 도덕적으로 행동한다면, 나도 도덕적으로 행동하겠다"는 동물적 발상이 의식의 저변에 흐르게 된다. 이런 생각은 도덕의 의미 자체를 제거해 버린다. 그리하여 공허한 책임론만이 난무한다. 어떤 사건이 터졌을 때 책임져야 한다는 목소리는 높지만 아무도 책임지려 하지 않는다. 법가의 사상처럼 법률지상주의는 하나의 방편이 될 수 있을 것이다. 그러나 그것은 한계가 있고 사회를 황폐하게 만든다.

  개인의 자유와 권리가 확대되고, 사회적인 구속이나 억압이 줄어들면 줄어들수록 개인이 져야 할 책임의 무게는 그만큼 가중된다. 이 책임이 그의 자유와 권리를 보장해 주는 것이다. 개인의 신장과 비례하여 증가하는 이 책임이 등한시될 때 사회는 퇴보할 수밖에 없다. 기성의 모든 가치나 권위가 무너져도 더불어 사는 사회가 유지되려면, 개인이 자신의 결정과 행위 그리고 결과에 대해 자신과 타자 앞에, 또는 사회 앞에 책임을 지는 풍토가 정착되어야 한다. 그렇기 때문에 안개가 자욱이 낀 이 불투명한 시대에 책임 원리가 새로운 도덕의 원리로 부상되고 있는 것이다. 또한 어떤 다른 도덕적 질서와도 다르게 책임은 모든 이데올로기적·사상적 차이를 넘어서 지배적인 담론의 위치를 차지할 수 있다. 그것은 사회적·경제적 변화와 구속에 직면하여 문제들을 해결하기 위해 나타난 '자유의 발현'이기 때문이다.

저자는 새로운 도덕적 담론으로서 책임 원리가 부상할 수밖에 없는 역사적 상황을 꿰뚫으면서 이 원리의 요체를 "진정한 도덕은 도덕을 비웃는다"는 파스칼의 말로 대신하고 있다. 그만큼 도덕으로서의 책임 원리는 기존의 도덕을 맹목적으로 추종하는 것과는 거리가 멀다는 뜻이다. 도덕은 강자나 약자의 논리일 수도 있고, 질서 유지를 위한 허위일 수도 있다. 그러나 책임 원리는 '영혼을 일깨우듯 의식을 일깨우는' 참여적 운동이고, 적극적 자세로서 문제를 제기하는 인간성의 구현이다. 그것은 도덕지상주의를 원하지 않는 시대에 도덕의 필요성을 만족시켜 주는 대안적 담론이다. 저자는 책임이란 말에 대해 철학적·법률적 고찰을 하면서 그것의 계보를 추적한다. 근대에서 현대로 넘어오면서 그것은 다분히 법률적 개념에서 강조되어 그것의 부정적인 성격이 부각되었다. 그것은 타자에게 피해를 입혔을 경우 배상이나 제재, 또는 강제라는 측면과 결합되었기 때문이다. 그러나 책임의 법률적 개념의 경직화는 책임의 타락 내지는 변질을 가져와 사회가 역동적으로 움직이지 못하도록 만든다. 책임이 염려되어 모험과 행동을 하지 않는 무위(無爲), 제재에 대한 두려움, 보험을 통한 해결과 타자의 망각, 우발적인 사고를 생각할 수 없는 현상 등 여러 부작용이 뒤따르고 있다. 무엇보다도 책임이 법률적으로만 생각될 때, 사회가 역동성을 상실한 불임 사회로 갈 위험성이 있다는 것이다.

이로부터 책임의 도덕적 측면이 지닌 중요성이 나온다. 법률적으로 모든 책임 문제를 해결하려 함으로써 야기되는 병폐를 막기 위해서는 책임의 도덕적 측면이 균형적으로 살아 움직여야 한다. 책임의 법률적 측면은 과거(과거의 사건)와 관련되어 있지만, 도덕적 측면은 위험을 감수하는 미래 지향적 의지를 표현한다. 그것은 미래에 일어날 모든 문제들을 진취적이며 적극적인 자세로 대처하겠다는 결연한 자세를 간직하고 미지의 세계로 항해하는 모험을 함축한다. 그렇기 때문에 그것은 사회를 열린 사회로 이끌어 가는 견인차 역할을 하는 것이다.

책임의 도덕적 측면은 특히 누구 앞에 책임져야 하는가?라는 타자의 문제를 진지하게 고려하도록 하면서 영역과 권한의 문제를 검토하게 만든다. 또한 그것은 부모의 책임과 같은 자연적 책임과 계약적 책임, 책임에 있어서 주체의 위치, 책임의 공공성, 위험 등 다양한 면들과 마주치게 한다. 특히 주체의 문제는 책임의 도덕적 개념이 '포스트마르크스적 개념'이라는 점에서 새로운 사유를 요구한다. 그것은 사회주의 이데올로기의 붕괴와 밀접하게 연결되어 있으며, 집단과 조직은 개인을 통해서만 책임을 질 수밖에 없다는 점에서 개인과 집단과의 관계라는 민감한 현안과 직결된다.

저자 에슈고엔은 책임의 도덕적 측면에 포함되는 많은 요소들을 검토한 후, 현실의 정치·경제·사회 각 분야에서 책임이 어떻게 법률적으로 그리고 도덕적으로 시험되고 있는지 고찰하고 있다. 그는 공장의 폐쇄와 보존으로부터 정지인들의 겸식·부패·이민 문제를 포함해 아랍계 여학생들의 차도르 착용과 도시 폭력에 이르기까지, 디양한 시사적 문제들을 책임의 법률적 측면과 도덕적 측면에서 접근함으로써 책임 원리가 어떻게 구현될 수 있는지 적절하게 예시하고 있다.

본서는 작은 일에도 자신의 책임을 다하는 보통인들의 아름다운 삶을 노래한 장 자크 골드만의 샹송, 〈그는 인생을 변화시켰다네〉로 시작된다. 그러면서 그것은 중간중간 요리 이야기로 막간을 넣어 자칫

딱딱하기 쉬운 도덕적·철학적 담론을 부드럽게 이끌어 가고 있다. 이런 것들은 이 책을 읽는 별도의 재미라 할 것이다. 우리 시대에도 책임이 이제 하나의 지배적인 말이 되었다고 할 수 있다. 물론 법률적·도덕적 책임이 균형 있게 실현되는 사회가 되기 위해서는 아직 갈 길이 험하고 멀다 할 터이다. 저자가 결론에서 밝혔듯이 철학자의 사명은 제기되는 문제들과 개념들을 명쾌하게 분석해 주고 사유에 풍요와 즐거움을 주는 것이리라. 독자는 본서를 읽음으로써 막연하게 생각될 수도 있을 책임이라는 주제에 대해 보다 심도 있게 접근할 수 있고, 책임 원리가 이 시대에 떠오르는 진정한 도덕적 담론인지 성찰해 볼 수 있는 좋은 기회를 만나게 되리라.

역자 김 웅 권

김웅권
한국 외국어대학교 불어과 졸업
프랑스 몽펠리에3대학 불문학 박사
현재 프랑스 파리3대학 누벨르소르본느앙드레말로연구소 연구원
학위 논문: 〈앙드레 말로의 소설 세계에 있어서 의미의 탐구와 구조화〉
저서: 《앙드레 말로—소설 세계와 문화의 창조적 정복》
논문: 〈앙드레 말로의 《왕도》에 나타난 신비주의적 에로티시즘〉
(프랑스의 《현대문학지》 앙드레 말로 시리즈 10호)
〈앙드레 말로의 《인간의 조건》에서 광인 의식〉
(미국 《앙드레 말로 학술지》 27권)
역서: 《심층심리학자 니체》《이별》《천재와 광기》《니체 읽기》
《상상력의 세계사》《순진함의 유혹》《영원한 황홀》《파스칼적 명상》

현대신서
94

진정한 모럴은 모럴을 비웃는다

초판발행 : 2002년 1월 20일

지은이 : 알랭 에슈고엔
옮긴이 : 김웅권
펴낸이 : 辛成大
펴낸곳 : 東文選

제10-64호, 78. 12. 16 등록
110-300 서울 종로구 관훈동 74
전화 : 737-2795

편집설계 : 韓仁淑 李惠允 李妊旻

ISBN 89-8038-210-3 04190
ISBN 89-8038-050-X (현대신서)

【東文選 現代新書】

1 21세기를 위한 새로운 엘리트	FORESEEN 연구소 / 김경현	7,000원
2 의지, 의무, 자유 — 주제별 논술	L. 밀러 / 이대희	6,000원
3 사유의 패배	A. 핑켈크로트 / 주태환	7,000원
4 문학이론	J. 컬러 / 이은경 · 임옥희	7,000원
5 불교란 무엇인가	D. 키언 / 고길환	6,000원
6 유대교란 무엇인가	N. 솔로몬 / 최창모	6,000원
7 20세기 프랑스철학	E. 매슈스 / 김종갑	8,000원
8 강의에 대한 강의	P. 부르디외 / 현택수	6,000원
9 텔레비전에 대하여	P. 부르디외 / 현택수	7,000원
10 고고학이란 무엇인가	P. 반 / 박범수	근간
11 우리는 무엇을 아는가	T. 나겔 / 오영미	5,000원
12 에쁘롱 — 니체의 문체들	J. 데리다 / 김다은	7,000원
13 히스테리 사례분석	S. 프로이트 / 태혜숙	7,000원
14 사랑의 지혜	A. 핑켈크로트 / 권유현	6,000원
15 일반미학	R. 카이유와 / 이경자	6,000원
16 본다는 것의 의미	J. 버거 / 박범수	10,000원
17 일본영화사	M. 테시에 / 최은미	7,000원
18 청소년을 위한 철학교실	A. 자카르 / 장혜영	7,000원
19 미술사학 입문	M. 포인턴 / 박범수	8,000원
20 클래식	M. 비어드 · J. 헨더슨 / 박범수	6,000원
21 정치란 무엇인가	K. 미노그 / 이정철	6,000원
22 이미지의 폭력	O. 몽젱 / 이은민	8,000원
23 청소년을 위한 경제학교실	J. C. 드루엥 / 조은미	6,000원
24 순진함의 유혹 〔메디시스賞 수상작〕	P. 브뤼크네르 / 김웅권	9,000원
25 청소년을 위한 이야기 경제학	A. 푸르상 / 이은민	8,000원
26 부르디외 사회학 입문	P. 보네위츠 / 문경자	7,000원
27 돈은 하늘에서 떨어지지 않는다	K. 아른트 / 유영미	6,000원
28 상상력의 세계사	R. 보이아 / 김웅권	9,000원
29 지식을 교환하는 새로운 기술	A. 벵토릴라 外 / 김혜경	6,000원
30 니체 읽기	R. 비어즈워스 / 김웅권	6,000원
31 노동, 교환, 기술 — 주제별 논술	B. 데코사 / 신은영	6,000원
32 미국만들기	R. 로티 / 임옥희	근간
33 연극의 이해	A. 쿠프리 / 장혜영	8,000원
34 라틴문학의 이해	J. 가야르 / 김교신	8,000원
35 여성적 가치의 선택	FORESEEN연구소 / 문신원	7,000원
36 동양과 서양 사이	L. 이리가라이 / 이은민	7,000원
37 영화와 문학	R. 리처드슨 / 이형식	8,000원
38 분류하기의 유혹 — 생각하기와 조직하기	G. 비뇨 / 임기대	7,000원
39 사실주의 문학의 이해	G. 라루 / 조성애	8,000원
40 윤리학 — 악에 대한 의식에 관하여	A. 바디우 / 이종영	7,000원
41 흙과 재 〔소설〕	A. 라히미 / 김주경	6,000원

 84 조와(弔蛙)   金敎臣 / 노치준·민혜숙   8,000원
 85 역사적 관점에서 본 시네마   J.-L. 뤼트라 / 곽노경   근간
 86 욕망에 대하여   M. 슈벨 / 서민원   8,000원
 87 산다는 것의 의미·1—여분의 행복   P. 쌍소 / 김주경   7,000원
 88 철학 연습   M. 아롱델-로오 / 최은영   8,000원
 89 삶의 기쁨들   D. 노게 / 이은민   6,000원
 90 이탈리아영화사   L. 스키파노 / 이주현   8,000원
 91 한국문화론   趙興胤   10,000원
 92 현대연극미학   M.-A. 샤르보니에 / 홍지화   8,000원
 93 느리게 산다는 것의 의미·2   P. 쌍소 / 김주경   7,000원
 94 진정한 모럴은 모럴을 비웃는다   A. 에슈고엔 / 김웅권   8,000원
 95 한국종교문화론   趙興胤   10,000원
 96 근원적 열정   L. 이리가라이 / 박정오   9,000원
 97 라캉, 주체 개념의 형성   B. 오질비 / 김 석   근간
 98 미국식 사회 모델   J. 바이스 / 김종명   근간
 99 소쉬르와 언어과학   P. 가데 / 김용숙·임정혜   10,000원
100 철학자들의 동물원·상   A. L. 브라-쇼파르 / 문신원   근간
101 철학자들의 동물원·하   A. L. 브라-쇼파르 / 문신원   근간

【東文選 文藝新書】
 1 저주받은 詩人들   A. 뻬이르 / 최수철·김종호   개정근간
 2 민속문화론서설   沈雨晟   40,000원
 3 인형극의 기술   A. 훼도토프 / 沈雨晟   8,000원
 4 전위연극론   J. 로스 에반스 / 沈雨晟   12,000원
 5 남사당패연구   沈雨晟   16,000원
 6 현대영미희곡선(전4권)   N. 코워드 外 / 李辰洙   절판
 7 행위예술   L. 골드버그 / 沈雨晟   절판
 8 문예미학   蔡 儀 / 姜慶鎬   절판
 9 神의 起源   何 新 / 洪 熹   16,000원
10 중국예술정신   徐復觀 / 權德周   24,000원
11 中國古代書史   錢存訓 / 金允子   14,000원
12 이미지 — 시긱과 미디어   J. 버거 / 편집부   12,000원
13 연극의 역사   P. 하트놀 / 沈雨晟   절판
14 詩 論   朱光潛 / 鄭相泓   9,000원
15 탄트라   A. 무케르지 / 金龜山   10,000원
16 조선민족무용기본   최승희   15,000원
17 몽고문화사   D. 마이달 / 金龜山   8,000원
18 신화 미술 제사   張光直 / 李 徹   10,000원
19 아시아 무용의 인류학   宮尾慈良 / 沈雨晟   절판
20 아시아 민족음악순례   藤井知昭 / 沈雨晟   5,000원
21 華夏美學   李澤厚 / 權 瑚   15,000원
22 道   張立文 / 權 瑚   18,000원

23	朝鮮의 占卜과 豫言	村山智順 / 金禧慶	15,000원
24	원시미술	L. 아담 / 金仁煥	16,000원
25	朝鮮民俗誌	秋葉隆 / 沈雨晟	12,000원
26	神話의 이미지	J. 캠벨 / 扈承喜	근간
27	原始佛教	中村元 / 鄭泰爀	8,000원
28	朝鮮女俗考	李能和 / 金尙憶	24,000원
29	朝鮮解語花史(조선기생사)	李能和 / 李在崑	25,000원
30	조선창극사	鄭魯湜	7,000원
31	동양회화미학	崔炳植	9,000원
32	性과 결혼의 민족학	和田正平 / 沈雨晟	9,000원
33	農漁俗談辭典	宋在璇	12,000원
34	朝鮮의 鬼神	村山智順 / 金禧慶	12,000원
35	道教와 中國文化	葛兆光 / 沈揆昊	15,000원
36	禪宗과 中國文化	葛兆光 / 鄭相泓·任炳權	8,000원
37	오페라의 역사	L. 오레이 / 류연희	절판
38	인도종교미술	A. 무케르지 / 崔炳植	14,000원
39	힌두교의 그림언어	안넬리제 外 / 全在星	9,000원
40	중국고대사회	許進雄 / 洪 熹	22,000원
41	중국문화개론	李宗桂 / 李宰碩	15,000원
42	龍鳳文化源流	王大有 / 林東錫	17,000원
43	甲骨學通論	王宇信 / 李宰錫	근간
44	朝鮮巫俗考	李能和 / 李在崑	20,000원
45	미술과 페미니즘	N. 부루드 外 / 扈承喜	9,000원
46	아프리카미술	P. 윌레뜨 / 崔炳植	절판
47	美의 歷程	李澤厚 / 尹壽榮	22,000원
48	曼茶羅의 神들	立川武藏 / 金龜山	19,000원
49	朝鮮歲時記	洪錫謨 外/李錫浩	30,000원
50	하 상	蘇曉康 外 / 洪 熹	절판
51	武藝圖譜通志 實技解題	正 祖 / 沈雨晟·金光錫	15,000원
52	古文字學첫걸음	李學勤 / 河永三	14,000원
53	體育美學	胡小明 / 閔永淑	10,000원
54	아시아 美術의 再發見	崔炳植	9,000원
55	曆과 占의 科學	永田久 / 沈雨晟	8,000원
56	中國小學史	胡奇光 / 李宰碩	20,000원
57	中國甲骨學史	吳浩坤 外 / 梁東淑	근간
58	꿈의 철학	劉文英 / 河永三	22,000원
59	女神들의 인도	立川武藏 / 金龜山	19,000원
60	性의 역사	J. L. 플랑드렝 / 편집부	18,000원
61	쉬르섹슈얼리티	W. 챠드윅 / 편집부	10,000원
62	여성속담사전	宋在璇	18,000원
63	박재서희곡선	朴栽緒	10,000원
64	東北民族源流	孫進已 / 林東錫	13,000원

65	朝鮮巫俗의 研究(상·하)	赤松智城·秋葉隆 / 沈雨晟	28,000원
66	中國文學 속의 孤獨感	斯波六郎 / 尹壽榮	8,000원
67	한국사회주의 연극운동사	李康列	8,000원
68	스포츠인류학	K. 블랑챠드 外 / 박기동 外	12,000원
69	리조복식도감	리팔찬	절판
70	娼 婦	A. 꼬르벵 / 李宗旼	22,000원
71	조선민요연구	高晶玉	30,000원
72	楚文化史	張正明	근간
73	시간, 욕망 그리고 공포	A. 꼬르벵	근간
74	本國劍	金光錫	40,000원
75	노트와 반노트	E. 이오네스코 / 박형섭	절판
76	朝鮮美術史研究	尹喜淳	7,000원
77	拳法要訣	金光錫	10,000원
78	艸衣選集	艸衣意恂 / 林鍾旭	14,000원
79	漢語音韻學講義	董少文 / 林東錫	10,000원
80	이오네스코 연극미학	C. 위베르 / 박형섭	9,000원
81	중국문자훈고학사전	全廣鎭 편역	15,000원
82	상말속담사전	宋在璇	10,000원
83	書法論叢	沈尹默 / 郭魯鳳	8,000원
84	침실의 문화사	P. 디비 / 편집부	9,000원
85	禮의 精神	柳肅 / 洪 熹	20,000원
86	조선공예개관	日本民芸協會 편 / 沈雨晟	30,000원
87	性愛의 社會史	J. 솔레 / 李宗旼	18,000원
88	러시아미술사	A. I 조토프 / 이건수	16,000원
89	中國書藝論文選	郭魯鳳 選譯	25,000원
90	朝鮮美術史	關野貞 / 沈雨晟	근간
91	美術版 탄트라	P. 로슨 / 편집부	8,000원
92	군달리니	A. 무케르지 / 편집부	9,000원
93	카마수트라	바짜야나 / 鄭泰爀	10,000원
94	중국언어학총론	J. 노먼 / 全廣鎭	18,000원
95	運氣學說	任應秋 / 李宰碩	8,000원
96	동물속담사전	宋在璇	20,000원
97	자본주의의 아비투스	P. 부르디외 / 최종철	6,000원
98	宗敎學入門	F. 막스 뮐러 / 金龜山	10,000원
99	변 화	P. 바츨라빅크 外 / 박인철	10,000원
100	우리나라 민속놀이	沈雨晟	15,000원
101	歌訣(중국역대명언경구집)	李宰碩 편역	20,000원
102	아니마와 아니무스	A. 융 / 박해순	8,000원
103	나, 너, 우리	L. 이리가라이 / 박정오	10,000원
104	베케트연극론	M. 푸크레 / 박형섭	8,000원
105	포르노그래피	A. 드워킨 / 유혜련	12,000원
106	셸 링	M. 하이데거 / 최상욱	12,000원

149	종교철학의 핵심	W. J. 웨인라이트 / 김희수	18,000원
150	기호와 몽상	A. 시몽 / 박형섭	22,000원
151	융분석비평사전	A. 새뮤얼 外 / 민혜숙	16,000원
152	운보 김기창 예술론연구	최병식	14,000원
153	시적 언어의 혁명	J. 크리스테바 / 김인환	20,000원
154	예술의 위기	Y. 미쇼 / 하태환	15,000원
155	프랑스사회사	G. 뒤프 / 박 단	16,000원
156	중국문예심리학사	劉偉林 / 沈揆昊	30,000원
157	무지카 프라티카	M. 캐넌 / 김혜중	25,000원
158	불교산책	鄭泰爀	20,000원
159	인간과 죽음	E. 모랭 / 김명숙	23,000원
160	地中海(전5권)	F. 브로델 / 李宗旼	근간
161	漢語文字學史	黃德實·陳秉新 / 河永三	24,000원
162	글쓰기와 차이	J. 데리다 / 남수인	28,000원
163	朝鮮神事誌	李能和 / 李在崑	근간
164	영국제국주의	S. C. 스미스 / 이태숙·김종원	16,000원
165	영화서술학	A. 고드로·F. 조스트 / 송지연	17,000원
166	미학사전	사사키 겐이치 / 민주식	근간
167	하나이지 않은 성	L. 이리가라이 / 이은민	18,000원
168	中國歷代書論	郭魯鳳 譯註	8,000원
169	요가수트라	鄭泰爀	15,000원
170	비정상인들	M. 푸코 / 박정자	25,000원
171	미친 진실	J. 크리스테바 外 / 서민원	25,000원
172	디스탱숑(상·하)	P. 부르디외 / 이종민	근간
173	세계의 비참(전3권)	P. 부르디외 外 / 김주경	각권 26,000원
174	수묵의 사상과 역사	崔炳植	근간
175	파스칼적 명상	P. 부르디외 / 김웅권	22,000원
176	지방의 계몽주의(전2권)	D. 로슈 / 주명철	근간
177	이혼의 역사	R. 필립스 / 박범수	25,000원
178	사랑의 단상	R. 바르트 / 김희영	근간
179	中國書藝理論體系	熊秉明 / 郭魯鳳	근간
180	미술시장과 경영	崔炳植	16,000원
181	카프카 — 소수적인 문학을 위하여	G. 들뢰즈·F. 가타리 / 이진경	13,000원
182	이미지의 힘 — 영상과 섹슈얼리티	A. 쿤 / 이형식	13,000원
183	공간의 시학	G. 바슐라르 / 곽광수	근간
184	랑데부 — 이미지와의 만남	J. 버거 / 임옥희·이은경	근간
185	푸코와 문학 — 글쓰기의 계보학을 향하여	S. 듀링 / 오경심·홍유미	근간
186	연극에서 영화로의 각색	A. 엘보 / 이선형	근간
187	폭력과 여성들	C. 도펭 外 / 이은민	근간
188	하드 바디	S. 제퍼드 / 이형식	근간
190	번역과 제국	D. 로빈슨 / 정혜욱	근간
191	그라마톨로지에 대하여	J. 데리다 / 김웅권	근간

192 보건 유토피아　　　　　　　　　R. 브로만 外 / 서민원　　　　　　　　　근간
193 현대의 신화　　　　　　　　　　R. 바르트 / 이화여대기호학연구소　　　20,000원

【기 타】

▨ 모드의 체계　　　　　　　　　　R. 바르트 / 이화여대기호학연구소　　　18,000원
▨ 텍스트의 즐거움　　　　　　　　R. 바르트 / 김희영　　　　　　　　　15,000원
▨ 라신에 관하여　　　　　　　　　R. 바르트 / 남수인　　　　　　　　　10,000원
▨ 說 苑 (上·下)　　　　　　　　　林東錫 譯註　　　　　　　　　　각권 30,000원
▨ 晏子春秋　　　　　　　　　　　林東錫 譯註　　　　　　　　　　　30,000원
▨ 西京雜記　　　　　　　　　　　林東錫 譯註　　　　　　　　　　　20,000원
▨ 搜神記 (上·下)　　　　　　　　林東錫 譯註　　　　　　　　　各권 30,000원
■ 경제적 공포〔메디시스賞 수상작〕　V. 포레스테 / 김주경　　　　　　　7,000원
■ 古陶文字徵　　　　　　　　　　高 明·葛英會　　　　　　　　　　20,000원
■ 古文字類編　　　　　　　　　　高 明　　　　　　　　　　　　　절판
■ 金文編　　　　　　　　　　　　容 庚　　　　　　　　　　　　　36,000원
■ 고독하지 않은 홀로되기　　　　P. 들레름·M. 들레름 / 박정오　　　　8,000원
■ 그리하여 어느날 사랑이여　　　이외수 편　　　　　　　　　　　6,500원
■ 딸에게 들려 주는 작은 지혜　　N. 레흐레이트너 / 양영란　　　　　　6,500원
■ 딸에게 들려 주는 작은 철학　　R. 시몬 셰퍼 / 안상원　　　　　　　7,000원
■ 노력을 대신하는 것은 없다　　　R. 쉬이 / 유혜련　　　　　　　　　5,000원
■ 미래를 원한다　　　　　　　　　J. D. 로스네 / 문 선·김덕희　　　　8,500원
■ 사랑의 존재　　　　　　　　　　한용운　　　　　　　　　　　　　3,000원
■ 산이 높으면 마땅히 우러러볼 일이다　　　　유 향 / 임동석　　　　5,000원
■ 서기 1000년과 서기 2000년 그 두려움의 흔적들　J. 뒤비 / 양영란　　8,000원
■ 서비스는 유행을 타지 않는다　　B. 바게트 / 정소영　　　　　　　　5,000원
■ 선종이야기　　　　　　　　　　홍 희 편저　　　　　　　　　　　8,000원
■ 섬으로 흐르는 역사　　　　　　김영희　　　　　　　　　　　　　10,000원
■ 세계사상　　　　　　　　　　　　　　　　창간호~3호: 각권 10,000원 / 4호: 14,000원
■ 십이속상도안집　　　　　　　　편집부　　　　　　　　　　　　　8,000원
■ 어린이 수묵화의 첫걸음(전6권)　趙 陽　　　　　　　　　　　　42,000원
■ 오늘 다 못다한 말은　　　　　　이외수 편　　　　　　　　　　　7,000원
■ 오블라디 오블라다, 인생은 브래지어 위를 흐른다　무라카미 하루키 / 김난주　7,000원
■ 인생은 앞유리를 통해서 보라　　B. 바게트 / 박해순　　　　　　　　5,000원
■ 잠수복과 나비　　　　　　　　　J. D. 보비 / 양영란　　　　　　　6,000원
■ 천연기념물이 된 바보　　　　　최병식　　　　　　　　　　　　　7,800원
■ 原本 武藝圖譜通志　　　　　　　正祖 命撰　　　　　　　　　　　60,000원
■ 隷字編　　　　　　　　　　　　洪鈞陶　　　　　　　　　　　　　40,000원
■ 테오의 여행 (전5권)　　　　　　C. 클레망 / 양영란　　　　　　　각권 6,000원
■ 한글 설원 (上·中·下)　　　　　임동석 옮김　　　　　　　　　　각권 7,000원
■ 한글 안자춘추　　　　　　　　　임동석 옮김　　　　　　　　　　8,000원
■ 한글 수신기 (上·下)　　　　　　임동석 옮김　　　　　　　　　　각권 8,000원

【조병화 작품집】

■ 공존의 이유	제11시점	5,000원
■ 그리운 사람이 있다는 것은	제45시집	5,000원
■ 길	애송시모음집	10,000원
■ 개구리의 명상	제40시집	3,000원
■ 꿈	고희기념자선시집	10,000원
■ 따뜻한 슬픔	제49시집	5,000원
■ 버리고 싶은 유산	제 1시집	3,000원
■ 사랑의 노숙	애송시집	4,000원
■ 사랑의 여백	애송시화집	5,000원
■ 사랑이 가기 전에	제 5시집	4,000원
■ 시와 그림	애장본시화집	30,000원
■ 아내의 방	제44시집	4,000원
■ 잠 잃은 밤에	제39시집	3,400원
■ 패각의 침실	제 3시집	3,000원
■ 하루만의 위안	제 2시집	3,000원

【이외수 작품집】

■ 겨울나기	창작소설	7,000원
■ 그대에게 던지는 사랑의 그물	에세이	7,000원
■ 꿈꾸는 식물	장편소설	7,000원
■ 내 잠 속에 비 내리는데	에세이	7,000원
■ 들 개	장편소설	7,000원
■ 말더듬이의 겨울수첩	에스프리모음집	7,000원
■ 벽오금학도	장편소설	7,000원
■ 장수하늘소	창작소설	7,000원
■ 칼	장편소설	7,000원
■ 풀꽃 술잔 나비	서정시집	4,000원
■ 황금비늘 (1 · 2)	장편소설	각권 7,000원

東文選 現代新書 24

순진함의 유혹

파스칼 브뤼크네르

김웅권 옮김

　동서 냉전구조가 사라진 오늘날 거대한 소비사회의 개인이 안고 있는 문제를 개인과 개인주의 태동과정을 역사적으로 조명하며 탐구해 나간 역작. 저자는 자기 행위의 결과로부터 벗어나고자 하는 현대의 개인들이 앓고 있는 병, 즉 자신은 어떠한 불편도 감수하려 하지 않으면서 자유의 혜택만을 누리고자 하는 기도를 '순진함'이라 일컫고, 이 병은 '유년기적 행동 경향'과 '희생화 경향'이라는 두 가지 방향으로 피어난다고 설명한다.

　오늘날 적어도 물질적 차원에서 보면, 모든 것을 '즉시 여기에서' 만족시켜 줄 수 있는 신용소비사회에서 적나라하게 드러나는 유아적 태도. 어떤 명분을 위해서도 자기 자신을 희생시킬 수 없는 모래알 같은 개인. 개인으로서 해방과 자유를 쟁취하고 경제적 정의를 보장받았을 때, 상승을 거부하며 저급한 오락과 소비로 눈을 돌려 버린 대중. "나는 희생자이다. 그러므로 나는 더 권리가 있으며, 내 행동에 대한 책임은 없다"라는 논리 아래 법치국가와 복지국가에서는 약자인 희생자의 편에 서야만 살아남을 수 있다는 심리구조가 확산되어, 모두가 자신을 희생당하고 박해받은 자로 내세우는 사회, 억압받는 자의 한 패러다임으로 해석되어 유태인과 비교되기도 하는 여권주의 운동. 이미 그 의미가 국제적 차원을 획득한 유고슬라비아 사태의 희생화 경향. 이데올로기 전쟁의 종말과 더불어 국가와 민족들을 모두 서로에게 잠재적인 적으로 만든 공산주의의 실패. 외설스러울 정도로 노출된 비극적 장면들과 일상의 가벼운 장면들을 한꺼번에 쏟아내어 대중으로 하여금 사건들을 순식간에 망각 속에 묻어 버리게 하고, 비극 자체에 무감각하게 만드는 대중매체…… 등등.

　하나의 주제를 놓고 사유를 확장하고 심화시키는 작업이 가져온 결정물의 아름다움이 담겨 있는 《순진함의 유혹》은 독자들에게 책 읽는 즐거움을 한껏 선사하고, 새로운 시야를 열어 주고 있다.

東文選 現代新書 44,45

쾌락의 횡포

장 클로드 기유보

김웅권 옮김

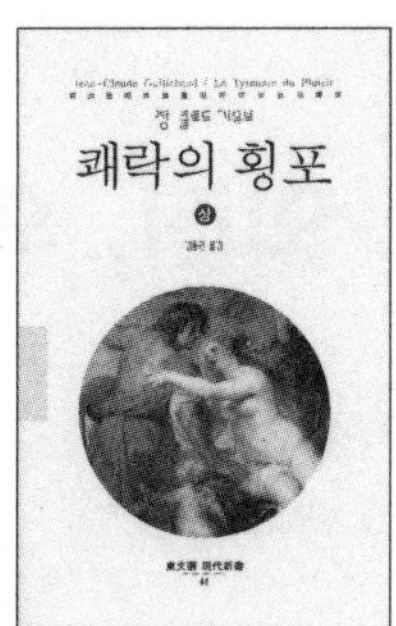

섹스는 생과 사의 중심에 놓인 최대의 화두 가운데 하나라고 할 수 있다. 성에 관한 엄청난 소란이 오늘날 민주적인 근대성이 침투한 곳이라면 아주 작은 구석까지 식민지처럼 지배하고 있는 것이다. 이제 성은 일상 생활을 '따라다니는 소음'이 되어 버렸다. 우리 시대는 문자 그대로 '그것' 밖에 이야기하지 않는다.

문화가 발전하고 교육의 학습 과정이 길어지면 길어질수록 결혼 연령은 늦추어지고 자연 발생적 생식 능력과 성욕은 억제하도록 요구받게 되었지 않은가! 역사의 전진은 발정기로부터 해방된 인간을 금기와 상징 체계로부터의 해방으로, 다시 말해 '성의 해방'으로 이동시키며 오히려 반문화적 현상을 드러내고 있다. 저자는 이것이 서양에서 오늘날 일어나고 있는 현상이라고 말한다. 서양에서 60년대말에 폭발한 학생 혁명과 더불어 본격적으로 시작된 '성의 혁명'은 30년의 세월을 지나 이제 한계점에 도달해 위기를 맞고 있다. 성의 해방을 추구해 온 30년 여정이 결국은 자체 모순에 의해 인간을 섹스의 노예로 전락시키며 새로운 모색을 강요하고 있는 것이다. 인간은 '섹스의 횡포'에 굴복하고 말 것인가?

과거도 미래도 거부하는 현재 중심주의적 섹스의 향연이 낳은 딜레마, 무자비한 거대 자본주의 시장이 성의 상품화를 통해 가속화시키는 그 딜레마를 어떻게 극복할 것인가? 저자는 역사 속에 나타난 다양한 큰 문화들을 고찰하고, 관련된 모든 학문들을 끌어들이면서 폭넓게 성 문제를 조명하고 있다.

東文選 現代新書 2

의지, 의무, 자유

루이 밀레

이대회 옮김

　자유 속에서의 우리의 의지는 선의 완성 속에 고정되어 있지 않기 때문에, 우리 존재의 근본적인 법칙은 의무의 형태를 취한다. 그러므로 우리의 운명은 끊임없이 원하는 바에 따라서 선택하는 것이다. 우리는 어떤 의미에서는 항상 '가능태'이다. 다시 말하자면 우리는 다른 사람과 함께, 다른 사람 덕분에, 그리고 다른 사람을 위해 현재화하기 위해 산다. 그 어떤 것도 고독하지 않을 뿐만 아니라, 그 어떤 것도 확정적이지 않다.

　육체의 자유로운 처분과 자본의 자유로운 순환. 자유결혼과 자유교역, 여성해방과 해방신학…… 경제에서 도덕에 이르기까지 근대성은 자유를 요구한다. 그런데 그것은 공기처럼 자유로운 것을 말하는가, 또는 자유낙하할 때처럼 자유로운 것을 말하는가? 나는 자유롭다고 착각하고 있는가? 혹은 참으로 자유로운가? 혼자 자유로운가, 아니면 다른 사람과 함께 자유로운가? 그리고 의무는 또 어떻게 할 것인가?
　자, 이제 분명하고 엄격하게, 그리고 깊이 생각해 볼 때가 되었다. 이것이 이 책의 목적이다. 이 책은 자유와, 자유에 필연적으로 뒤따르는 개념인 의무와 의지에 관해 비켜갈 수 없는 아홉 개의 주제를 정확하게 다루고 있다.
　본서는 프랑스대학연합출판사에서 펴낸, 고교 최종학년의 대학 입학자격시험 논술 과목 마지막 정리를 위한 텍스트이다.

東文選 現代新書 31

프랑스 대학입학자격시험 대비 주제별 논술

노동, 교환, 기술

베아트리스 데코사

신은영 옮김

만일 철학이 우리 생활의 기쁨뿐만 아니라, 빈곤과 피곤의 무게를 감당할 수 없다면, 실상 이 철학은 단 한 시간의 노력을 기울일 만한 가치도 없을 것이다. 철학자가 별이 점점이 박힌 모자를 쓴 약장수는 아니지만, 또한 철학자도 추워서 빵 굽는 오븐 곁에 몸을 녹이는 사람이지만, 그는 사유에 의거해 무엇인가 신선한 것, 즉 노동의 진리와 교환의 진리, 기술의 진리 같은 진리를 발현시키는 것으로 자신의 긍지를 삼을 수 있을 것이다.

• 노동은 권리인가, 아니면 구속인가? 노동에 의한 소외와 실업에 의한 소외 사이의 절충점을 생각해 볼 수 있을 것인가?

임금을 지급함으로써 노동의 산물을 얻어내고, 또 그렇게 받은 임금을 주고 그 노동의 산물을 얻는 식으로 해서, 교환의 고리는 부조리한 방식으로 끊임없이 재형성되고 있는 것 같다. 사회를 재화의 유통으로 환원시킬 수 있을 것인가? 인간은 기술에 의해 구원을 얻을 것인가?

베아트리스 데코사는 이 책에서 이같은 사회적 현실에 대해 간결하고도 엄정한 질문을 던지고 있다. 그것이 논술 형태로 다루어져 있는 바, 고등학교 3학년 학생들은 여기서 자신의 사고를 자극할 만한 무언가를 찾을 수 있을 것이다.

프랑스 [메디시스 賞] 수상작

경제적 공포

비비안느 포레스테

김주경 옮김

노동을 하지 않으면 신분도 사라진다. 노동이 없다면 인간은 타락한 존재에 불과하다. 노동은 임금이고, 임금은 소비이며, 소비는 생활이기 때문이다. 또한 노동은 우리들 존재의 알파와 오메가이기 때문이다. 그 일자리를 잃는다는 것은, 일반적인 의미의 생명의 범위를 벗어나는 것이다. 그것은 곧 수치인 낙인을 나타낸다.

"인간을 이용하려는 불행보다 더 끔찍한 것이 있는데 그것은 바로 이용당할 기회마저 상실하였다는 사실이다. 그래서 '수익성'을 올리는 데 이용할 만한 가치가 없는 자들의 삶도 과연 유용한 것이냐는 질문이 되풀이된다. 그런데 이 질문 또한 살아갈 '권리'를 갖기 위해서는 살아남을 수 있는 '자격'이 필요한가? 라는 질문의 반향이다. 이 질문에서는 뭔가 두려움이 새어나온다. 걷잡을 수 없는 확산을 통해 정당화된 공포는 쓸모없는 잉여 존재라고 인정된 수많은 인간들을 보지 않으면 안 된다는 데서 오는 공포"라고 지은이는 말하고 있다.

1996년 10월에 발간된 이후, 《경제적 공포》는 그것이 마치 하나의 사회적 현상으로서 취급해야할 만큼 엄청난 성공을 거두었다. 이미 17개국에서 번역되어 마르크스의 《자본론》 이후 가장 많이 팔린 경제서가 되었으며, 노동문제에 관한 한 세계적인 필독서로 인정받고 있다.

東文選 現代新書 38

분류하기의 유혹
—— 생각하기와 조직하기

조르주 비뇨 / 임기대 옮김

우리는 다르게 생각할 수 있는가? 분류하지 않고, 대조하지 않고 생각할 수 있는가? 게다가 조직한다는 것은 무엇이며, 분류하기 위해 구별한다는 것은 또 무엇인가?

다양한 만큼이나 여러 범주로 조직하는 것과는 다르게 세상을 생각할 수 있는가? 분류하는 데 있어서 지나칠 정도로 사물을 분류한다거나, 지나칠 정도로 개개인에 대해 목록을 작성하려는 것은 예외가 있을 것이라는 위험을 유포하는 것은 아닌가?

인간이란 종은 규범적 차이와 배열을 체험한다. 사물이란 '자신들의' 자리에 있고, 그렇게 되기 위해서는 그 자리에 사물을 '명명하기' 위한 '속성'을 부여해야 할 필요가 있다. 범주화의 형태하에 끊임없이 지표를 설정하려는 과정, 그것은 실제로 다른 것과 관련해서 경계를 설정하려는 것이고, 다음과 같이 영원한 질문이 되는 이중 질문, 즉 나는 누구인가? 우리는 누구인가?라는 질문을 규정짓기 위한 것이다.

만약에 세상에 대한 설명이 더욱 멀고, 혼란스럽고, 추상적이기 때문에 선명하지 못하다면, 그것은 사람들이 일종의 감추어지고 고풍적인 세상의 기억과 같이 마술적이고 신화적인 것에 호소하고 있다는 단순함 때문이다.

東文選 現代新書 47

이성의 한가운데에서

—— 이성과 신앙

알랭 퀴노 / 최은영 옮김

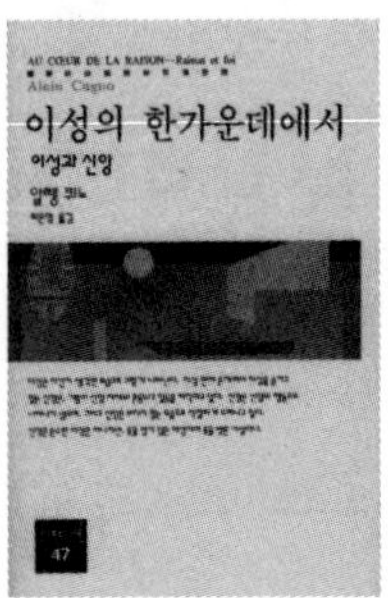

이성과 신앙은 어떤 관계인가? 이 질문은 언제나 제기할 수 있는 것이다. 우리는 왜 그런 질문을 제기하는지 그 이유를 알 필요가 있다. 그 질문을 오늘날에는 왜 제기하며, 철학적으로 무슨 이유에서 제기하는가?

우리는 이성에 대한 추론을 신앙에 대한 추론과 비교해야만 하는가? 신앙과 이성이 실존의 의미를 이해할 수 있도록 보완해 주고 있지는 않은가?

진정 당신은 무엇을 믿고 있는가? 또 생을 위해 무엇을 기대하고 있는가?

이성은 자신이 생각한 모습으로 그렇게 나타난다. 이성 안에 존재하며 이성을 숨기고 있는 신앙은, 기쁨이 신앙 자체와 혼동되고 있음을 파악하고 있다. 신앙은 신앙의 행동으로 나타나지 않으며, 그리고 신앙은 보이지 않는 모습으로 적절하게 드러나고 있다. 신앙은 순수한 이성은 아니지만, 옷을 입지 않은 이성이며 옷을 벗은 이성이다.

이성은 누구나 좀더 선명하고 현실적인 세상에서 살 수 있도록 하기 위해 질문을 제기하는 사명을 띠고 있다.

경솔하지만 위험을 무릅쓰고 질문에 대답하고, 그 질문에 관해 이야기할 필요가 있다. 그것이 바로 사고의 자유를 구속하기보다는 반대로 사고에 더 큰 자율성을 부여해 줌으로써 완전히 주장할 수 있도록 해주는 이성과 신앙의 상관 관계의 본질이다.

東文選 現代新書 25

청소년을 위한 이야기 경제학

앙드레 푸르상

이은민 옮김

● 인생에서 돈을 벌 것인지 쓸 것인지 둘 중에 하나를 선택해야만 한다. 이 두 가지를 다 할 시간이 우리에게는 없기 때문이다.

● 아무 일도 하지 않는 것은 대단한 능력이다. 그러나 그 능력을 너무 남용해서는 안 된다.

● 경제학의 첫번째 교훈 : 하늘은 스스로 돕는 자를 돕는다.

이 책은 경제에 관한 난해한 개론을 자녀들에게 불어넣으려고 쓴 책이 아니다. 경제학의 기본 법칙들과 그 철학을 명확하고 이해하기 쉽게, 그리고 무엇보다도 우선 재미있게 설명하고 있다. 모르긴 해도 경제학자들과 이들의 학문은 일반적으로 사람들이 생각하는 것보다 훨씬 재미있을지도 모른다.

경제학을 이해하려면 우선 몇 가지 노력과 최소한의 관심이 필요하다. 왜냐하면 경제학은 의학처럼 습득되는 것이니까. 비록 항상 수월한 학문은 아니지만, 그렇다고 해서 몇몇 고지식한 사람들이 믿들려고 하는 것처럼 이 학문이 폐기 같은 것도 아니다. 그렇기 때문에 이 책은 개론서도, 학문적인 지침서도, 지겨운 사상서도 아니며, 기교가 압권을 이루는 그런 책은 더더욱 아니다.

저자는 아주 무미건조하면서도 지극히 인간적인 이 학문에 관계된 중요한 문제들을 대화체의 흥미로운 이야기로 설명하고 있다. 그의 이야기는 재미있을 뿐 아니라 유용하면서, 흥미롭게 전개되지만 경박하지 않다. 다시 말해 어렵게 생각되어지지 않으면서도 진지한 이야기가 되고 있다.

東文選 現代新書 29

지식을 교환하는 새로운 기술

알랭 벵토릴라 〔外〕

김혜경 옮김

무엇이 내일의 언어일까?

지식에 대하여 언급할 때는 그 일반에 대하여 말하는 것을 피하고 있지 않은가? 지식의 효율성이나 진실성에 의문을 제기하는 것이 결코 중요시되지 않기 때문에, 지식을 말할 때는 그 내용의 확산이나 논쟁의 여지를 두는 것을 피한다. 그렇기 때문에 정치선동가에게 투기를 한다거나 무책임한 상대주의를 따르지 않고서야, 누가 이 모든 지식이 가치 있다고 지지할 수 있겠는가?

지식은 순환되고 전달되고 교환된다. 그러나 지식의 진위(眞僞)나 그 가치에 대해 의문을 제기하지 않고, 그저 순환과 전달·교환이 계속 되풀이되는 오늘의 현실 앞에서, 결국 지식에 대한 논쟁이나 그 지식을 옳다고 인정하는 행위 따위는 그 자리를 잃어가고 있다. 그렇지만 교육의 기회가 누구에게나 평등하게 주어지는 민주사회에서 이 지식의 문제는 결코 피할 수 없는 중요한 과제이다.

이 책에서 볼 수 있는 철학자·과학자 들의 지식 교환에 대한 열렬한 토론은, 오늘날 우리의 문제인 이런 혼돈을 경감시켜 주고 있다.

東文選 現代新書 35

여성적 가치의 선택

포르셍 연구소

문신원 옮김

여성적인 가치들은 어떤 것인가? 그 가치들은 남성적인 가치들의 평가절하를 의미하는가, 아니면 반대로 새로운 공유 가치체계의 도래를 의미하는가? 이 새로운 가치체계는 정치적인 태도를 심오하게 변형시킬 것인가? 남성적인 가치들이 강하게 침투해 있는 기업에서는 어떤 문화적 혁명을 겪게 될 것인가?

여기에서 말하는 여성적 가치들이란 남자 혹은 여자라는 구체적인 개인들을 가리키는 것이 아니라 원리들, 사회적 혹은 개인적인 기능의 모델들과 구조들, 판단과 결정의 기준들, 우리가 '남성적인' 혹은 '여성적인'이라고 규정지을 수 있는 행동들과 행위들을 말하는 것이다.

본서는 169년의 전통을 자랑하는 프랑스 유수의 커뮤니케이션 그룹인 아바스(Havas)의 포르셍 연구소에서 21세기를 대비해 펴낸 미래 예측보고서 중의 하나이다. 전세계 63개국에 걸친 연구원들의 활동을 바탕으로 현재 우리 사회에서 태동하여 미래에 결징적인 역할을 하게 될 사회학적 움직임들을 세계적인 차원에서 깊숙이 파악하고 있다.

본서는 권력 행사, 기업 경영, 과학, 기술 마케팅, 커뮤니케이션에 관한 여성적 가치의 실제적 파급효과에 관한 매우 중요한 지표들을 제공하고 있어, 각계의 지도자들은 물론 방면의 종사자들에게 반드시 일독을 권할 만한 책이다.

東文選 現代新書 64

논 증
— 담화에서 사고까지

조르주 비뇨

임기대 옮김

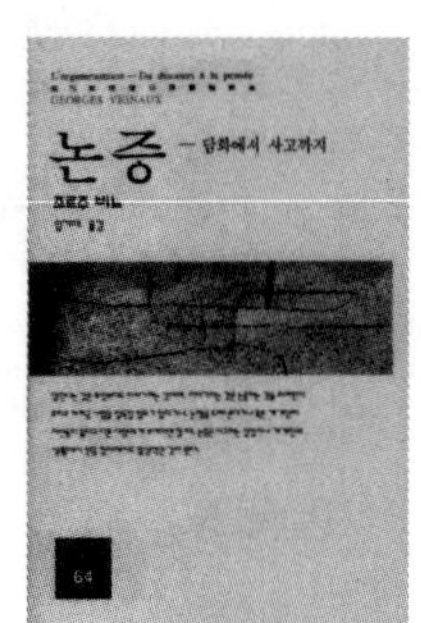

　말한다는 것은 무엇보다도 이야기하는 것이며, 이야기하는 것은 논증하는 것을 의미한다. 우리로 하여금 사람을 설득할 필요가 있다거나, 논쟁을 드러낸다거나, 혹은 개개인이 자신들이 옳다고 다른 사람에게 보여야만 할 때, 논증은 사고파는 상업이나 개개인의 생활에서 만큼 정치에서도 일상적인 것이 된다.

　일반적으로 받아들여지고 있는 생각들과 달리 논증은 개인이나 군중을 설득하려는 예술로도, 조작하려는 예술로도 말해지지 않는다. 논증은 우리 사고를 조절하고, 우리의 지식을 구축하며, 특히 그 지식을 더 잘 전달하기 위해서 우리 자신의 담화를 조직하는 거대한 예술과도 같다는 사실을 잘 보여 주고 있다.

　하지만 담화는 언어의 조작 과정과 결부되어 있고, 언어 체계에 의해서 요구되는 나름대로의 규칙을 가지고 있다. 그러한 것들을 엄격하게 정의해 보려는 데 특별한 애착을 가지고 있는 이 책은, 담화와 논증 과정의 원초적 분석을 예시하고 있다.

東文選 現代新書 50

느리게 산다는 것의 의미

피에르 쌍소

김주경 옮김

"삶의 길을 가는 동안 나 자신을 잃어버리지
않을 수 있는 능력과 세상을 받아들일 수 있는 능력을 확고히 심어주는 책"

우리에게 다가오는 사건을 기쁘게 받아들일 수 있는 능력을 갖기 위해서 필요한 지혜가 있다. 그것은 갑자기 달려드는 시간에게 허를 찔리지 않고, 허둥지둥 시간에게 쫓겨다니지도 않겠다는 분명한 의지로 알 수 있는 지혜이다. 우리는 그 지혜를 '느림'이라고 불렀다.

느림은 우리에게 시간에다 모든 기회를 부여하라고 속삭인다. 그리고 한가롭게 거닐고, 글을 쓰고, 타인의 말에 귀를 기울이고 휴식을 취함으로써 우리의 영혼이 숨쉴 수 있게 하라고 말한다. 여기서 문제되는 느림 또는 고요함은 세계에 접근하는 방식의 문제이다. 그것은 빠른 속도로 박자를 맞추지 못하는 무능력을 의미하는 것이 아니라 서두르지 않는 의지, 시간이 뒤죽박죽되도록 허용치 않는 의지, 그리고 사건들을 대하는 능력을 배양하는 것과 우리가 어느 길에 서 있는지 잊지 않는 것을 의미한다. 물론 과업은 시간성을 어긋나게 하거나 우리의 생에서 가장 본질적이고 중요한 것을 잊게 하지 않는다면, 어느 정도 들볶이거나 바쁘기도 하면서 우리에게 더 유익하게 다가올 수도 있는 것이다. '느림'과 '빠름'은 가치 비교의 문제가 아니라 선택의 문제라는 것이다.

이책은 99년 프랑스 논픽션 부문 베스트셀러 1위에 올랐다. 최근 한국 독서계에서도 인기를 끌고 있는 이 책은 읽기 쉽다는 것. 책은 마치 천천히 도심을 거니는 게으름뱅이의 일기처럼 쉽고 편안하게 씌어져 있다. 누구나 한번쯤은 생각해 봤을 법한 '우리는 왜 이렇게 살고 있는 것일까'란 보편적인 주제를 다룬다.

東文選 現代新書 87

산다는 것의 의미 · 1
— 여분의 행복

피에르 쌍소 / 김주경 옮김

"삶을 어떻게 살아야 하는가?"라는 물음에 대한 해답찾기!!

인생을 살 만큼 살아본 사람만이 이에 대한 대답을 할 수 있을 것이다. 영원한 것은 아무것도 없고, 변화 또한 피할 수 없다. 한 해의 시작을 앞둔 우리들에게 피에르 쌍소는 "인생이라는 다양한 길들에서 만나게 되는 예기치 않은 상황들을 대비할 수 있도록 도덕적 혹은 철학적인 성찰, 삶의 단편들, 끔찍한 가상의 이야기와 콩트, 이 세상에서 벌어지고 있는 참을 수 없는 일들에 대한 분노의 외침, 견디기 힘든 세상을 조금이라도 견딜 만하게 만들기 위한 사랑에의 호소 등등 여러 가지를 이 책 속에 집어넣어 보았다"는 소회를 전하고 있다. 노철학자의 삶에 대한 깊은 성찰이 고목의 나이테처럼 더없이 선명하게 다가온다.

변화를 사랑하고, 기다릴 줄 알고, 바라보는 법을 배우고, 자기 자신에게 인내를 가질 수 있게 하는 이 책《산다는 것의 의미》는, 앞서의 두 권보다 문학적이며 읽는 재미 또한 뛰어나다. 죽어 있는 것 같은 시간들이 빈번히 인생에 가장 충만한 삶을 부여하듯 자신의 내부의 작은 목소리에 귀기울이게 하고, 그 소리를 신뢰케 만드는 것이 책의 장점이다. 진정한 삶, 음미할 줄 아는 삶을 살고, 내심이 공허한 사람이 되지 않도록 우리의 약한 삶을 보호할 줄 알며, 그 삶을 사랑하게 만드는 것이 피에르 쌍소의 힘이다.

이 책을 읽어 나가는 동안 우리는 의미 없이 번쩍거리기만 하는 싸구려 삶을 단호히 거부하고, 자기 자신에게로 돌아와 찬찬히 들여다볼 수 있는 시간을 갖게 될 것이다. 그리고 자신만의 희망적인 삶의 방법을 건져올릴 수 있을 것이다.